LA FORCE DE NOS BUGS

SEBASTIAN DIEGUEZ

LA FORCE DE NOS BUGS

humenSciences

ISBN : 978-2-3793-1442-1

Dépôt légal : mai 2023

170 bis, boulevard du Montparnasse, 75014 Paris
Tél. : 01 55 42 84 00
www.humensciences.com

SOMMAIRE

AVANT-PROPOS

Ce livre dissimule une ambition assez démesurée. Il s'intéresse à notre talent pour l'erreur et l'anormal, tels qu'ils se manifestent au quotidien dans des événements *a priori* insignifiants. Il y sera donc question de malheureux lapsus, de pénibles épisodes où un mot nous reste « sur le bout de la langue », de cette expérience étrange qui consiste à prendre un escalator arrêté, de nos rapports parfois incongrus aux nouvelles technologies (avez-vous déjà essayé de « sauvegarder » un Post-it, vous aussi ?). Tout cela est bien inoffensif, et je me propose simplement d'examiner cette « psychopathologie » du dérisoire, non seulement pour en exposer le caractère fascinant et divertissant, mais aussi pour en tirer quelques enseignements sur notre nature d'êtres faillibles.

Où est l'ambition là-dedans ? Eh bien j'ai, au passage, l'espoir de dissiper l'illusion freudienne d'une cause unique à ces multiples manifestations, qui serait que nos « actes manqués » sont des expressions, évidemment « révélatrices », des désirs inavouables qui se logent dans notre inconscient.

L'entreprise n'a rien d'une lubie pédante et académique, il en va à mon avis de la façon même dont nous concevons notre identité et nos rapports sociaux. L'interprétation psychanalytique de la « psychopathologie de la vie quotidienne » fait partie de notre culture et infuse nos rapports ordinaires.

Sa ténacité a de quoi interroger, notamment en regard de son absence quasi totale de validité scientifique. À cause de l'illusion téléologique au cœur de l'interprétation freudienne, nous perdons beaucoup de temps à pourrir notre vie avec des inférences trompeuses, nous cherchons frénétiquement des explications alambiquées là où il n'y a rien ou pas grand-chose à « comprendre », nous nous accusons les uns les autres de nourrir des mobiles et intentions suspectes, nous nous complaisons dans des conclusions erronées mais séduisantes pour l'esprit. Un simple lapsus peut détruire une réputation, un oubli innocent fait de vous un être pervers et malfaisant, une confusion naïve vous discrédite aux yeux de vos interlocuteurs, un geste de travers conduit à des malentendus irrévocables. J'en appelle donc à une vision non seulement plus juste, mais plus modeste et plus tolérante de nos failles ordinaires, une approche à même de changer fondamentalement nos façons de vivre, et de profiter de la vie.

Il s'agit donc d'habituer notre esprit à ne plus céder à la tentation facile de surinterpréter, et surtout *mésinterpréter*, nos malheureux travers. Je propose au contraire de les embrasser comme des richesses : nos erreurs nous rendent plus humbles, plus curieux, plus malins que ce que prétendent Freud et ses disciples !

1
L'ÉTRANGETÉ DU QUOTIDIEN

Quiconque s'est adonné au jeu d'échecs a vite appris à se familiariser avec cet aphorisme du joueur et théoricien Xavier Tartakover : « Les erreurs sont toutes là sur l'échiquier, elles n'attendent que d'être commises. » Pour un joueur médiocre comme moi, une partie se résume essentiellement à éviter de commettre des bourdes. La grande stratégie et les pièges diaboliques attendront, pour ce qui me concerne, il s'agit surtout de produire le moins possible de mouvements embarrassants, en espérant ainsi retarder une issue beaucoup trop rapide. Hormis quelques parties occasionnelles sur mon smartphone, je n'ai d'ailleurs jamais persévéré dans la pratique de ce jeu, bien qu'il continue de me fasciner. Mais en tant que neuropsychologue clinicien, puis chercheur en psychologie et neurosciences cognitives, j'ai médité cette idée troublante qui s'étend au-delà des limites d'un échiquier : les erreurs attendent d'être commises, partout où il y a un être humain. Et j'en ai même fait mon fonds de commerce.

Il faut dire que je m'y connais, en erreurs, gaffes et ratages divers. Si vous êtes comme moi, une bonne partie de vos journées consiste à vous cogner à des coins de table ou des rebords de fenêtre, à renverser votre café exactement là où il n'aurait pas fallu, à laisser tomber des objets ou à les égarer, à oublier vos rendez-vous, à confondre des personnes qui n'ont rien à voir entre elles, à envoyer des mails sans la pièce jointe, à ne pas retrouver un livre puis à tomber dessus à l'endroit exact où vous allez ranger l'exemplaire, désormais superflu, que vous venez de racheter, à laisser se périmer les fruits que vous achetez, à remettre à (encore) plus tard un projet déjà en retard et à commencer un autre projet au lieu de le terminer, à donner deux fois de suite à manger au chat, à réaliser soudain que cela fait cinq minutes que vous ne pensez absolument à rien… Et quantité d'autres bugs du même genre.

L'objectif de ce livre est d'en examiner quelques-uns, avec l'espoir peut-être de se sentir moins seul dans ces déboires et perplexités du quotidien, mais surtout de tenter de comprendre ce qui ne tourne pas rond chez notre espèce. Pourquoi sommes-nous si *maladroits* et pourquoi tant d'épisodes de notre vie sont-ils si *bizarres* ?

DANS LA MÉNAGERIE DES ERREURS

La discipline scientifique que j'exerce, disons en gros la psychologie, consiste essentiellement à documenter et analyser des erreurs. De fait, celles-ci sont généralement beaucoup plus intéressantes et instructives que les succès, même si finalement ce sont bien les mécanismes de la performance qui sont mis en évidence. Le plus souvent, les erreurs sont provoquées en conditions contrôlées, dans un laboratoire, à l'aide d'une stricte méthodologie. Les chercheurs en psychologie bricolent ce qu'ils appellent des « tâches » et en infèrent des « effets ». Les exemples sont innombrables. Chacun connaît ces fameuses illusions perceptives, surtout dans la modalité visuelle, où un stimulus n'est pas ce qu'il paraît. Deux lignes identiques semblent de longueurs différentes, des lignes parallèles paraissent courbées, un triangle semble émerger là où il n'y a que du vide, une simple robe est perçue comme jaune et blanc par une moitié de l'humanité, noir et bleu par l'autre moitié... Ces illusions, qui produisent des réponses objectivement fausses de façon prévisible, disent quelque chose de notre système visuel. Elles révèlent comment marche notre vision, comment notre cerveau s'y prend pour interpréter et anticiper la réalité, fragment par fragment : la profondeur, la distance, les contours, la luminosité, le mouvement, la couleur...

Les chercheurs qui étudient la mémoire s'intéressent évidemment aux mécanismes du souvenir, comment nous nous y prenons pour évoquer et reproduire des choses qui appartiennent au passé et ne sont plus présentes au moment où nous essayons de les convoquer. Mais pour ce faire, ils concentrent une bonne partie de leur attention sur les oublis, les interférences, les confusions et les intrusions, c'est-à-dire des erreurs de mémoire. Un paradigme expérimental bien connu consiste précisément à encourager la production de faux souvenirs. Si on vous demande de mémoriser une liste de mots comprenant les termes « blanc », « froid », « bâton », « montagne » et « descente », il y a de grandes chances qu'au moment du rappel, mettons trente minutes plus tard, vous donniez le mot « ski », qui ne vous a pourtant pas été présenté. Une erreur somme toute assez banale, mais qui nous apprend déjà que la mémoire fonctionne largement par reconstruction de concepts connus et familiers.

Parfois, différents domaines cognitifs entrent en compétition. Les erreurs indiquent alors aux chercheurs comment l'esprit humain gère ses priorités. L'exemple le plus connu est l'effet Stroop, qui désigne la difficulté à dénommer la couleur dans laquelle est écrit un mot lorsque celui-ci signifie une autre couleur. Si le mot « pierre » est écrit en rouge, vous n'aurez aucune difficulté à indiquer qu'il est en rouge. Et encore moins si vous devez indiquer la couleur d'une suite de signes sans signification, comme « xxxxx ». Si le mot « bleu » est écrit en rouge, en revanche, vous serez quelque peu embarrassé : vous mettrez plus de temps à indiquer qu'il est écrit en rouge, ou vous répondrez par erreur qu'il est écrit en bleu. De fait, il n'existe pas encore de consensus sur les mécanismes en jeu mais ce test montre très efficacement que la lecture est un processus tellement automatisé qu'il l'emporte sur la dénomination des couleurs, et donc que ces deux fonctions reposent sur des procédures distinctes et hiérarchisées. Il y a des choses qui vont tellement de soi qu'elles nous entravent dans la réalisation d'autres buts, il nous faut donc les inhiber par un effort de la volonté.

Ce genre d'effort mental pour ne pas commettre d'erreurs est également très familier dans le registre de la prise de décision et du raisonnement. Ici encore, les chercheurs sont particulièrement friands de situations où les participants *se plantent* régulièrement. C'est le cas dans la gestion des risques, les jugements probabilistes, l'anticipation d'issues incertaines, l'inférence causale et bien d'autres domaines documentés dans la littérature sur les biais cognitifs. Nous sommes excessivement sensibles à des influences *a priori* sans pertinence telles que la formulation des questions, leur ordre de passage, la source des énoncés, le temps de réflexion accordé et bien d'autres variables encore, qui nous induisent en erreur. À ce compte, on peut dire que l'une des occupations principales des chercheurs en psychologie est de *tendre des pièges* aux malheureux qui se prêtent à leurs expériences.

Prenons un exemple classique en psychologie du raisonnement. La majorité des personnes jugent ce syllogisme valide : toutes les fleurs ont besoin d'eau, or les roses ont besoin d'eau, par conséquent les roses sont des fleurs. On voit mal, en effet, quel pourrait être le problème au premier coup d'œil, dans la mesure où tout le monde sait que les roses sont effectivement des fleurs. Pour autant, ce raisonnement est fallacieux : la conclusion ne découle pas logiquement des deux prémisses. Pour qu'il soit valide, il faudrait que seules les fleurs aient besoin d'eau, or ce n'est évidemment pas le cas, et ce n'est pas ce que dit la première prémisse. Si toutes les fleurs ont effectivement besoin d'eau, c'est aussi le cas des centrales nucléaires, mais nul besoin d'être un écologiste militant pour se rendre compte que les centrales nucléaires ne sont pas des fleurs. Une déduction correcte serait que toutes les fleurs ayant besoin d'eau, et les roses étant des fleurs, alors les roses ont besoin d'eau. Ici, aucune embrouille, c'est un syllogisme valide. L'une des forces de notre capacité de déduction, et peut-être même son intérêt principal, est de pouvoir s'exercer indépendamment de nos présupposés, de nos préférences, de nos croyances, et même de nos connaissances. Une déduction peut être valide sur le plan logique même si ses prémisses sont complètement fausses. Ainsi, la déduction suivante est logiquement valide : toutes les cafetières italiennes disparaissent à Noël, or Emmanuel Macron est une cafetière italienne, par conséquent Emmanuel Macron disparaîtra à Noël. Pour autant, le seul fait qu'Emmanuel Macron disparaisse à Noël ne serait pas une preuve suffisante qu'il est une cafetière italienne !

Autre exemple dans un registre assez proche, celui des « questions-pièges » : vous participez à une course, et vous parvenez à dépasser le deuxième. Bravo, mais dans quelle position vous trouvez-vous alors ? Si vous n'étiez pas à présent sur vos gardes, peut-être, comme beaucoup, auriez-vous répondu que vous avez pris la tête de la course. En dépassant le deuxième, vous vous retrouvez premier. C'est plaisant à penser et très intuitif comme réponse, mais c'est faux : si vous dépassez le deuxième, vous avez simplement pris sa place, et donc vous êtes à présent le deuxième, pas le premier (celui qu'il vous faudrait à présent dépasser pour être effectivement premier, bonne chance). Ce qui est en jeu ici n'est pas tout à fait pareil que dans l'exemple précédent, qu'on appelle le « biais de croyance ». Comme vous croyez, à juste titre, que les roses sont des fleurs, vous aurez tendance à juger valides les raisonnements qui aboutissent à cette conclusion. Mais qu'est-ce qui vous fait croire qu'en dépassant le deuxième vous devenez le premier ? C'est moins clair. Cependant, on peut en retenir que plusieurs types d'erreurs mettent en évidence des procédures différentes. Certes, les personnes qui tombent dans un piège tendent à tomber dans les autres pièges, ce qui indique des mécanismes généraux de production d'erreur (peut-être la paresse, le stress, l'inattention…). Mais la corrélation n'est pas parfaite, ce qui indique aussi que chaque type d'erreur puise dans des sources particulières. Peut-être que le biais de croyance est dû au fait que nous connaissons déjà la « bonne » réponse alors que le piège de la course relève davantage de certaines intuitions mathématiques, les deux impliquant un défaut d'inhibition, l'incapacité à se retenir de donner la première réponse qui nous traverse l'esprit.

Les réactions à ces erreurs provoquées par les psychologues sont très variées. Elles vont, le plus souvent, de l'absence totale de réaction, lorsqu'on ne s'aperçoit même pas de son erreur, à l'effet de surprise (« Ah bon, ces lignes sont de même longueur ? »). Parfois, certaines personnes sont vexées ou se mettent en colère, d'autres sont très amusées et veulent comprendre le « truc ».

Mais qu'en est-il dans la vie réelle, en dehors des laboratoires ?

LES ERREURS À L'ÉTAT SAUVAGE

J'ai vu un jour quelqu'un glisser réellement sur une peau de banane. Rien de grave, heureusement, mais je me suis demandé si ce gag usité était aussi improbable qu'on pourrait l'imaginer. Je n'ai trouvé aucune donnée épidémiologique sur le risque de chute par glissade sur peau de banane, mais la littérature médicale regorge d'articles examinant les causes, la fréquence, les conséquences et la prévention des chutes liées à l'abus d'alcool, à la pratique sportive, à l'âge ou au handicap. C'est fou le nombre de façons dont on peut se casser la figure ou tomber dans les escaliers, passer à travers une vitre, se cogner contre un mur, se brûler ou se couper méchamment. Les accidents domestiques, qu'on appelle aussi accidents de la vie courante, donc hors travail et accidents routiers, constituent la troisième cause de mortalité en France, derrière le cancer et les maladies cardiovasculaires. Ils sont en définitive souvent le fruit d'une *erreur*. Erreur de perception, de mémoire ou de jugement, et donc une erreur du type cognitif, celles qu'étudient les psychologues. On a *confondu* le tube de dentifrice avec le tube de colle, on a *oublié* de couper le gaz, on n'a *pas fait attention* en coupant la haie du jardin, on a *surestimé* nos compétences au barbecue…

Les chiffres varient selon la méthodologie utilisée, mais tout de même, entre 10 000 et 20 000 personnes meurent ainsi, on pourrait dire « bêtement », en France chaque année, et plus de 10 millions se blessent, parfois sévèrement. Nos erreurs peuvent donc nous conduire à l'hôpital, où nous risquons alors de faire l'objet… d'*erreurs médicales*. Celles-ci sont aujourd'hui bien étudiées, et hormis les causes importantes liées à des problèmes structurels, tels que les moyens à disposition des soignants, la gestion des équipes et les heures de travail, les erreurs cognitives sont également à déplorer. Celles-ci sont même très nombreuses. Une prise en charge peut s'avérer catastrophique si un patient a été hâtivement affublé d'un faux diagnostic en raison de ses origines sociales, de son sexe ou de ses antécédents. Comme tout le monde, un médecin peut faire preuve de « déformation professionnelle » en donnant la préférence à ses opinions personnelles ou en projetant son domaine d'expertise sur tous les patients, à la suite de quoi il fera son possible pour « détecter » les signes qui confirmeront son hypothèse de départ ou faire dire au patient ce qu'il veut entendre. Comme tout le monde, un médecin peut également se mélanger les pinceaux, confondre des dossiers, surestimer ses connaissances dans un domaine particulier, négliger des faits contrariants, trembler au mauvais moment…

Dans les années 2000, plusieurs études se sont attelées à ce problème délicat et sérieux. Il en ressort que 5 à 14 % des diagnostics sont manqués ou trop tardifs, que les autopsies révèlent systématiquement entre 10 et 20 % d'erreurs de diagnostic, que 25 % des diagnostics ratés ne sont d'ailleurs découverts qu'à ce moment (donc un peu trop tard), et même lorsque le diagnostic est correct, 45 % des traitements sont inadéquats et 20 à 30 % des examens et traitements sont inutiles. La moitié de ces erreurs sont dues à des fautes de raisonnement et des mauvaises décisions, dont 25 % conduisent à un handicap sévère ou à la mort. C'est d'autant plus déplorable que les trois quarts de ces erreurs sont parfaitement évitables et qu'elles ne sont que peu liées à l'expérience (ou l'inexpérience) des « fautifs ». Sans surprise, ces études ont également révélé que le problème des erreurs médicales fait généralement l'objet d'un déni dans les hôpitaux et les facultés[1]. À ma connaissance, très peu de cours, voire aucun, sont consacrés à la question pendant les études de médecine[2].

On ne s'étonne guère, dans ces conditions, qu'une certaine proportion de ces désastres finisse devant les tribunaux où s'exerce à plein un autre type d'erreur, *l'erreur judiciaire*… La fiabilité des témoins oculaires est exagérée, la capacité de détecter des mensonges est surestimée, des inconsistances logiques sont minimisées, la « conviction intime » porte aux nues les vertus de l'intuition, le « doute raisonnable » n'a souvent rien de raisonnable, la mécanique conduisant aux aveux est incomprise, les interrogatoires sont orientés… Il existe mille sources d'« erreur » dans toute affaire criminelle qui peuvent favoriser une condamnation injuste et l'exonération de véritables coupables. Un procès « à charge » n'est rien d'autre que l'application délibérée du « biais de confirmation », par lequel une conclusion prématurée va conduire tout le fil de l'enquête et du jugement final, plutôt qu'un examen impartial, rigoureux et scrupuleux des faits et des témoignages. L'examen des preuves est orienté, les éléments à décharge sont négligés ou « oubliés », des indices hasardeux sont jugés aussi convaincants qu'accablants[3]. Ce qui soulève évidemment la question de la responsabilité que nous portons, ainsi que la société et les institutions, quant à nos « erreurs », et finalement de la définition qu'il faut donner à celles-ci. J'y reviendrai.

CATASTROPHES ET DÉSASTRES

Autre face sombre de l'erreur humaine, les catastrophes industrielles et désastres en tout genre. Crashs aériens, explosions de centrales nucléaires, fuites chimiques et marées noires, effondrements de ponts et d'immeubles, chutes de téléphériques, crises financières, investissements désastreux... Certains événements marquants, comme l'accident de Tchernobyl et l'explosion de la navette *Challenger*, ont fait l'objet d'études de cas très approfondies de la part de spécialistes, et on retrouve souvent dans ces analyses l'idée que les grands désastres trouvent leur origine dans une *accumulation* improbable de petites erreurs très locales, qui toutes finissent par converger vers une issue aussi inéluctable qu'irréparable, alors que le processus aurait pu être entravé à plusieurs instants décisifs.

On parle facilement d'« erreur humaine » pour qualifier la source de telles catastrophes, mais bien souvent cela revient à se focaliser sur la cause *immédiate*, qui serait le fruit d'une bévue particulière d'un opérateur distrait, irresponsable ou incompétent, qu'il suffirait alors de blâmer pour que sa mésaventure serve de leçon. En réalité, ce type d'erreurs « actives », qui sont des gaffes plus ou moins inévitables que font les humains et dont ils s'aperçoivent généralement très rapidement, n'offre qu'une explication partielle de ce qui se passe dans les dysfonctions systémiques à grande échelle qui font les gros titres de la presse. Ce sont plutôt des erreurs dites « latentes » qui créent les conditions du désastre, et ce sont précisément celles qui sont les plus difficiles à identifier rétrospectivement, puisque par définition elles sont passées inaperçues, et parfois pendant longtemps[4]. De fait, une multiplicité de facteurs peuvent conspirer pour aboutir à l'irréparable : câbles défectueux, éclairage insuffisant, griefs personnels, équipes qui ne communiquent pas, levier mal placé, flacons qui se ressemblent, dossiers lus trop rapidement, réaction tardive, management abusif, pression politique ou financière, problèmes de traduction, changement impromptu de personnel, heures de travail excessives, fraude délibérée, mauvaises habitudes, etc. Une fois dans le fruit, le ver des erreurs latentes produit subrepticement son travail de sape. Tant qu'aucun problème visible n'apparaît, c'est comme si tout allait bien. Dans les coulisses, l'usure ronge le matériel, la négligence s'installe, les omissions s'accumulent, la routine décourage tout changement, la certitude efface les anomalies… Quand la dysfonction paraît aussi soudaine qu'incompréhensible, elle engendre des réactions qui empirent le problème et suscite la panique, les responsables se renvoient alors la balle, les accusations fusent et personne ne comprend ce qui se passe. Loin de simples « décisions absurdes »[5], les grandes catastrophes sont généralement le résultat des forces de l'erreur nées de nos défauts humains, bien trop humains.

QU'EST-CE QU'UNE ERREUR, AU JUSTE ?

On le voit, les erreurs, comme sur un échiquier, « n'attendent que d'être commises ». Mais comment définir ce qui constitue une erreur et pourquoi y a-t-il des erreurs ?

Nombre de théories sur l'erreur humaine distinguent les erreurs « actives » et « latentes ». Les anglophones ont ainsi des termes distincts : « *slips* », « *lapses* » et « *mistakes* ». Les *slips* sont des erreurs d'*exécution*. On peut parler de « plantage » ou de « ratage » : nous voulions faire quelque chose de correct, mais nous avons échoué à réaliser cette chose de la façon escomptée. Les *lapses*, qu'on peut traduire par « étourderie impromptue et passagère », sont des erreurs par omission malencontreuse d'une étape ou d'un facteur important dans la réalisation de l'intention. Ces deux situations correspondent essentiellement aux « actes manqués » dont on reparlera plus tard. Les *mistakes*, en revanche, sont des erreurs qui ne pouvaient être évitées, puisqu'elles sont le reflet d'une intention mal adaptée au but à atteindre, mais qui pour le coup a été parfaitement exécutée. Si vous pensez faire baisser votre fièvre en buvant de l'eau de javel, et que vous buvez effectivement de l'eau de javel dans ce but, vous commettez une erreur (*mistake*), bien que vous ayez fait exactement ce que vous aviez l'intention de faire. Si vous pensez faire baisser votre fièvre en buvant un médicament contre la fièvre, mais que vous prenez par mégarde une substance toxique, vous commettez également une erreur (*slip*), mais d'une nature différente : vous n'avez pas fait ce que vous aviez l'intention de faire. Notez que vous pouvez former l'intention de vous soigner avec de l'eau de javel, ce qui serait une erreur, et prendre un médicament efficace par inadvertance, ce qui est aussi une erreur mais qui vous permettra de réaliser votre but, et peut-être même de vous sauver la vie…

On dit des *mistakes* que ce sont des erreurs « latentes » parce qu'elles s'enclenchent en amont de la réalisation d'une action. Elles attendent leur heure pour se manifester. Une erreur peut également rester latente dans le sens où on ne s'en aperçoit que tardivement, parfois très longtemps après la réalisation de l'acte erroné. Les *slips*, en revanche, sont souvent « actifs » car on s'en rend fréquemment compte au moment même où on les commet, comme lorsqu'on renverse du vin ou qu'on fait un lapsus, mais on peut aussi ne pas les détecter immédiatement, comme lorsqu'on « retrouve » la télécommande du téléviseur dans le frigo, ou qu'on réalise tardivement qu'un message WhatsApp personnel a été envoyé à notre patron.

Il n'est donc pas si facile de définir ce qu'est une erreur et il en existe différents types. On peut aussi distinguer les « comportements aberrants » en « erreurs » et « violations », bien que celles-ci puissent se manifester ensemble[6]. Les erreurs, on vient de le voir, comportent des déviations involontaires mais également des actions réussies et délibérées qui s'éloignent d'un plan plus adéquat pour obtenir l'effet souhaité. Ce type d'erreurs répertorie et explique bon nombre de nos misères quotidiennes, mais il ne prend en compte que le niveau individuel, c'est-à-dire ce qui a dérapé chez la personne qui en est responsable. Pourtant, bien souvent, nos erreurs n'ont de sens que dans un contexte social : nous nous trompons au regard de normes culturelles, de conventions institutionnelles ou de processus largement acceptés par les autres. C'est ici qu'interviennent les *violations*, qui sont l'irrespect de normes, codes, règles ou procédures en vigueur dans un contexte spécifique. Elles peuvent constituer des erreurs lorsqu'elles sont commises de façon non intentionnelle, mais n'en sont pas à proprement parler quand elles sont faites en connaissance de cause. Ainsi, un opérateur peut être parfaitement au fait des règles à respecter pour le fonctionnement d'une machine, mais choisir de faire autrement, « à sa manière ». C'est particulièrement le cas quand la fonction exacte de telle ou telle manœuvre nous est opaque, qu'on ne sait pas à quoi elle sert exactement. On peut alors décider de passer outre, ou de l'exécuter plus rapidement.

En fait, une erreur doit toujours se concevoir comme un événement alternatif à un arrière-fond qui dicte *comment les choses auraient dû se passer* normalement. Autrement dit, une erreur est seulement une erreur par rapport à autre chose, en l'occurrence la façon correcte, ou une meilleure façon, de réaliser une action. On commence à entrevoir la complexité du sujet. Pour interpréter une erreur, pour expliquer ses causes, il nous faut connaître les intentions et les buts de la personne l'ayant commise[7]. Et souvent, il faut aussi connaître le contexte dans lequel elle s'est produite. Or ce n'est pas toujours possible.

Par conséquent, beaucoup d'erreurs restent inexpliquées. Certaines passent même inaperçues : on peut observer une personne agissant apparemment de façon raisonnable, sans se rendre compte qu'elle commet une erreur, parce qu'elle n'est pas du tout en train de faire ce qu'elle escomptait. Dans ces cas-là, d'ailleurs, mieux vaut faire « comme si de rien » et poursuivre ses activités « l'air de rien ». Un vieil adage des musiciens de jazz est que si on joue une fausse note, il faut immédiatement la rejouer, puis improviser sur ce thème. Qui s'en apercevra ? À l'inverse, quelqu'un peut sembler avoir commis une erreur, mais avoir en fait réalisé son action parfaitement délibérément. Comme le remarque Joey dans un épisode de *Friends*, on peut ainsi volontairement écorcher le nom de quelqu'un dans le seul but d'exprimer son mépris à son égard (très efficace quand il s'agit du nouveau petit ami de notre ex). Dans le même ordre d'idée, on peut aussi commettre des « lapsus » qui sont en réalité des jeux de mots volontaires.

L'opacité relative des mécanismes des erreurs permet donc, occasionnellement, de les exploiter en sa faveur.

LES LOIS DE L'ERREUR

Pour autant, tout n'est pas permis au royaume de l'erreur[8]. Par exemple, aussi amusantes soient-elles, les anecdotes rapportées par La Bruyère à propos de Ménalque, « caractère » du distrait inspiré par le compte de Brancas, gouverneur de Rouen sous Charles VII, ont de quoi laisser perplexe. Voici une liste non exhaustive qui permettra de juger celles qui semblent plausibles (ou qui vous sont déjà arrivées !) et celles qui le sont moins : il « s'aperçoit au dernier moment qu'il se retrouve face à face avec quelqu'un dans un couloir étroit », « demande ses gants, qu'il a dans ses mains », « entre chez quelqu'un et ne s'aperçoit pas qu'il n'est pas chez lui », « [s]e marie le matin, l'oublie le soir, et découche la nuit de ses noces », « range son chien au lieu de sa caisse d'argent dans une armoire », « une veuve lui explique en détail l'agonie de son mari, puis, devant ses sanglots, il lui demande si elle n'en avait pas un autre »[9]...

Bien sûr, nous connaissons tous des gens particulièrement maladroits et distraits. Mais Ménalque semble aller bien au-delà. La Bruyère lui-même, après son portrait évidemment hyperbolique, doutait du diagnostic à apporter : « Vous le prendriez souvent pour tout ce qu'il n'est pas : pour un stupide, car il n'écoute point, et il parle encore moins ; pour un fou, car outre qu'il parle tout seul, il est sujet à de certaines grimaces et à des mouvements de tête involontaires ; pour un homme fier et incivil, car vous le saluez, et il passe sans vous regarder, ou il vous regarde sans vous rendre le salut ; pour un inconsidéré, car il parle de banqueroute au milieu d'une famille où il y a cette tache, d'exécution et d'échafaud devant un homme dont le père y a monté. »

On le voit, la maladresse et la distraction peuvent souvent passer pour des signes d'imbécilité, de pathologie, d'arrogance, de rêverie ou de cuistrerie. Assurément, fréquenter quelqu'un comme Ménalque ne doit pas être de tout repos, et il y aurait même de quoi s'inquiéter pour sa santé. Certains traits ne sont pas loin du syndrome amnésique, ou des troubles du comportement dus à une atteinte des lobes frontaux. Le manque de tact, ses relations sociales désastreuses, son impulsivité font de lui un véritable mufle. Par ailleurs, il semble errer dans un perpétuel demi-sommeil quasi somnambulique et ses capacités attentionnelles sont de toute évidence sévèrement limitées. Ménalque est-il seulement conscient de sa singularité ? La Bruyère ne nous le dit pas, mais sa description permet d'en douter.

Pour autant, on voit que les erreurs de Ménalque répondent à une sorte de logique : tout ce qu'il fait est aberrant et erroné, mais rien ne sort complètement du registre ordinaire des actions. En d'autres termes, toutes les erreurs de Ménalque peuvent trouver des circonstances où elles ne seraient *pas* des erreurs.

Ménalque au laboratoire

Depuis les observations de La Bruyère, les chercheurs ont tenté de mesurer avec plus de précision la propension aux erreurs du quotidien. Cela a donné lieu à plusieurs questionnaires tournant tous autour des mêmes bévues, qui concernent largement la mémoire.

De façon très générale, il ne semble pas y avoir de différence de genre dans les réponses à ces tests. En revanche, il existe de grandes différences liées à l'âge, et de manière contre-intuitive. En effet, à mesure que les personnes vieillissent, elles rapportent *moins* de bévues (avec les exceptions suivantes : oublier des noms, négliger des étapes importantes dans une tâche, chercher une chose que l'on vient de poser ou que l'on porte encore sur soi). Quatre explications peuvent éclairer ce paradoxe : avec l'âge, l'activité se réduit et les habitudes s'endurcissent, laissant moins de place à la possibilité d'erreurs ; on se connaît mieux et on apprend donc à prévenir et gérer ses défaillances ; on ne remarque même plus ses erreurs, ou on les oublie tout simplement ; et enfin les erreurs deviennent un sujet tabou qu'il est préférable de garder sous silence, de peur d'être considéré comme sénile. Un autre résultat intéressant est le lien entre les scores à ces questionnaires et certaines fragilités mentales. Les patients souffrant de dépression, par exemple, ont davantage d'absences, de même que ceux soumis à un grand stress, comme avant un examen important ou une opération risquée.

Ces mesures permettent-elles de diagnostiquer un profil type de gaffeur ? L'analyse statistique de ces données semble effectivement le montrer, permettant d'expliquer, en partie, la tendance à faire des erreurs d'attention, de mémoire, de perception et de motricité. Il existe des gaffeurs « généralistes ». De plus, leurs proches fournissent des résultats assez convergents, de sorte qu'on peut non seulement dire que les gaffeurs sont bien conscients de leur propension à l'erreur, mais aussi leur famille et leurs amis.

Cependant, le lien avec ce qui se passe dans la vie reste controversé. D'abord, ces questionnaires prédisent assez mal les résultats à des vrais tests de laboratoire, mesurant par exemple les temps de réaction et les erreurs dans des tâches chronométrées. Ensuite, il y a des divergences entre les études (qui ne sont d'ailleurs pas si nombreuses) : si ces questionnaires ont été associés à la tendance réelle à avoir des accidents de la route, à rendre des livres en retard à la bibliothèque, ou à perdre un ticket qu'il fallait conserver sur soi (ou des objets appartenant à autrui), d'autres études n'ont pas trouvé de tels liens.

Et si les gaffeurs n'étaient pas tous les mêmes ? Une étude a trouvé deux profils, associés au rythme circadien : les « matinaux » ont tendance à faire plus d'erreurs que les « oiseaux de nuit », mais les premiers les commettent surtout le soir, alors que les seconds gaffent de façon plus équilibrée tout au long de la journée[10].

Voici un exemple de questionnaire :
« Cognitive Failures Questionnaire[11] »

1. Vous lisez quelque chose et réalisez ensuite que vous n'y avez pas prêté attention, et qu'il faut le relire.
2. Vous remarquez que vous avez oublié pourquoi vous vous êtes déplacé d'une partie à l'autre de la maison.
3. Vous ratez des panneaux de signalisation routière.
4. Vous confondez la gauche et la droite en indiquant le chemin à quelqu'un.
5. Vous bousculez des gens.
6. Vous ne vous souvenez plus si vous avez éteint la lumière ou le feu, ou fermé la porte à clé.
7. Vous n'écoutez pas le nom des gens lorsque vous les rencontrez.
8. Vous dites quelque chose et comprenez plus tard que ça pourrait être mal pris par la personne.
9. Vous n'entendez pas que l'on vous parle lorsque vous faites quelque chose d'autre.
10. Vous perdez patience et ensuite le regrettez.
11. Vous laissez des courriers importants sans réponse pendant des jours.
12. Vous oubliez dans quelle direction il faut tourner sur une route que vous connaissez bien mais empruntez rarement.
13. Vous n'arrivez pas à trouver ce que vous cherchez dans un supermarché (bien que cette chose y soit présente).
14. Vous vous demandez soudainement si vous avez utilisé un mot correctement.

15. Vous avez du mal à vous décider.
16. Vous oubliez des rendez-vous.
17. Vous oubliez où vous avez rangé des choses comme un journal ou un livre.
18. Vous constatez que vous avez accidentellement jeté la chose que vous vouliez garder, et avez gardé la chose que vous vouliez jeter – comme jeter la boîte d'allumettes et conserver l'allumette usagée dans votre poche.
19. Vous rêvassez quand vous devriez être en train d'écouter quelque chose.
20. Vous oubliez le nom des gens.
21. Vous commencez à faire une chose à la maison et vous vous laissez distraire à faire autre chose (sans le faire exprès).
22. Vous avez du mal à vous souvenir de quelque chose bien que vous le sentiez « sur le bout de la langue ».
23. Vous oubliez ce que vous vouliez acheter dans un magasin.
24. Vous laissez tomber des objets.
25. Vous vous retrouvez sans savoir quoi dire.

Il existerait ce qu'on pourrait appeler des « lois de l'erreur ». Même Freud, dont on verra plus tard les errements, avait raison de ne pas les considérer comme totalement hasardeuses et inexplicables. Les erreurs ont une forme, une certaine structure qui obéit aux mécanismes ordinaires de l'action. C'est en voulant faire quelque chose de normal que l'on aboutit à quelque chose d'anormal. Si l'aléatoire garde néanmoins une place dans la production des erreurs, c'est dans leur *timing*[12]. Leur *forme* obéit à des règles qui permettent de les prédire dans une certaine mesure, mais le *moment* où elles surgissent semble plus hasardeux, c'est-à-dire qu'il dépend de facteurs internes (attention) et externes (distracteurs) qui peuvent se produire à tout moment. Pour autant, l'allure générale des erreurs tend à se conformer aux contraintes du contexte immédiat. En effet, il y a une sorte d'élégance dans les erreurs particulièrement bien « réussies » et c'est ce qui les rend souvent amusantes. Le psychologue James Reason raconte avoir entamé toute sa carrière sur l'erreur humaine à la suite d'une bourde particulièrement gratinée : alors qu'il faisait bouillir de l'eau pour se préparer un thé, son chat s'est mis à exiger impérieusement d'être nourri. Qu'a fait Reason ? Il a ouvert une boîte de pâtée pour chat, en a pris une grande cuillerée, et l'a versée… dans la théière. Notons que dans cette débâcle, tout a été impeccablement effectué : la main était sûre pour chaque geste, les mouvements ont eu exactement l'amplitude et la vitesse requise.

Bien sûr, lorsque nous agissons, nous ne prenons généralement pas le temps d'établir soigneusement le plan de tout ce que nous aurons à faire. Il existe un schéma prêt à l'emploi qui s'active sitôt que nous formons l'intention « faire du thé », et un autre pour « nourrir le chat » (pour ceux qui aiment le thé, et ont un chat, naturellement). Ces schémas n'ont en général pas à se soucier des contingences spécifiques à chaque situation, et c'est bien ce qui les rend si efficaces. Ils s'adaptent naturellement au contexte. Jamais deux gestes ne sont effectués exactement de la même manière, à la fibre neuromusculaire près. Le contexte active des schémas grossiers de comportement correspondant à des intentions et des buts, et la réalité physique se charge pour ainsi dire de guider nos gestes par les contraintes qu'elle impose. Dans ce sens, chacune de nos actions est à la fois *proactive* et *réactive*, et l'intrication des mécanismes de planification et d'ajustement lors de l'exécution offre une certaine place à l'improvisation. Les erreurs ont donc toute latitude pour se glisser à n'importe lequel de ces niveaux.

LA QUESTION DE LA CONSCIENCE

Ce qui nous amène à la question de la conscience. Celle-ci, comme vous le verrez en fin d'ouvrage, entretient des liens ambigus avec la responsabilité, il est donc important de savoir quel est, au juste, notre état de conscience lorsqu'on commet une erreur. Une grande partie de notre quotidien se déroule en mode automatique, les actions routinières sont exécutées sans qu'on ait trop à y penser. C'est à la fois une bonne chose, parce que cela nous facilite la vie et libère des ressources considérables pour nous préoccuper d'autres tâches, mais aussi une tragédie, parce que c'est dans le domaine de l'ordinaire que se produisent nos erreurs les plus éclatantes. De fait, selon les modèles classiques du contrôle de l'action, c'est précisément pour éviter des erreurs, ou corriger le tir avant qu'elles ne se produisent, que la conscience se mobilise. Nous sortons ainsi de notre mode automatique quand nous comprenons que les choses sont différentes de d'habitude, quand des anomalies ou des nouveautés se sont introduites dans notre routine. Certaines erreurs, notamment celles dites de « bas niveau », qui se produisent au niveau de l'exécution, *évoquent* une réaction consciente, comme si elles déclenchaient l'activation de la conscience, tandis que des erreurs de « haut niveau », celles qui se nichent au niveau de la programmation et de la sélection de l'action, *requièrent* la conscience pour être évitées ou détectées[13].

Dit de façon plus triviale, si nous étions toujours conscients de nos erreurs, nous ne les commettrions pas. Ou, en tout cas, on pourrait difficilement parler d'erreur, si elles sont faites *exprès* et en *connaissance de cause*. Mais, d'un autre côté, il serait difficile de parler d'erreur si nous étions totalement impuissants face à leur occurrence et ignorants de leurs mécanismes. Nous serions alors de simples victimes du destin, ou de notre nature. Pire, nous serions comme des zombies, incapables de nous déterminer et entièrement passifs face à nos propres comportements.

Le niveau de conscience dans lequel se produisent nos erreurs doit donc se situer entre le contrôle parfait de notre esprit et le laxisme intégral de nos comportements, ce qui laisse un espace considérable de liberté, mais aussi un domaine riche en possibilités pour un nombre infini de catastrophes, petites ou grandes.

Il est à ce titre difficile de déterminer où commence et où s'achève une erreur. La perfection n'étant pas de ce monde, on pourrait même dire que tout ce que nous faisons comporte des erreurs. Nous pouvons toujours être plus précis, plus efficaces, plus rapides, plus prudents, plus rigoureux, plus gracieux, plus directs, plus clairs. Mais nous nous contentons d'une sorte de compromis entre le mieux et le pire, avec les moyens qui sont les nôtres.

Une théorie de l'erreur ?

L'erreur fait partie de notre répertoire normal d'actions. Selon les théoriciens qui les étudient, les erreurs ne sont donc pas des actes *anormaux*, mais plus simplement *mal placés*, *incomplets* ou *excessifs*. Ils sont généralement dus non pas à la confusion ou à la désorientation mentale, mais plutôt à une dépendance exacerbée à des conditions familières et habituelles. Un facteur supplémentaire, comme la fatigue, les limites cognitives, le stress ou l'ennui, conduit alors à des *erreurs de capture* (une action est réalisée par habitude, alors qu'on n'avait pas besoin de la faire, simplement parce que les conditions s'y prêtaient), des *substitutions* (un objet est utilisé pour un autre, parce que deux schémas d'action incompatibles ont été activés simultanément, ce qui revient à « se mélanger les pinceaux ») ou plus simplement des *oublis*.

Les erreurs de ce type sont relativement neutres sur le plan psychologique. C'est-à-dire qu'elles peuvent impliquer aussi bien l'attention, la mémoire, la perception, le langage, la motricité, le raisonnement ou la prise de décision. Cette généralité de l'erreur permet d'envisager, selon les théories les plus communes, un déficit situé dans un mécanisme supérieur de contrôle de l'action, qui est parfois identifié à la conscience en tant que telle.

De fait, en 1906, le psychologue Joseph Jastrow parlait simplement de déficit de conscience pour expliquer les erreurs[14], ce que d'autres appelleront « absences » ou « fautes d'inattention ». L'étude de « catalogues d'erreurs », souvent des collections obtenues auprès d'étudiants à qui on a demandé de les consigner dans un « journal d'erreurs », a longtemps été, et reste, la méthode de choix pour obtenir des informations reflétant la vie de tous les jours. Leur analyse a permis des tentatives de classifications, qui aident à y voir plus clair dans le fatras de nos bourdes quotidiennes. Certains chercheurs expliquent qu'on peut souvent localiser la source d'une erreur dans un des trois moments de l'action : son initiation, son exécution et sa terminaison[15]. À chacune de ces étapes, trois types d'interférences peuvent produire une erreur : le dérapage (*sidetracking*), la superposition (*overlapping*) et l'interpolation. Lors du dérapage, notre schéma d'action initial va subrepticement s'orienter vers un autre but, peut-être parce que nous avons été distraits par une parole ou la vue de quelque chose. Dans la superposition, nous avons plusieurs choses en tête, et nous nous retrouvons à mélanger deux actions en une seule. Enfin, dans l'interpolation, nous avions une séquence de choses à faire, et par anticipation, nous nous retrouvons à faire d'abord ce que nous devions faire plus tard.

On peut aller plus dans le détail et proposer des types d'échecs spécifiques[16]. Les « erreurs de discrimination » sont ainsi des fautes de classification ou des confusions, comme enfiler la veste de son voisin de table au lieu de la nôtre. Les « erreurs de programme d'assemblage » désignent la transposition de différents schémas d'action au mauvais endroit d'une chaîne d'actions complexe, comme jeter le jouet de bébé dans la poubelle et ranger sa couche sale sur une étagère. Les « erreurs de test » consistent en une prolongation involontaire d'une action parce que nous n'y faisions plus attention au moment de la réaliser ou d'y mettre un terme, par exemple lorsque nous voulons allumer la lumière, mais comme celle-ci est déjà allumée, nous finissons par l'éteindre. Les « erreurs de sous-routine » sont des omissions, des additions ou des transpositions de composantes d'une action, typiquement, par exemple, quand nous allons au magasin dans un but précis, mais en ressortons avec toutes sortes de choses que nous n'avions pas prévu d'acheter, sauf évidemment celle que nous voulions au départ. Enfin, les « erreurs de stockage » sont des plans d'action qui ont été oubliés, ou rappelés incorrectement, comme lorsque nous savons que nous devons appeler quelqu'un, mais ne nous rappelons pas qui exactement, ni pourquoi.

On le voit, il y a fort à faire pour donner du sens à nos modestes erreurs du quotidien, et les théories et classifications diverses ne manquent pas. Pourtant, l'étude scientifique des erreurs n'a pas abouti à une théorie spécifique de l'erreur qui fasse consensus. La raison est simple : plutôt que d'essayer de mieux comprendre notre propension à l'erreur, la psychologie les a exploitées surtout pour clarifier les divers processus mentaux qui guident ordinairement nos actions et nos décisions, en particulier les conflits entre nos processus conscients de contrôle, et les schémas automatiques et donc inconscients avec lesquels ils peuvent interférer.

C'EST KLOUG ?

Mais comment se fait-il, dans le fond, que nous commettions des erreurs, et *tant* d'erreurs ? Certes, nous avons maintenant une idée des mécanismes impliqués, mais *pourquoi* ces mécanismes existent-ils ? Après tout, nous sommes une espèce particulièrement intelligente, nous avons accompli des choses extraordinaires en relativement peu de temps, comme ériger des pyramides, combattre des virus, aller sur la Lune, contrôler notre alimentation, comprendre nos origines, remplir des déclarations d'impôt, écrire de la poésie, inventer la crème glacée… Comment expliquer un tel succès, si nous sommes si susceptibles à l'erreur ? N'aurions-nous pas dû être éradiqués de la surface de la Terre il y a bien longtemps, avec notre propension à tout faire de travers ?

Il y a là un paradoxe que nous peinons encore à expliquer. Les philosophes et les psychologues, depuis longtemps, semblent tiraillés entre, d'une part, une vision élogieuse du genre humain, triomphant sur les forces hostiles de la nature par la seule force de son ingéniosité et sa capacité extraordinaire pour la collaboration (entre autres), et d'autre part, une image plutôt pessimiste, où l'être humain serait à jamais condamné à répéter les travers qui le poussent au conflit, à la destruction, au malheur, à l'angoisse existentielle, et à précipiter son petit orteil sur les angles les plus solides possibles. Question de point de vue, sans doute. Mais la vérité se trouve probablement quelque part entre ces deux approches, ce qu'une perspective évolutionniste devrait nous aider à saisir.

Nous sommes les produits d'une longue lignée de mutations organiques ayant survécu à un processus drastique de sélection et d'adaptation. L'évolution biologique ne prévoit ni n'anticipe rien au-delà du bout de son nez, c'est-à-dire les circonstances dans lesquelles se trouve tel ou tel être vivant à un moment donné. C'est une histoire qui se conçoit dans le présent, sur les bases des acquis du passé. En conséquence, nous ne pourrions réclamer mieux que ce que nous avons : nous sommes des créatures *optimales*. En termes évolutionnistes, l'optimalité ne désigne pas la perfection, et doit plutôt se comprendre comme « pas trop mal » ou « juste assez bien ». Nous sommes ok, en somme, comme toutes les espèces vivantes, du puceron au peuplier. L'être humain aurait pu être beaucoup mieux conçu, mais étant donné les contraintes dans lesquelles opère la sélection naturelle, un processus aveugle, indifférent et plutôt lent, le résultat peut être qualifié d'optimal, ni plus ni moins. Ça fait le job, comme on dit.

Compte tenu des contraintes dont il est question, c'est déjà pas mal. En effet, selon l'expression du biologiste François Jacob, l'évolution se comporte davantage comme un *bricoleur* que comme un ingénieur. Et encore, un bricoleur à la MacGyver, contraint de faire uniquement avec ce qu'il a sous la main. L'évolution implique ainsi un bric-à-brac constant de réagencement de différentes pièces détachées censées remplir des fonctions particulièrement complexes. Le philosophe cognitiviste Andy Clark parle de « holisme gradualiste » : avec le temps, des éléments disparates, jouant chacun à l'origine leur propre rôle dans leur coin, en viennent à être ajoutés les uns aux autres de sorte à former une nouvelle fonction[17].

Les plumes, servant à la thermorégulation, et les avant-bras, servant d'organes de préhension ou à la mobilité terrestre, en viennent à former ensemble des ailes, permettant de voler ou au moins de planer. Dans cet exemple classique, la fonction de thermorégulation persiste, tandis que la fonction de préhension en prend un sacré coup. Il résulte de ce bricolage que c'est l'histoire passée qui va déterminer ce qui peut être bricolé à nouveau ou pas. S'il y a des défauts dans la machinerie, ceux-ci réapparaîtront ou seront exploités dans les adaptations subséquentes, mais ils ne peuvent pas simplement être expulsés ou ignorés. Un processus qualifié d'« effet boule de neige historique ».

C'est ce qui explique deux ou trois petites choses assez embarrassantes pour une espèce aussi imbue d'elle-même que la nôtre[18]. Chacun connaît ce reliquat honteux qu'on appelle le coccyx, une queue vestigiale qui, étant juste *optimale*, n'a pas trouvé lieu d'être totalement éliminée. La nature a jugé qu'on pouvait aussi bien faire avec ce travail inachevé. Disons qu'en général, l'évolution n'a pas pour spécialité de fignoler les finitions. Ainsi, on se retrouve également avec des drôles de sinus maxillaires, par lesquels l'évacuation des mucus se fait *par le haut*. C'est stupide, un ingénieur aurait bien évidemment conçu un système de drainage par le bas, profitant de la gravité. Avec ce simple système, nous n'aurions pas autant de rhumes et de déconvenues nasales, sans parler d'infections potentiellement dangereuses. Nous avons en outre un drôle de nerf, appelé « nerf laryngé récurrent », censé simplement innerver notre nuque. Or, cet idiot a trouvé bon de s'associer au nerf vague, et de prendre des chemins complètement différents du côté droit et du côté gauche, empruntant pour ce dernier une route fantaisiste qui passe sous l'aorte et embête beaucoup les chirurgiens cardiaques. Les sinus maxillaires et les nerfs laryngés récurrents sont également des vestiges de l'évolution mal dégrossis, les premiers étant hérités d'ancêtres au museau allongé, les seconds de poissons pour qui ils jouaient un tout autre rôle.

Nos amis sportifs connaissent également bien les ligaments croisés du genou, et l'ossature des poignets et chevilles. Pourquoi en souffrent-ils si souvent ? Parce qu'ils sont inadaptés à la station debout. Oui, la nature nous a triomphalement redressés, mais n'a pas fait le boulot jusqu'au bout. Nos ligaments ne sont ainsi pas assez solides pour supporter la pression nouvellement exercée sur eux, et nous avons bien trop de petits os inutiles au bout de nos jambes et de nos bras. Oh, et puis, il y a nos yeux. Nous ne voyons pas si mal, il faut quand même le dire. Mais pourquoi diable nos récepteurs dans la rétine tournent-ils le dos à la lumière ? Là encore, c'est un arrangement laborieux lié à la structure des organes visuels de nos ancêtres, avec pour résultat que notre nerf optique forme littéralement un trou au plus près de ce qui est censé être notre champ de vision central. Mais pas de problème, notre cerveau, dans sa mansuétude, se charge après coup d'inventer ce que nous sommes censés voir à cet endroit, en extrapolant sur ce qu'il reçoit comme information des alentours.

Ne parlons même pas de notre système d'alimentation beaucoup trop compliqué, de notre système immunitaire qui a une fâcheuse tendance à se faire rouler par son propre corps, et à l'attaquer inutilement, sans compter notre système reproductif qui a décidé de partager ses tâches avec notre système d'évacuation des produits usés, ainsi que notre génome et nos cellules, qui n'ont rien à envier aux constructions plus ou moins improvisées du facteur Cheval, cet architecte autodidacte qui a consacré sa vie à construire un « Palais idéal » de bric et de broc.

Si notre corps n'est qu'un vaste assortiment d'approximations, d'oublis, d'inversions et d'erreurs, doit-on s'étonner que notre vie mentale et nos comportements jouent eux aussi dans cette même ligue de *losers* ? De fait, certains auteurs n'hésitent pas à qualifier notre cognition, et notre cerveau, de « kluge[19] ». Ce terme aux origines incertaines en est venu, dès les années 1960, à désigner une solution inélégante, bâclée et bon marché à un problème, mais qui « fait le job » tout de même. Prononcé « kloudge » (et parfois orthographié « kludge »), il est fréquemment utilisé dans les domaines de l'ingénierie et de la programmation, lorsqu'un bricolage rapide et de circonstance, avec les moyens du bord, permet de régler une difficulté. Au lieu d'éliminer proprement le problème en question en lui substituant un mécanisme précis et efficace, on lui *ajoute* quelque chose pour éviter qu'il nuise. On pense aux mécanismes extravagants dans les films d'animation *Wallace et Gromit*, où un vaste dispositif de chaînes causales toutes plus absurdes les unes que les autres va permettre d'enclencher un grille-pain au réveil. Ça marche, certes, mais on pourrait certainement faire mieux, plus simple et plus durable. De fait, une fois un kluge adopté et subrepticement adjoint au système, tout problème subséquent devra en tenir compte, et bricoler à nouveau par-dessus le kluge antérieur. C'est ainsi que l'évolution semble avoir procédé pour nos misérables carcasses, mais probablement aussi pour nos ressources mentales.

Ainsi, notre mémoire, nos perceptions, nos capacités attentionnelles, notre usage du langage, nos émotions, nos raisonnements, nos désirs, nos choix moraux, nos relations sociales et plus ou moins tout ce que nous faisons en ce bas monde, ce qui inclut les systèmes politiques, les institutions, les religions, les principes éducatifs et nos goûts artistiques, dépend du kluge maladroitement engoncé dans notre boîte crânienne.

LA MENACE ERREURISTE

C'est à cette aune *klugesque* qu'il faut mesurer nombre de curiosités du quotidien, au risque de les transformer en tragédies existentielles. Nous éternuons et toussons de façon intempestive, nous rotons, nous pétons, nous sommes pris de hoquets ridicules, nous versons des larmes, nous rions et bâillons – ce qui est assez grotesque quand on y pense –, nous sommes chatouilleux, nous avons le vertige, nous sommes bourrés de tics, nous cauchemardons, nous vomissons, nous rougissons, nous déglutissons, nous bafouillons, nous rêvassons, nous frémissons, nous tremblotons, nous bavons[20]... Rien de tout cela n'est spécialement honteux en soi, mais ces manifestations biologiques nous rappellent à notre condition animale.

Je ne sais pas s'il faut les appeler des erreurs (erreurs de qui ? de la nature ?), mais ces manifestations peuvent certainement se présenter de façon indésirable. Si vous rougissez intempestivement lors d'un entretien d'embauche, cela pourra être perçu comme un faux pas. Si, dans les mêmes circonstances, vous vomissez, rotez, vous endormez, bien des professionnels du recrutement seront tentés de dire que oui, vous avez manifestement commis une erreur. Après tout, votre intention était de donner une bonne image de vous, et ce n'est pas du tout ce qui s'est produit...

Nous sommes des « erreuristes » nés (pour reprendre le terme introduit par le philosophe et psychologue américain Henry Bawden, *errorist* désignant celui qui commet une erreur[21]). À tel point que nous sommes presque surpris quand les choses se passent comme prévu. Il semble que la nature nous ait même octroyé une sorte de sentiment de bien-être pour nous aider à identifier ces moments rares, que les chercheurs appellent « fluence », ou parfois « flow » quand nous sommes vraiment « dans la zone ».

La plupart du temps, rien ne marche « comme sur des roulettes ». Et cela sans même avoir eu à évoquer les franches dysfonctions, qu'on appelle alors « maladies », « symptômes » ou « troubles ». Nous passons une partie de nos vies à tenter de nous en prémunir, ou à tout le moins à essayer de vivre avec. Et même quand nous parvenons à y échapper, les moins chanceux dans notre entourage n'y coupent pas, ce qui immanquablement va altérer *notre* bien-être.

Ce n'est pas faute de se prévenir mutuellement : « Vous faites erreur, mon cher », dit-on quand on est poli. Il existe même, désormais, des champs entiers de l'activité académique dévolus à l'étude des *fake news*, de la désinformation, des théories du complot, du négationnisme, et du rejet pur et simple de la connaissance. Pourquoi certains adhèrent-ils à des idées absurdes ou dangereuses ? On aurait envie de répondre : « À quoi vous attendiez-vous ? »

Cela fait bien longtemps que les esprits affûtés ont remarqué combien leurs congénères étaient sujets à l'illusion, aux arnaques, aux paniques morales, aux idées reçues, aux bonimenteurs, aux modes passagères, aux mirages et aux gourous.

AU ROYAUME DU BIZARRE, L'INSIGNIFIANT EST ROI

Mais si les registres de la pathologie, de l'irrationnel et de l'idéologie sont passionnants, ce sont là des manifestations extrêmes, et pour ainsi dire rigidifiées, de notre propension naturelle à l'erreur, qui dans les faits, au quotidien, est beaucoup plus fluide, dynamique et discrète. Nous sommes trop durs et exigeants les uns envers les autres, comme si nous n'attendions rien moins que la perfection dans les actions et les paroles de chacun. Je veux ici plutôt mettre en lumière ce qu'il y a d'amusant, et même d'attendrissant, dans les manifestations les plus communes, les plus simples et les plus ordinaires de nos tempéraments de gaffeurs.

J'entends ainsi rejoindre la longue tradition du burlesque, où la maladresse et l'étrangeté de nos comportements sont élevées au rang d'art. Dans *Vie et opinions de Tristram Shandy*, publié à partir de 1759, Laurence Sterne, entre d'innombrables scènes absurdes et désopilantes, décrivait un épisode particulièrement laborieux : « Ce n'eût pas été pour vous une chose facile sous aucun règne (à moins d'être un aussi maigre sujet que moi) que de forcer votre main à traverser en diagonale tout votre corps, de manière à atteindre le fond de votre poche opposée[22]. » Je pense aussi au lieutenant

Columbo cherchant péniblement son calepin partout dans sa poussiéreuse gabardine, et bien sûr à l'inénarrable Ménalque de La Bruyère.

Ces personnages maladroits, distraits, imprévisibles nous amusent. Mais pourquoi, au juste ? Dans son analyse des erreurs humaines, en particulier celles relevant du lapsus, le psychologue Bernard Baars, spécialiste de la cognition et de la conscience, incluait le rôle de l'« effet de surprise » qu'elles ne manquent souvent pas de produire. Quelqu'un a fait quelque chose, mais on ne s'attendait pas à ça[23]... Notons en outre que cette surprise n'est pas démesurée. On peut s'attendre à ce que l'incompétence et l'ignorance produisent des gaffes et des malentendus, par exemple chez les musiciens ou sportifs débutants[24], ou lorsque vous manquez un rendez-vous parce que vous l'avez noté à la mauvaise date. Les bourdes de ce genre sont modérément surprenantes et peu amusantes. À l'inverse, l'immense consternation causée par un accident industriel ou les erreurs d'inattention qui causent des morts sur la route produisent une surprise excessive qui interdit tout agrément. Il semble donc que le lien entre le rire et l'erreur occupe une place intermédiaire, où le dérisoire d'une situation donne un caractère à la fois saugrenu et intéressant aux erreurs.

C'est à mon avis ce subtil équilibre de nos erreurs les plus drôles et les plus marquantes – dont la surprise amusée semble être un ingrédient important – qui fait toute la richesse de nos *bugs*, même s'il faut accepter qu'ils restent encore largement incompris. Et c'est peut-être aussi parce qu'ils sont si surprenants qu'ils ont tant intéressé Sigmund Freud, l'inventeur de la psychanalyse.

À NOS ACTES MANQUÉS

Freud a eu le mérite incontestable de susciter l'intérêt du public pour ce qu'on pourrait appeler la psychologie ordinaire. Après la publication de *L'Interprétation des rêves* (1900), il se penche sur nos erreurs « normales », à l'état d'éveil, dans *Psychopathologie de la vie quotidienne* (1901), puis sur les mécanismes de l'humour dans *Le Mot d'esprit et sa relation à l'inconscient* (1905). Étonnant pour un médecin s'étant d'abord intéressé à la pathologie neurologique, puis devenu célèbre pour ses théories concernant les psychonévroses, l'hystérie et les obsessions, et notamment leur origine sexuelle. C'est que l'héritage du père de la psychanalyse dépasse de loin le seul développement d'une théorie et d'une méthode thérapeutique visant à l'élucidation et la résolution de symptômes psychiatriques. Nul besoin d'être « passé sur le divan » pour en ressentir les effets plus d'un siècle plus tard, dans nos conversations, nos interactions, notre vie culturelle et jusque dans des domaines aussi divers que l'éducation, la publicité, la politique, la littérature, le sport et la spiritualité.

Aujourd'hui encore, nos lapsus, nos maladresses, nos infortunes et la moindre de nos gaffes risquent fort d'être immédiatement considérés comme « révélateurs ». On doit largement cette tendance malheureuse à Freud, mais d'un autre côté, il n'en est certainement pas l'instigateur. En effet, à la lecture de *Psychopathologie de la vie quotidienne*, on voit nettement que le psychanalyste ne fait que reprendre à son compte une sorte d'intuition qui lui préexistait largement[25].

À son époque, et de longue date, les lapsus et autres « actes manqués » étaient *déjà* considérés comme des manifestations impromptues de désirs, croyances ou intentions cachées, et Freud donne nombre d'exemples où des dramaturges et auteurs du passé ont pu faire usage de ce « savoir » populaire à bon escient. Ce n'est pas Freud qui a « découvert » que lorsqu'un personnage public déclare au tout début d'un congrès que « la session est close », au lieu d'« ouverte », c'est probablement parce qu'il appréhende de longues heures d'ennui et qu'il aimerait secrètement en finir au plus vite. Tout le monde comprend intuitivement de quoi il retourne et peut donc s'en amuser.

On peut cependant accorder à Freud d'avoir largement popularisé l'intérêt pour les défaillances apparemment mineures et insignifiantes auxquelles nous ne prêtons autrement guère d'attention. C'est dans les minuscules failles et les craquellements de notre esprit qu'on peut lire la structure de notre vie mentale, et il convient donc de les identifier et de les analyser avec la plus grande rigueur. Mais là encore, on ne peut pas dire que cette idée soit spécifiquement freudienne. En réalité, elle est au cœur de la psychologie en tant que discipline scientifique depuis ses débuts. Ainsi, publiant son étude des erreurs du quotidien, qu'il appelait une « psychologie du ridicule », un an avant le livre de Freud, Henry Bawden écrivait : « Pour celui qui étudie la nature humaine, les petites "étourderies d'expression", "aberrations de la parole", "absences dans la pensée", "confusions des idées", "pépins" ou "ratages" dans le discours ou l'écriture [...] sont parfois des guides bien utiles et fiables pour la compréhension des processus mentaux. Des bagatelles négligées sont parfois indicatives des questions les plus fructueuses pour la recherche. Comme le disait le professeur [William] James : “Le grand terrain des nouvelles découvertes est toujours celui des résidus non classifiés[26].” » Et l’auteur d’ajouter que si ces erreurs sont souvent difficiles à repérer et à consigner au moment où elles se produisent, le simple fait d’attirer l’attention sur leur importance psychologique pourrait grandement faciliter ce travail.

Cette dernière remarque indique clairement que cette préoccupation pour les détails du quotidien, en particulier les plus petits ratages, ne devait rien à Freud, en tout cas chez les chercheurs en psychologie de l’époque. De fait, Bawden en tirait un tout autre enseignement que le thérapeute viennois : « Tout comme la marche n’est qu’une série de chutes en avant imminentes, mais juste prévenues à la bonne jonction pour la production de la locomotion résultante, notre expérience normale (ordinaire) de la parole et de l’écriture est simplement un processus de perpétuelle amélioration de nos erreurs passées, un simple raffinement des plus grossières erreurs de notre enfance par l’usage des symboles variés et très flexibles qui constituent notre langage. Il n’y a, sans doute, pas une seule personne qui puisse écrire une page, ou parler pendant dix minutes, sans commettre une sorte ou l’autre d’erreur. Ce n’est pas ici le lieu d’examiner si une vie parfaite doit signifier une correspondance parfaite avec notre environnement […], ou si une telle correspondance parfaite ne signifierait pas plutôt un renoncement aux conditions mêmes de la conscience. Mais le phénomène des absences [*lapses*] suggère certainement qu’un plus haut développement de l’expérience ne veut pas dire un ajustement dénué de toute friction, mais un champ plus large et un meilleur contrôle de cet ajustement[27]. »

Plutôt que de s'intéresser réellement à l'incroyable champ de découvertes qui lui était ainsi offert par l'étude du dérisoire, Freud s'est contenté de colleter ces phénomènes à une théorie plus large, *sa* théorie sur la nature de phénomènes mentaux aussi divers que les rêves, l'humour, les symptômes, la religion et la culture en général, qui ne sont donc rien d'autre, selon lui, que les modes d'expression de notre inconscient, et en particulier de tout ce qui s'y trouve de honteux, d'embarrassant et de refoulé.

Mais cette approche et ce succès de la psychanalyse en tant que théorie totalisante de l'esprit humain dans toutes ses manifestations, aussi bien pathologiques que « quotidiennes », doivent nous interroger. Peut-on véritablement expliquer les rêves, les plaisanteries et les lapsus avec un seul et unique angle, en l'occurrence la théorie freudienne de l'inconscient ? Tout ce que nous faisons se rapporte-t-il immanquablement à la sexualité, aux interdits, aux tabous ? Passons-nous notre temps à refuser d'admettre certaines réalités embarrassantes à propos de nous-mêmes, lesquelles s'efforcent en retour, et en permanence, de rejaillir sous forme de symptômes, de rêves étranges et d'actes manqués ?

Prenons l'exemple du lapsus, auquel Freud accorde le plus de place, et qui a largement contribué à sa célébrité. Certains lapsus sont particulièrement frappants et relativement simples à « interpréter ». Mais d'autres semblent échapper à toute signification et s'apparentent davantage à un simple dérapage verbal. Faut-il dès lors considérer que seuls les lapsus intéressants sont « freudiens » et que tous les autres ne le sont pas ? Freud a tourné autour du pot sur cette question. Tantôt il admet que d'autres mécanismes que l'inconscient peuvent être en jeu, par exemple la fatigue ou la distraction. Mais le plus souvent, il insiste pour trouver une explication qui colle mieux avec sa théorie, en particulier l'idée que l'inconscient s'arrange toujours pour trouver un moyen de s'exprimer, aussi obscure soit sa manière d'y parvenir. Après tout, il en va de la réputation du psychanalyste : son rôle n'est pas d'avancer des explications intuitives et évidentes, mais bien de dénicher des significations secrètes et cryptiques par une analyse des motifs profondément enfouis dans l'individu.

D'où un problème : comment savoir qu'une interprétation est la bonne et pas une extrapolation laborieuse issue de l'imagination de l'analyste ? Et si ce n'est pas l'inconscient qui trouve le moyen de s'exprimer à chaque erreur commise, comment savoir quand il s'exprime vraiment, et sur quelle base[28] ?

Il faudrait postuler, à ce compte, un certain *opportunisme* de l'inconscient, qui attendrait en quelque sorte son heure pour s'exprimer, en profitant par exemple qu'un mot se prêtant à une confusion propice puisse être utilisé dans un tout autre but. Dans cette optique, l'inconscient serait capable de détecter des situations particulièrement favorables où il pourrait se jeter, exactement au bon moment et de toute urgence, pour réaliser un plan préalablement activé et patiemment conservé jusqu'à cet instant idoine[29]. Bref, tous nos buts secrets seraient gardés quelque part et jamais vraiment inactifs, comme si toute intention, une fois produite, *devait* trouver à se satisfaire, et ce au pire moment pour la personne qui produit le lapsus.

Mais pourquoi faudrait-il nécessairement qu'un lapsus soit « révélateur » ? Et révélateur de quoi, exactement ? Plus généralement : un retard, un oubli, une confusion, une maladresse, une faute de frappe dévoilent-ils immanquablement un trouble plus profond, ont-ils toujours une signification, symbolisent-ils forcément autre chose ? Sommes-nous si fragiles au point de nous trahir à longueur de journée ? Tels des agents secrets, menant une double vie à nos dépens ?

C'est à peu près cette vision-là qu'offre la psychanalyse. Et à cause d'elle, nous sommes tous plus ou moins devenus des psychanalystes en herbe, à l'affût du moindre manquement qui pourrait *révéler* des motivations cachées et des défauts de caractère inavouables. Surtout chez les autres, cela va sans dire. Cet art sauvage du décryptage intempestif nous fait à mon avis beaucoup de mal.

Pourtant, la psychopathologie de la vie quotidienne selon Freud se heurte à un problème considérable : l'incroyable diversité de nos actes manqués. S'il a multiplié les ajouts d'exemples au cours des nombreuses rééditions de son livre, Freud est resté loin du compte quant aux failles ordinaires de notre esprit. Les choses ne se passent pas tout le temps comme nous l'avons escompté, loin de là : nous dérapons, nous nous plantons, nous disjonctons, nous ruinons nos effets. Nous sommes des gaffeurs invétérés, menacés en permanence par l'ombre inexorable du ratage, du bug, de la bêtise et de l'embarras, ainsi que des désastres qui, parfois, ne manquent pas de s'ensuivre.

L'essentiel de notre existence se déroule donc à l'aune des inévitables démonstrations de notre imperfection, si ce n'est de notre incompétence. S'il existait véritablement un « sens caché » à chacun de nos ratages, un déterminisme absolu expliquant, pour qui aurait la patience d'ausculter les ramifications de l'inconscient jusqu'à ce qu'il veuille bien cracher le morceau, nos moindres intentions avortées, déviées ou incomplètes, il faudrait en conclure que l'erreur humaine n'existe pas, que tout est toujours secrètement *voulu*, *prévu*, *planifié* et *inéluctable*, ce qui n'est pas le moindre des paradoxes.

Freud semblait sensible à ce problème. Dans la *Psychopathologie de la vie quotidienne*, il oscillait entre son ambition d'expliquer *tous* les actes manqués par des manifestations inconscientes de mobiles inavoués et l'admission à contrecœur que, parfois, certains d'entre eux sont simplement des « erreurs d'aiguillage » dont il n'y a pas à chercher de signification profonde. Après tout, même dans les rêves, il arrive qu'un cigare ne soit rien d'autre qu'un cigare ! Ce qui lui échappait complètement, néanmoins, c'est le gâchis auquel le contraignait son approche dogmatique. En s'acharnant à unifier les « actes manqués » (ainsi que les rêves, les blagues, la religion, la culture, la créativité et la civilisation) sous l'implacable et totalisante action de cette mystérieuse puissance qu'il appelait l'inconscient, Freud s'est privé d'en tirer nombre d'enseignements cruciaux qui lui auraient permis de saisir comment fonctionne l'esprit humain, et il a contribué à durablement détourner le public de ces précieuses connaissances. En réalité, les lapsus, oublis, faux gestes, coïncidences étranges, rituels superstitieux, réminiscences, et autres actes manqués et bizarreries du comportement ne peuvent s'expliquer d'une seule et même manière – ce serait trop réducteur. Cette diversité de comportements saugrenus nous révèle au contraire la richesse et la complexité des êtres humains que nous sommes. À l'inverse de l'approche freudienne, la science nous montre que ces « erreurs » ne révèlent rien d'affreux sur nous. Et elle nous incite à nous détacher de la vision irrationnelle et culpabilisante de la psychanalyse.

2

QUAND LA LANGUE FOURCHE

Un malheureux présentateur de télévision s'embourbe dans ses paroles et démarre son journal par un superbe « Voili Voiça » pour annoncer les titres. « Ce succès va encore aller en s'aggravant », affirme, très fier de lui, le porte-parole d'une agence de transports.

La langue parlée est décidément semée d'embûches... À tout moment, nous risquons de trébucher si nous n'y prenons pas garde. C'est fâcheux, quand on y pense. Le langage est notre principal outil de communication et, à en croire certains philosophes et la plupart des poètes, c'est la merveille qui permet de nous distinguer sans hésitation du mérou et du pissenlit. Alors pourquoi tous ces bégaiements, bafouillages, bredouillements, marmonnements et gaffes monumentales ? C'est tout l'avantage des plantages de la parole : nous interroger sur la nature du langage. Qu'est-ce que cela implique de simplement dire quelque chose à quelqu'un ? Eh bien, un grand nombre de niveaux de connaissance – résumons-les sous les termes de phonologie, lexique, syntaxe, sémantique et pragmatique – et tous ont leurs propres règles. Ensemble, ils forment un système à la fois solide et flexible, et incroyablement rapide et efficace. Nous n'avons généralement pas de mal à parler une langue que nous maîtrisons, et nous le faisons sans avoir à y penser.

Les chercheurs ont échafaudé nombre de modèles plus ou moins alambiqués qui tentent d'agencer les différentes structures du langage et leurs interactions, reflétant le plus souvent une certaine organisation et hiérarchie du contrôle de l'action, côté production, et des procédures séquentielles de décodage des sons, côté réception. Bernard Baars, par exemple, propose une structure verticale assez simple de l'intention de parler, avec au sommet les « contraintes pragmatiques » – c'est-à-dire les raisons très générales que l'on a de dire quelque chose –, suivies des « contraintes sémantiques » – à savoir le choix des mots qui parviendront le mieux à faire saisir la nature de nos intentions à notre interlocuteur, ce qui implique également une certaine connaissance des connaissances que peut avoir cet interlocuteur –, puis un niveau des « contraintes du discours » – puisqu'il s'agit généralement de réussir à placer ce que l'on veut dire pendant une conversation, et donc de s'efforcer de respecter des choses comme les tours de parole ou le sujet de la conversation en cours –, puis encore un sous-niveau de « contraintes lexicales et syntaxiques » – reflétant à quoi va concrètement ressembler notre intervention, dans quel ordre nous allons introduire le sujet et désigner les choses que nous voulons partager –, pour enfin aboutir, tout en bas de cette hiérarchie, à des « contraintes articulatoires » – qui concernent la qualité des sons que nous allons produire, le volume sonore qu'il va nous falloir employer (tenant compte de la distance et de l'âge de notre interlocuteur, par exemple)[1].

Cela fait déjà beaucoup de contraintes et ce schéma est l'un des plus sommaires que l'on puisse trouver. Heureusement, nous ne débarquons généralement pas dans pareille aventure les mains vides. Un causeur compétent a déjà dit beaucoup de choses dans sa vie, parfois même un peu trop. Baignant dans une même culture, les différents participants d'une conversation sont d'ordinaire munis de solides références communes et habitudes langagières, si bien que tout locuteur dispose d'un nombre considérable de clichés et de phrases toutes faites pour s'exprimer, ne demandant finalement qu'une créativité linguistique relativement limitée.

Baars utilise d'ailleurs l'exemple suivant : « J'aime la crème glacée. » Voilà qui n'est guère subversif, mais qui permet justement de mettre en lumière la complexité des mécanismes impliqués. Pour dire cette phrase, il faut en principe avoir quelque chose comme l'image d'une glace dans sa tête, peut-être un cornet ou un gobelet muni d'une glorieuse boule pistache. Pour partager publiquement votre amour de la crème glacée, vous disposez donc d'un certain nombre de schémas psychologiques et moteurs prêts à l'emploi. Tout le monde, du moins il faut l'espérer, connaît l'existence de la crème glacée et dispose d'une opinion sur le sujet, il n'y a donc plus qu'à sélectionner les effecteurs adéquats, les ajuster convenablement et les placer au bon moment. Les deux gros morceaux que sont « J'aime » et « Crème glacée » sont prêts depuis longtemps quelque part dans votre tête (n'entrons pas dans les détails). Si vous parvenez à les enchaîner dans le bon sens et à les produire de façon audible dans le contexte approprié, vous aurez respecté toutes les contraintes énumérées ci-dessus, et si tout va bien, vous vous serez fait de nouveaux amis.

Mais notez que la plupart de ces contraintes/étapes sont largement automatisées et inconscientes, qu'elles ne vous ont jamais été enseignées telles quelles, et qu'elles sont exécutées à une vitesse telle qu'il est quasiment impossible, hors du laboratoire, d'en démêler la séquence exacte. De fait, si nous savons que ces différents niveaux existent séparément les uns des autres, c'est principalement grâce à l'étude des défaillances à différents niveaux de production.

À cet égard, les phénomènes les plus instructifs, et les plus frappants, sont de deux ordres : les lapsus et l'expérience d'avoir un mot « sur le bout de la langue ». Dans les deux cas, la structure sémantique de ce que nous avons à dire est préservée (nous connaissons le *sens* que nous souhaitons transmettre, nous savons *ce que* nous voulons dire), mais c'est l'exécution des autres niveaux qui dérape. Évidemment, si votre système linguistique devait négliger l'une ou l'autre des contraintes qui le forcent généralement à ne pas dire trop de bêtises, et vous faisait soudain vous écrier « J'aime la grème classée ! », ou « J'aime la crème glaçante ! », ou même « J'aime la crème fumée ! », votre interlocuteur en serait peut-être amusé, mais l'erreur n'aurait guère de conséquences (à moins qu'un psychanalyste ne se balade dans les parages à ce moment). Mais se tromper de salutation ou de nom pour une personne (en particulier une personnalité politique) peut s'avérer embarrassant, et peut-être même *révélateur* de quelque chose de plus pernicieux qu'un simple dérapage. Le mot « sur le bout de la langue » est rarement aussi embarrassant sur le plan social, mais il peut être assez insupportable sur le plan personnel. Nous verrons cependant, à travers un exemple littéraire, qu'il peut aussi nourrir l'inspiration et soulever de profondes questions philosophiques sur notre rapport au sens.

LE PREMIER LAPSUS ?

Le 4 janvier 2004, lors d'une visite à ses troupes basées en Irak, le Premier ministre britannique Tony Blair a évoqué le rôle joué par les « armes de *distraction* massive » pour justifier leur déploiement. Il voulait bien sûr parler des « armes de *destruction* massive » que le régime de Saddam Hussein était censé détenir, argument privilégié à l'époque par ses alliés américains pour lancer des opérations guerrières dans cette région. Spectaculaire lapsus qui révélait à la face du monde que cet argument n'était en réalité qu'une diversion ! L'inconscient avait parlé : Blair ne croyait pas une seconde à cette histoire et s'en servait cyniquement comme outil de propagande. Mais soyons justes : lors de ce discours, le Premier ministre britannique tentait en réalité de minimiser l'éventuel rôle de ces « armes de destruction massive » douteuses, et de mettre en avant des raisons humanitaires pour renverser une dictature sanguinaire. Par ailleurs, l'expression « armes de distraction massive » était déjà largement utilisée de façon sarcastique comme reproche contre une guerre très impopulaire, et Blair devait donc l'avoir souvent entendue. Qui plus est, naturellement, le lapsus peut être mis sur le compte de la proximité phonologique et l'identique longueur des termes « distraction » et « destruction », mais aussi de la fatigue liée à un voyage éclair pendant la nuit, et le stress d'un dirigeant mis sous forte pression de la part de ses alliés militaires et de ses concitoyens.

Du reste, George W. Bush, l'acteur principal de cette guerre en Irak, a lui aussi plus récemment été victime d'un dérapage gênant. Lors d'un discours prononcé en mai 2022, longtemps après sa retraite politique donc, l'ancien président des États-Unis, évoquant l'invasion de l'Ukraine par Vladimir Poutine, a déploré « la décision d'un seul homme de lancer une invasion totalement injustifiée et brutale de l'Irak… je veux dire, de l'Ukraine ». Oups ! Soyons magnanimes, ici encore, les enjeux fortement émotionnels et peut-être une consonance entre les termes « Irak » et « Ukraine » (avec l'inversion du « r » et du « k ») ont pu donner l'impression fâcheuse qu'il s'agissait là d'un aveu tardif…

On le voit, un simple lapsus peut avoir des ramifications géopolitiques inattendues, et se prêter à une guerre, interprétative celle-ci, quant à sa signification exacte. Trahison d'une pensée profonde, ou simple erreur de prononciation ?

Un sens caché ?

Notre perception de ce genre d'erreurs « révélatrices » doit évidemment beaucoup à Freud. Il est celui qui est allé le plus loin dans cette approche et qui l'a le mieux popularisée : pour Freud, tous les lapsus sont une intrusion de l'inconscient dans le discours. Quand on se trompe de mot, quel que soit le résultat produit, c'est une face cachée de notre personne qui s'exprime et qui dévoile ainsi nos mobiles les plus inavouables.

Freud connaissait pourtant les travaux de quelques contradicteurs. Comme ceux de l'un de ses prédécesseurs, Wilhelm Wundt, le fondateur de la psychologie expérimentale, et surtout le linguiste Rudolf Meringer, qui a publié sa collection monumentale de près de 9 000 lapsus en 1895. Tous deux montraient déjà l'importance de facteurs purement structurels dans l'émergence des erreurs de langage, comme la distraction, la fatigue, le stress, le contexte, la proximité sonore ou les associations mentales automatiques. Une telle approche tendait pour ainsi dire à « excuser » les lapsus, dans le sens où il était possible de les expliquer sans recours particulier à des intentions cachées : si les lapsus étaient « révélateurs » de quelque chose, c'était des opérations mentales sous-tendant la production du langage, et probablement rien d'autre. C'est du reste l'opinion aujourd'hui majoritaire parmi les psycholinguistes qui étudient le phénomène.

Qui a raison dans cette histoire ? Freud ou les chercheurs contemporains qui ont largement abandonné son approche ? Et si Freud a tort, comment expliquer que son idée de mobiles inconscients, qui « fuiteraient » à travers les lapsus, soit restée si populaire, au point qu'on parle toujours de « lapsus freudiens » ? Un détour par l'Antiquité pourrait nous donner quelques pistes.

Le premier lapsus sur le divan

Les lapsus sont probablement aussi anciens que le langage lui-même. Ils sont comme des « glissements » indésirables, et souvent immédiatement reconnus comme une erreur. Les lapsus exercent de longue date une certaine fascination qui pousse à chercher à les interpréter et à les comprendre. D'où viennent-ils et quelles sont leurs causes ? Au IIe siècle, le satiriste, poète et avocat grec Lucien de Samosate se posait déjà la question[2]. Bien avant Freud, il trouvait refuge dans les profondeurs de l'inconscient pour justifier une gaffe dérisoire : voulant saluer un personnage important, il lui adressa la formule « *Hugiaine* » (« porte-toi bien », « que la santé soit sur toi »), au lieu de « *khaîre* » (« que la joie soit sur toi », « réjouis-toi »)[3]. Grave erreur ! La première salutation, en effet, s'utilise plutôt le soir, ou alors pour dire « au revoir », tandis que la seconde est beaucoup plus habituelle le matin ou la journée. En somme, c'est comme si Lucien avait dit « adieu » ou « bonsoir » à son patron en arrivant au bureau de bon matin, une « étrange manière de donner le bonjour » en effet, surtout que l'Empire romain ne plaisantait pas avec les normes d'usage et que cette inversion peut aussi être considérée comme irrespectueuse.

Comment excuser un lapsus

S'adressant à son prestigieux interlocuteur, Lucien tente héroïquement d'expliquer, et même de justifier, sa malheureuse bourde. S'il commence par accuser le mauvais tour d'un démon, il en vient plus tard à remercier les dieux de son erreur involontaire, et reconnaît à la fin qu'il aurait aussi bien pu la commettre intentionnellement dans le but de déployer son éloquence...

L'auteur s'emploie d'abord à démontrer qu'historiquement, les anciens et de grandes figures ont également pris des libertés avec les normes de salutation, et ont souvent privilégié le « porte-toi bien » au lieu du plus ordinaire « réjouis-toi ». De fait, avec beaucoup d'aplomb, Lucien en vient même à dire que c'est « réjouis-toi » qui est en réalité très irrespectueux, puisque cette expression n'engage à rien et peut s'utiliser hypocritement. « Porte-toi bien », en revanche, est bien plus sérieux, puisque la santé compte davantage que la joie, et qu'elle est souhaitable non seulement le soir, mais à toute heure de la journée. Bref, Lucien n'hésite pas à jouer les acrobates pour retourner son lapsus en sa faveur.

Non content d'argumenter que son erreur n'en est dans le fond pas une, ou n'est en tout cas pas si grave qu'elle en a l'air, il se trouve aussi des excuses : « Il n'y a rien d'étonnant si, dans mon ardeur extrême à me faire connaître de toi de la manière la plus avantageuse, l'excès de mon désir m'a troublé et fait tomber sur le contraire de ce que je devais dire. » Rien de tel que la flatterie pour se tirer d'un mauvais pas : c'est parce que son interlocuteur est si prestigieux que Lucien a été induit en erreur ! (Ce qui rappelle un exemple classique de Freud, où un jeune étudiant « plein de crainte et de déférence, se présenta un jour au célèbre Virchow [un grand professeur de pathologie allemand] comme étant lui-même "le Dr Virchow[4]" ». Freud l'interprète comme une preuve d'ambition, l'étudiant voulant forcément prendre un jour la place du professeur.)

Lucien de Samosate évoque également d'autres pistes dans le texte : la folie, l'âge, l'ivresse, la distraction, l'oubli, la sottise, la rusticité ou encore l'anxiété ressentie face à la foule. Ce qui forge une réflexion drôle, étonnante et moderne sur une situation embarrassante due à une simple erreur de salutation : « Ma volonté n'est pour rien dans cette méprise. Autrement, je serais ridicule d'innover et de changer les temps assignés à ces salutations. Cependant, je rends grâce aux dieux que ma faute ait tourné en un souhait de bien meilleur augure et que je sois tombé sur un mot meilleur [...] Car comment cela me serait-il arrivé sans la volonté d'un dieu, moi qui, au cours d'une longue vie, n'ait jamais éprouvé de pareil trouble ? » Certes, la distraction, facteur privilégié par l'auteur, l'a conduit à substituer un mot pour un autre de façon embarrassante, mais c'était là une astuce trouvée par les dieux eux-mêmes (ou alors par l'inconscient !) pour rendre justice à la grandeur de son interlocuteur. Pour preuve, un orateur brillant comme Lucien ne commet ordinairement pas ce type d'erreurs. Le lapsus valait donc mieux que l'intention initiale, et même s'il n'était pas « voulu », il tombait très bien !

L'art du lapsus

Avec d'autres auteurs, le linguiste Mario Rossi, de l'université de Provence, estime la fréquence des lapsus à environ un mot sur 600[5]. La majorité concerne des substitutions ou interversions de phonèmes, généralement par anticipation d'un son à venir ou persévération d'un mot déjà prononcé. Ce sont des erreurs d'aiguillage dans la planification mentale de la parole, un processus naturel et inconscient qui ne demande normalement que peu d'attention. Les erreurs portant sur des mots entiers, comme chez Lucien (et peut-être Tony Blair et George W. Bush) forment environ 30 % des lapsus et sont donc encore plus rares que les lapsus « ordinaires ». Ces erreurs s'expliquent par la proximité sémantique des termes intervertis, qui peuvent d'ailleurs être le contraire l'un de l'autre dans les erreurs spectaculaires que sont les lapsus « polaires » (« je déclare la séance close » au lieu d'« ouverte »).

Lucien de Samosate semble interpréter son propre lapsus dans ce cadre : il a dit le contraire de ce qu'il voulait dire, parce que son inconscient voulait montrer son respect à son interlocuteur. Mais dans cette approche, il n'y a évidemment rien de choquant ni de honteux dans ce que « trahit » le lapsus, ce qui n'aurait pas grand intérêt pour Freud ! Or Lucien est connu pour ses satires particulièrement grinçantes contre les puissants, les traditions, les usages et le conformisme ambiant. Il faut donc probablement lire son essai au second degré : il montre comment l'éloquence et la surinterprétation permettent de retourner toutes les erreurs en sa faveur, par la seule force de la rhétorique et du bagout. Prenant un simple lapsus pour prétexte, il se moque en réalité des baratineurs capables de se tirer de n'importe quelle situation et de faire toute une montagne de choses insignifiantes.

Quand les chercheurs contemporains établissent leur propre corpus de lapsus, ils notent tous ceux qu'ils entendent : en procédant ainsi, on s'aperçoit que l'immense majorité ne présente pas de caractère embarrassant, ils peuvent être incongrus mais ce ne sont pas des « gaffes » à proprement parler, comme le serait la confusion de prénoms dans une relation amoureuse (ce qu'on appelle les « lapsus d'adresse »). De plus, ils sont le plus souvent immédiatement corrigés. La spécialiste Victoria Fromkin en concluait que Freud négligeait les lapsus « insignifiants » et ne retenait que ceux qui frappaient l'attention[6]. En ce sens, il y a bien des lapsus qui tombent particulièrement mal et peuvent être très gênants, mais ils sont extrêmement minoritaires parmi la masse des lapsus qui n'évoquent rien de spécial. Pour autant, les scientifiques ne jettent pas Freud (entièrement) aux orties : il avait raison de dire que les lapsus ne surviennent pas au hasard et qu'ils sont importants. Ils révèlent l'organisation inconsciente de la parole : par exemple, c'est quasiment toujours une consonne qui remplace une consonne, deux voyelles qui s'intervertissent, un verbe qui en remplace un autre, un nom qui en anticipe un autre. Les lapsus ne sont donc pas aléatoires, ils ont leur propre logique, et ce simple fait indique les règles que nous utilisons inconsciemment pour préparer, organiser et produire de la parole à partir d'une intention de communiquer. Quand nous avons la tête ailleurs, comme Lucien, ce système peut légèrement dérailler et piocher des unités de langage proches de celles qu'il nous aurait fallu.

Une source créative

C'est pourquoi les lapsus sont importants. On peut même en tirer une analogie avec les comportements moraux[7]. Le neurophysiologiste Karl Lashley remarquait en effet que certaines erreurs, comme les inversions, démontraient le plus simplement du monde que le langage ne pouvait être juste le résultat d'un apprentissage par renforcement[8]. Où aurait-on « appris » ces erreurs, en effet ? Elles sont donc *créatives* : elles n'ont généralement pas été copiées sur quelqu'un d'autre ou répétées longuement avant d'être produites. Par conséquent, expliquer comment elles ont été produites revient à découvrir l'architecture de cette mystérieuse compétence que nous avons pour le langage. En fait, ces erreurs et le fait qu'elles soient perçues comme telles par celui qui les commet, révèlent qu'elles ne sont pas le fruit d'un manque de connaissances linguistiques, mais simplement de leur mise en application. La compétence est préservée, là où la performance a failli. Par analogie, donc, on peut également voir certaines transgressions morales comme la mise en application manquée d'une compétence morale sous-jacente, et nous aurions alors à distinguer ce qui relève de simples erreurs morales (la personne n'a pas réussi à correctement appliquer une compétence dont elle dispose), d'actes immoraux délibérés (la personne a formulé une intention immorale qu'elle a appliquée avec succès).

Ce sont sans doute là des considérations qui dépassent de beaucoup l'importance ordinaire des lapsus dans la vie courante, mais qui soulèvent la question de notre responsabilité pour les erreurs que nous commettons. « Je ne l'ai pas fait exprès » est-il une excuse recevable en toutes circonstances ? Tony Blair et George W. Bush regrettent-ils leurs bourdes, ou leur ont-elles permis de prendre conscience de leurs errements guerriers ? Il n'est pas interdit de spéculer…

Reste que l'on connaît encore mal les mécanismes exacts qui produisent les lapsus, un sujet excessivement difficile à étudier expérimentalement. Ils sont au cœur des distinctions modernes entre intention et action, contrôle volontaire et production spontanée, conscience et inconscience, ce que Lucien résumait, pour son cas, dans le principe suivant : « Ce n'est pas sa langue, c'est son intention qu'il faut juger », une autre façon de distinguer compétence et performance. Mais ils révèlent aussi l'étonnante précision et flexibilité de notre langage : nous dérapons rarement, et quand nous le faisons, nous le remarquons. De plus, nous cherchons non seulement à nous corriger, mais à enquêter sur l'origine de l'erreur, que ce soit la nôtre ou celle d'autrui. Au XIXe siècle, des auteurs avaient noté que les lapsus pourraient contribuer à l'évolution de la langue, et Lucien de Samosate, dès l'Antiquité, en avait exploité le potentiel créatif et ludique.

Par exemple, on peut citer le titre des Beatles *A Hard Day's Night*, une expression qui n'a aucun sens grammaticalement. Lors d'une interview en 1964, Ringo Starr a expliqué qu'après une longue journée de travail avec le groupe, qui s'était poursuivie très tard dans la nuit, le batteur avait soupiré « *It's been a hard day*... » (« C'était une longue journée »), avant de réaliser qu'il faisait noir à l'extérieur et d'ajouter « *Night!* », suscitant l'hilarité de ses comparses, et une idée pour un nouveau tube.

Anticipant Freud de près de deux millénaires, qui voyait dans les lapsus « le rebut du monde phénoménal », Lucien de Samosate montrait déjà que nous ne cesserions probablement jamais de nous amuser et de monter en épingle ces curieuses erreurs qui échappent à notre surveillance.

La politique de l'écorche : le lapsus en politique

Quand ils ne s'interrompent pas les uns les autres, il arrive aussi aux politiciens d'écorcher leurs noms respectifs. C'est d'ailleurs souvent dans ces moments qu'ils disent enfin quelque chose d'intéressant ! Si la plupart des lapsus sont complètement insignifiants, cela ne veut pas dire qu'ils ne sont pas « révélateurs » de quelque chose...

Deux sociologues de l'université de Lille se sont récemment intéressés aux lapsus d'adresse dans le champ politique français, un autre domaine particulièrement fascinant pour saisir les rouages de l'erreur humaine[9]. Leur analyse se fonde sur l'étude statistique d'un corpus de 239 lapsus d'adresse commis de 1960 à 2016, et glanés dans la presse, les archives des débats parlementaires et les enregistrements télévisuels des séances de l'Assemblée. On découvre ainsi une grande hétérogénéité de gaffes, où l'on voit que la langue ne fourche généralement pas dans le vide, mais que les lapsus reflètent souvent des représentations culturelles et politiques assez vastes. Souvent, les individus confondus ne présentent qu'une ressemblance phonétique de leur nom, mais fréquemment la similitude est avant tout sociale (même parti, même fonction) et il semble bien que les politiques donnent par erreur à quelqu'un le nom d'un individu plus vieux et plus prestigieux.

Plus généralement, ces lapsus d'adresse s'inscrivent dans l'imaginaire politique de la discussion en cours. La règle actuelle semble être qu'on écorche le nom de son interlocuteur afin de minimiser son crédit, ce qui aurait sans doute plu à Freud, même si ça manque un peu de sexe. À cet égard, on peut se demander ce qu'il aurait fait du remarquable « fellation » au lieu d'« inflation » produit par Rachida Dati...

Plus généralement, le lapsus perturbe les normes tacites de l'interaction, il fait souvent perdre la face de l'un ou l'autre des participants. Freud avait raison d'y voir « la signification d'un outrage ». Mais l'affront se situe surtout dans la situation sociale ainsi créée par le lapsus, pas nécessairement dans l'inconscient de celui qui le commet ! Le fait est que, quelle que soit l'origine de l'erreur, écorcher ou confondre un nom n'a *de facto* rien d'anodin, et il n'y a malheureusement aucune excuse ni explication scientifique qui pourra changer cet état de fait.

SUR LE BOUT DE LA…

Il est assez ironique que l'expérience si commune d'avoir un mot « sur le bout de la langue » n'ait toujours pas de terme scientifique consacré… Est-ce un épisode si dérisoire de notre vie mentale qu'il ne mérite pas de terme plus spécifique et plus sérieux ? D'un autre côté, peut-être que le caractère vague, métaphorique et populaire de l'expression « sur le bout de la langue » est le plus approprié pour désigner ce phénomène aussi élusif que contrariant. De fait, il a fallu un certain lyrisme à William James, pionnier de la psychologie moderne, pour décrire cet état d'esprit si particulier en 1890, dans ses *Principes de psychologie* :

« Supposons que nous cherchons à nous souvenir d'un nom oublié. L'état de notre conscience est étrange. Il y a un trou à l'intérieur ; mais pas un simple trou. Il s'agit d'un vide intensément actif. On y trouve une sorte de fantôme du mot, qui nous oriente vers une certaine direction, qui par moment nous chatouille avec l'impression d'être tout près du but, pour mieux nous précipiter ensuite dans le gouffre en nous privant du mot tant désiré. Si des mots incorrects se présentent à nous, cette brèche, singulièrement bien identifiée, entre immédiatement en action pour les rejeter. Ils ne rentrent pas dans son moule. De plus, le vide pour un mot ne se ressent pas comme le vide pour un autre mot, bien qu'ils soient tous deux aussi dénués de contenu qu'ils peuvent nécessairement le sembler quand on les décrit comme des vides. »

Quand un nom peut tout changer

Aussi alambiquée soit-elle, cette description n'en est pas moins frappante de justesse. Chacun aura reconnu cette sensation très étrange où un mot se dérobe à notre parole, comme à la dernière seconde. Nous savons que nous connaissons ce mot, nous le sentons, nous l'entendons presque, il est là, tout proche, il ne reste plus qu'à le prononcer… et pourtant, non, le voilà qui s'éloigne, il s'efface, il est parti… puis il revient, ça y est, on le tient presque… mais non, fausse alerte, il continue de nous échapper, il reste comme en équilibre, en suspens sur le bout de notre langue. Que signifie cette diablerie que nous joue notre propre esprit ? En quoi consiste ce « vide intensément actif » ?

Depuis la description de William James, les psychologues ont tenté de mieux comprendre ce phénomène et on trouve désormais une ample littérature scientifique sur ce qu'on appelle, à défaut d'un terme plus mémorable, les « tip-of-the-tongue states » (« la situation de se trouver sur-le-bout-de-la-langue »), que l'on peut au moins abréger grâce à l'acronyme « TOT ». Mais cette mystérieuse affaire s'avère de plus en plus étrange à mesure qu'on l'étudie. En fait, le mot sur le bout de la langue en dit long sur la complexité des rouages du langage, de la mémoire et des états de conscience mais, ironiquement, sans jamais en dévoiler le fin mot… De quoi intéresser un écrivain comme Pascal Quignard, qui a trouvé matière dans ce phénomène pour réfléchir à la nature de sa propre activité d'auteur. Qu'est-ce en effet qu'écrire, si ce n'est s'adonner à la recherche obstinée du mot juste, celui qui précisément risque de ne pas nous venir tout de suite à l'esprit, le mot qui conviendra mieux que tout autre, et en particulier ceux qui nous parviennent spontanément ? Dans *Le Nom sur le bout de la langue*, Quignard non seulement s'adonne à cette quête, mais en tire des réflexions vertigineuses sur la nature humaine et sa relation si fragile au langage. Ici, ses multiples talents de conteur, essayiste, philosophe et poète convergent pour donner toute sa profondeur, et sa saveur, à un phénomène psychologique qui reste encore mal compris de la science. Quand quelque chose nous échappe, la littérature peut parfois nous orienter vers la réponse aussi bien que la recherche en laboratoire. En imaginant « un conte dans lequel la défaillance du langage [est] la source de l'action », l'écrivain donne une place dramaturgique à cette simple curiosité psychologique, le mot sur le bout de la langue devenant littéralement question de vie ou de mort. Voici brièvement l'histoire. Dans un temps et un pays où l'écriture n'existe pas, la jeune brodeuse Colbrune tombe amoureuse de son voisin, le tailleur Jeûne. Pour se lier à lui, Colbrune accepte l'aide d'un étrange « Seigneur », mais celui-ci impose pour condition de cette union qu'elle n'oublie jamais son nom, Heidebic de Hel. Rien de plus facile, croit-elle, mais un jour elle s'aperçoit que ce nom est bloqué sur le bout de sa langue, et qu'il lui est impossible de le retrouver ! Elle sombre dans l'angoisse et la dépression en attendant le retour du Seigneur au nom perdu.

« Le nom était sur le bout de sa langue mais elle ne parvenait pas à le retrouver. Le nom flottait autour de ses lèvres, il était tout près d'elle, elle le sentait, mais elle n'arrivait pas à se saisir de lui, à le remettre dans sa bouche, à le prononcer.

Elle était bouleversée. Elle se leva.

Elle avait beau chercher dans sa mémoire, elle ne se souvenait pas du nom du Seigneur mystérieux. Ses yeux s'emplirent d'épouvante.

Elle tourna dans la chambre.

Elle avait beau refaire les gestes qu'elle avait faits ce soir-là, elle avait beau aller chercher des pommes dans le cellier avec le compotier en faïence, elle avait beau penser à la cape blanche, au cheval noir et au baudrier d'or, elle avait beau répéter tout haut les phrases qu'elle avait dites cette nuit-là, elle se souvenait des gestes, de la pomme qui craquait sous les dents du Seigneur, de son pourpoint, des mots, des phrases, mais elle ne se souvenait pas du nom[10]. »

Une absence bien présente

On n'en voudrait à personne de simplement oublier un nom comme « Heidebic de Hel ». Mais ce n'est pas le cas de Colbrune. Elle s'en souvient, elle le sait ! C'est là toute l'étrangeté du nom sur le bout de la langue, et sa différence fondamentale avec l'oubli pur et simple. Comment peut-on se rappeler un mot sans néanmoins pouvoir le prononcer ? « Quelque chose germe sans fleurir, écrit encore Quignard. Quelque chose pousse sans venir sur les lèvres de celui qui épie dans le silence. »

Dans le « Petit traité sur Méduse » qui suit le conte, l'auteur entame une méditation sur ce « quelque chose » ineffable, ce mot qui est là sans être là. Le phénomène est décrit comme un « temps de sidération », une « nuit que fixe le regard », « une idée qu'on ressent en l'absence de ses signes », un « court-circuit », un « mot en carafe », « un bond sans cesse renouvelé au fond de soi-même contre ce qui fait faux bond »... On voit, ironiquement, que le vocabulaire ne manque pas pour désigner la perte soudaine et irritante d'une partie du vocabulaire ! Mais c'est le terme « défaillance » qui revient le plus souvent sous la plume de l'écrivain, une défaillance qui serait diagnostique d'une « non-domination de soi ».

En effet, rien ne nous paraît plus banal, plus assuré et plus personnel que notre usage quotidien du langage, qui coule pour ainsi dire de source en temps normal. Et pourtant, le mot sur le bout de la langue vient parfois fissurer cette façade, et révéler que nos paroles reposent sur un édifice friable et temporaire qui n'est jamais entièrement acquis : « Qu'un mot puisse être perdu, cela veut dire : la langue n'est pas nous-mêmes. Que la langue en nous est acquise, cela veut dire : nous pouvons connaître son abandon. Que nous puissions être sujets à son abandon, cela veut dire que le tout du langage peut refluer sur le bout de la langue. Cela veut dire que nous pouvons rejoindre l'étable ou la jungle ou l'avant-enfance ou la mort[11]. »

Il survient en moyenne une fois par semaine

Pascal Quignard, écrivain hanté par les origines, le secret et la sidération, retrouve en effet dans ce phénomène en apparence si banal du mot sur le bout de la langue ses thèmes de prédilection. Il évoque ainsi le lointain souvenir d'enfance de sa mère, surprise dans cet état si particulier : « Brusquement, ma mère nous faisait taire. Son visage se dressait. Son regard s'éloignait de nous, se perdait dans le vague. Sa main s'avançait au-dessus de nous dans le silence. Maman cherchait un mot. Tout s'arrêtait soudain. Plus rien n'existait soudain. » C'est comme si le mot sur le bout de la langue engageait notre être tout entier, nous figeait sur place, arrêtait le temps, raidissait notre corps et nous suspendait dans le vide, autant d'effets spectaculaires qui dépassent la seule thématique du langage et doit nous interroger sur ses mécanismes et sa nature.

Mais le mot sur le bout de la langue réserve bien d'autres surprises. Pour étudier ce phénomène spontané et apparemment imprévisible, les chercheurs peuvent recruter des sujets et leur demander de consigner dans un carnet toutes les fois dont ils en sont victimes. On observe alors qu'il survient en moyenne une fois par semaine et augmente avec l'âge[12]. Souvent, il est accompagné de « mots écrans », appelés aussi « alternatives persistantes » : ce sont des mots dont on sait qu'ils ne sont *pas* celui que l'on cherche, bien que l'on sente qu'ils doivent lui ressembler du point de vue de la sonorité ou de la signification, et qui semblent retarder sa découverte. Dans la grande majorité des cas, le mot correct est retrouvé en moins d'une minute.

Comment étudier plus objectivement une sensation si fugace ? La première expérience en laboratoire date de 1966, lorsque les psycholinguistes Roger Brown et David McNeill ont instauré une méthode souvent utilisée depuis : on donne un grand nombre de définitions de mots assez peu fréquents, et on peut ainsi provoquer le mot sur le bout de la langue dans environ 10 % des cas[13]. Cela a permis d'objectiver l'impression d'être « près du but » : non seulement le mot « suspendu » est réellement celui que l'on cherche (il est immédiatement reconnu lorsqu'on le présente parmi des intrus), mais il est doté de caractéristiques qui en spécifient les contours. Ainsi, les sujets peuvent correctement « deviner » la première lettre du mot, souvent la dernière aussi, mais encore son nombre de syllabes, la place des accents et intonations, sa syntaxe générale, estimer sa fréquence dans la langue, et si son genre est masculin ou féminin. On peut aussi assez souvent trouver des synonymes (qui risquent alors de devenir des « alternatives persistantes ») et même des rimes au mot que l'on cherche.

Un « purgatoire linguistique »

Ces observations suggèrent fortement l'existence d'une sorte d'étape intermédiaire entre le sens des mots et leur forme sonore, comme si avant de devenir un « mot », un concept se présentait sous un aspect squelettique et abstrait qui parfois ne parvient pas à s'achever, à s'incarner, un état que des chercheurs ont qualifié de « purgatoire linguistique ». Le mot sur le bout de la langue serait alors effectivement une « défaillance », un déficit dans la transmission, ou une inhibition par blocage, des informations entre le système sémantique et le système phonologique de traitement du langage. On parle également « d'accès partiel » au lexique. On ignore les mécanismes exacts de ce « court-circuit », mais on l'attribue par exemple à la rareté d'usage du mot « bloqué » et à l'âge, des facteurs qui contribueraient à « relâcher » la solidité des associations entre le sens et le son des mots.

Pour autant, la plupart des chercheurs reconnaissent que ce modèle déficitaire ne suffit pas à rendre compte de l'expérience si particulière du mot sur le bout de la langue. Pascal Quignard l'a aussi vu : il s'agit certes d'une « défaillance », mais elle est révélatrice de l'origine des mots, elle montre à notre conscience leur structure parcellaire, et nous pousse à la découverte. Ainsi, le mot sur le bout de la langue relève autant des rouages incertains de la psycholinguistique que des affres de la métacognition, notre capacité à penser sur nos propres pensées. De fait, les quelques études de neuro-imagerie effectuées sur le sujet ne révèlent pas l'activation des régions propres au langage et au traitement sémantique et phonologique des mots, mais plutôt celles impliquées dans le contrôle de la pensée et l'effort mental, telles que le cortex dorsolatéral préfrontal ou le gyrus cingulaire. Cela suggère que l'on peut concevoir le mot sur le bout de la langue comme autre chose qu'un simple échec : pourquoi pas une quasi-réussite ?

Avoir un mot sur le bout de la langue, c'est déjà une information en soi : cela nous indique que nous connaissons ce mot et que nous pouvons le retrouver, et cela nous motiverait même à le faire. Le mot sur le bout de la langue serait alors là pour nous dire que nous « brûlons », plutôt que l'inverse ! Dans une série de recherches astucieuses, Anne Cleary, de l'université d'État du Colorado, a en effet montré qu'avoir un mot sur le bout de la langue induit l'*impression* d'avoir récemment rencontré ce mot et augmente le sentiment de familiarité avec ce mot[14]. Ses sujets devaient d'abord mémoriser une liste de mots, présentés sous des formats plus ou moins facilement lisibles (par exemple en lettres bien noires ou très claires, ou dans une police grande ou petite), et plus tard tenter d'identifier les mots ciblés par de nombreuses définitions (« comment appelle-t-on… »), en précisant s'ils faisaient partie de la liste précédente ou non. Pour chaque définition, les participants notaient leur réponse et, s'ils ne trouvaient pas le mot, indiquaient s'ils l'avaient sur le bout de la langue ou non. Dans tous les cas, ils devaient tenter de se rappeler si ce mot était facile ou non à lire lors du pré-test, et s'il était fréquent dans la langue. La trouvaille a été que quand un mot était « sur le bout de langue », les participants s'en souvenaient comme un mot facile à lire et fréquent, une tendance qui non seulement ne reflétait pas la réalité du mot « manquant », mais qu'on n'observait pas quand le mot était introuvable et *pas* sur le bout de la langue.

Il semble que le simple fait d'avoir un mot sur le bout de la langue suffise à nous faire croire qu'il est tout proche. Son « accessibilité » serait donc dans une large mesure illusoire, une sorte d'auto-arnaque mentale. Ce n'est donc pas parce que nous sommes proches de retrouver un mot que nous le sentons « sur le bout de la langue », mais plutôt que nous l'avons « sur le bout de la langue » justement parce que nous croyons pouvoir le retrouver.

Pas sûr que ces développements récents auraient rassuré la malheureuse Colbrune. Que le mot sur le bout de la langue soit le fruit d'une défaillance linguistique ou d'une illusion métacognitive ne change rien à l'absence si présente de ce maudit Heidebic de Hel ! On le voit, le mot sur le bout de la langue est encore loin d'avoir livré tous ses secrets. Mais un écrivain comme Pascal Quignard a fait de ce phénomène une source de création : « Celui qui écrit est un homme au regard arrêté, au corps figé, les mains tendues en suppliant vers des mots qui le fuient. Tous les noms se tiennent sur le bout de la langue. L'art est de savoir les convoquer quand il faut et pour une cause qui en revivifie les corps minuscules et noirs[15]. »

LA SATIÉTÉ SÉMANTIQUE : L'INVERSE DU MOT SUR LE BOUT DE LA LANGUE

Est-il possible qu'à l'inverse du mot sur le bout de la langue, qui est la persistance d'une signification en l'absence de son signifiant, nous puissions conserver le signifiant à l'esprit, mais perdre sa signification ? Ce phénomène semble exister, mais il a attiré bien moins l'attention que les lapsus et le mot sur le bout de la langue.

Loin d'une curiosité neurologique, que l'on retrouve par exemple dans des cas de démence sémantique, où les patients ne sont plus capables de retrouver le sens des mots ou d'associer des images sur la base de leur signification commune, la « satiété sémantique » est spontanément redécouverte par les enfants de chaque génération[16]. C'est un jeu très simple : on prend un mot ordinaire et on le répète jusqu'à ce qu'il devienne « drôle ». Les auteurs de la première expérience scientifique sur le sujet, publiée en 1919, Bassett et Warne, expliquaient ainsi que « si un mot familier est contemplé pendant un certain temps, ou répété à haute voix encore et encore, sa signification diminue[17] ». Des expériences que ces chercheurs ont effectuées sur eux-mêmes, ils ont déduit que lorsqu'on écoute ou répète un mot simple comme « chat », « cœur », « boîte » ou « feu », à un rythme de trois fois par seconde, il suffit d'environ trois secondes, une dizaine de répétitions, pour que le mot perde son sens. Plus précisément, le mot apparaît alors comme une suite de syllabes ou un son qui ne veut rien dire, ou qui commence à vouloir dire autre chose que son sens initial, ou encore qui évoque une

« impression de vide ». En outre, le mot devient « étrange, comme si on n'en avait jamais fait l'expérience auparavant ». La répétition insistante du son que produit un mot fait passer sa signification « à l'arrière-plan », comme si la mise en avant de sa réalité matérielle le rendait indistinct, et que sa particularité, son individualité et sa familiarité s'effritaient. Cette disparition du sens pouvant être très progressive ou s'imposer subitement.

La satiété sémantique s'observe aussi dans la modalité visuelle. Dès 1907, les chercheuses Severance et Washburn constataient que la simple fixation d'un mot écrit pendant trois minutes rendait son apparence « curieuse et étrange », au point que « les lettres elles-mêmes semblent être des marques sans signification sur un papier[18] ». L'effet a plus récemment été décrit pour la perception de visages, y compris de son propre visage, qui semble perdre de son individualité, et même devenir celui d'un inconnu grimaçant, lorsqu'on le fixe intensément pendant plusieurs minutes[19]. Enfin, mais cette découverte n'étonnera pas les écoliers turbulents, des chercheurs ont documenté des effets d'étrangeté lors de la copie répétée d'un même mot. Oui, la bonne vieille punition consistant à recopier cent fois une phrase tend à fatiguer quelque peu le système sémantique, si bien qu'au bout d'un moment la phrase semble ne plus vouloir rien dire. En fait, c'est en moyenne après trente copies d'un même mot, soit après environ une minute de cette corvée laborieuse, que le mot devient, pour deux tiers des personnes, « inhabituel », soit que son orthographe paraisse soudain incongrue, que sa signification semble détachée de la façon dont il s'écrit, ou qu'il se transforme en quelque chose de « nouveau » ou d'« irréel »[20]. Tous ceux qui ont subi cette punition désuète seront heureux d'apprendre qu'elle dispose d'un nom scientifique : « aliénation verbale ».

On retrouve ce phénomène dans certaines pratiques mystiques. On sait que les rituels religieux reposent souvent sur la répétition des paroles et des gestes, que ce soit sous la forme de prières, de danses, d'incantations ou de méditations. Or cette répétition même a des effets et des fonctions proches de la satiété sémantique. Par exemple, l'anthropologue Tanya Luhrmann décrit son rôle dans la tradition mystique de la kabbale, une composante ésotérique du judaïsme toujours pratiquée de nos jours[21]. Ses adeptes mêlent des exercices intensifs de visualisation, d'écoute et de respiration dans le but explicite de faire perdre aux choses leur signification apparente, et d'en découvrir ainsi la véritable nature. Cela peut impliquer la contemplation du nom de Dieu ou la fixation continue d'un objet sacré. Une pratique consiste à se concentrer sur une lettre du nom de Dieu jusqu'à ce qu'elle se « dissolve en perles noires », et une autre implique de « répéter des mots lentement et méthodiquement jusqu'à ce qu'ils perdent leur signification, et d'écouter la façon dont les sons commencent à faire écho dans [son] esprit ».

Si la répétition encourage généralement l'apprentissage, elle contribue parfois, en particulier lorsqu'elle est intense, rapprochée et mécanique, à produire une forme étrange d'oubli ou de dissipation où la chose en question perd de sa réalité. L'habituation induit comme un engourdissement de l'esprit, dont on connaît les applications liées à la propagande, la publicité et l'emprise mentale. Mais d'un autre côté, il s'agit d'un principe clé de la façon dont le système nerveux est organisé. On parle en effet d'habituation quand notre cerveau est soumis régulièrement aux mêmes stimulations et que les neurones réduisent progressivement leur activation, ou cessent simplement de répondre. Ce phénomène est clairement adaptatif, puisqu'un stimulus répété trop de fois devient inintéressant pour l'organisme, et sa mise en sourdine nous permet donc de consacrer nos ressources mentales à des tâches plus pertinentes, comme la recherche d'informations nouvelles. Mais cette particularité, on le voit, a été domestiquée par les humains à des fins extraordinairement diverses, de la cour de récréation à la recherche de l'absolu !

FAUTES DE FRAPPE ET CONTRÔLE COGNITIF HIÉRARCHIQUE

Évoquons, pour clore ce chapitre, la question des fautes de frappe. De fait, une grande part de nos communications, et pour certains l'essentiel de leurs échanges sociaux, passe désormais par l'ordinateur. Cela n'a rien d'anodin, de la bonne vieille machine à écrire, réservée à la rédaction occasionnelle de textes officiels sur du papier, ou plus tard destinés à une imprimante, nous faisons un usage quasi constant du clavier pour commenter, partager, informer, interpeller, rechercher, raconter, répondre, menacer, séduire, mentir et d'innombrables autres activités dans quasiment tous les domaines de nos vies. À ce compte, les fautes de frappe, et les bévues des autocorrecteurs censés nous en prémunir, sont devenues un enjeu global où chacun peut être exposé à l'embarras.

Pour ce qui me concerne, j'ai constaté que le mot « incompréhensible » finissait systématiquement en « incomprhéesiobl » ou « incompérhensible », et qu'à chaque fois que je tente d'écrire « pseudosciences » j'obtiens « psuedosciences ». En anglais, j'ai dû taper un bon millier de fois le mot « *sefl* » à la place de « *self* » en rédigeant ma thèse. Il y a ainsi des mots particuliers qui sont systématiquement mal épelés, et je serais curieux de savoir si chacun a ses propres bêtes noires, ou si ces mots posent des problèmes à tout le monde…

Mais ces fautes ne sont pas uniquement agaçantes ou gênantes, elles sont très instructives sur l'organisation de l'action volontaire chez notre espèce. La machine à écrire, et donc le clavier, a été brevetée en 1868. Avec moins de deux siècles d'usage, il est clair que notre cerveau n'a pas eu le temps de s'adapter à cette nouveauté technologique, et donc que son utilisation repose sur des mécanismes préexistants. Bien sûr, nous avons des yeux, des mains et le langage, mais il est tout de même remarquable que nous ayons une telle aisance à tapoter sur ces engins. Sans formation spécifique, un étudiant moyen d'aujourd'hui est capable de taper quatre-vingts mots à la minute, ce qui n'est pas loin de ce que les dactylographes professionnels d'antan étaient capables de faire. Or nous utilisons des claviers toujours plus tôt, toujours plus fréquemment et toujours plus longtemps, même s'il est possible que l'on passe bientôt à des systèmes de dictée automatisés, et qu'il semble que de plus en plus de jeunes favorisent désormais les messages vocaux.

Pour l'heure, il s'agit de comprendre comment nous faisons pour arranger, la plupart du temps, si rapidement et efficacement des lettres les unes après les autres pour construire un message à peu près cohérent. C'est une tâche complexe à étudier pour les psychologues, qui sont plus habitués à des tests simples où il est facile d'isoler les mécanismes en jeu. Mais l'avantage, c'est que l'écriture au clavier fournit pour ainsi dire clés en main des informations cruciales sur les frappes, fautes comprises, et le moment précis où elles sont effectuées. À travers plusieurs expériences astucieuses analysant simplement ces temps de frappe dans diverses situations, les chercheurs étatsuniens Matthew Crump et Gordon Logan ont démontré l'existence d'un système de contrôle hiérarchique muni de deux mécanismes distincts, qui communiquent très peu entre eux et sont soumis à des contraintes différentes[22].

Il y a ainsi une boucle motrice *externe*, et une *interne*. La première gère la compréhension et la production du langage et concerne l'écriture d'une série de mots, par exemple une phrase ou un paragraphe. La seconde se focalise uniquement sur la production d'un mot à taper à la fois, et concerne l'exécution d'une série de frappes au clavier. Nous sommes comme habités par deux êtres différents, qui se connaissent à peine, et qui ensemble nous permettent d'écrire. Ainsi, lorsqu'on effectue un test de Stroop au clavier, on obtient l'effet classique de ralentissement décrit dans l'introduction. Pour rappel, ce test demande de nommer la couleur dans laquelle un mot désignant une couleur est écrit. Si on nous projette le mot « rouge » écrit en bleu, on aura tendance à vouloir répondre « rouge », et le temps d'inhiber cette réponse qui s'impose malgré nous, notre temps de réaction pour répondre « bleu » en aura pâti. Qu'arrive-t-il si la réponse doit être écrite au clavier ? Le ralentissement ordinaire apparaît également, mais seulement pour la première lettre à taper. Le reste du mot s'ensuit pour ainsi dire tout naturellement, et n'est pas affecté par l'effet Stroop. Cela montre qu'une fois un mot initié par la boucle externe, la boucle interne prend le relais toute seule.

Autre constat étonnant : les gens n'ont absolument aucun problème à recopier à leur vitesse habituelle des phrases mélangées, comme : « Gens les vitesse problème absolument ordinaire leur n'ont phrases aucun des à mélangées. » En revanche, ils peinent énormément à recopier des *mots* mélangés, comme : « Ne vcheeanr lsi einept tomménréne à ericepro sed *mtso* gnaémésl. » Plus généralement, la simple habitude d'écrire au clavier nous indique déjà que nous avons affaire à deux systèmes distincts : en effet, la plupart du temps, nous ne savons pas trop ce que font nos doigts quand nous écrivons, nous formons simplement des mots dans notre tête et le reste semble suivre plus ou moins automatiquement. L'idée que notre pensée dicte simplement à nos mains ce qu'elles doivent faire, et que celles-ci s'exécutent toutes seules de leur côté, n'est pas si saugrenue. Et ce n'est pas parce que nous connaissons par cœur l'emplacement des lettres sur un clavier et que nous avons laborieusement appris à les atteindre avec nos doigts. En fait, même les claviéristes les plus doués ne savent pas vraiment où se situent les lettres ! Nos mains semblent le savoir mais pas nous.

Pire, chacune de nos mains ne sait pas ce que fait l'autre de son côté. Dans une expérience particulièrement cruelle, des sujets d'ordinaire très performants au clavier avaient pour tâche d'écrire seulement les lettres tapées par la main gauche (ou droite), et d'omettre les autres, pour une série de mots ou de paragraphes. Par exemple, pour « ordinaire », il fallait écrire « rdare » de la main gauche, et « oini » de la main droite. Il s'avère que cet exercice détruit complètement toute capacité d'écrire normalement. Tout indique donc que nous avons un système pour former des intentions et donner des ordres (la boucle externe), que ce système veut taper quelque chose à la machine, et que pour le faire il transmet un seul mot à la fois à un système subalterne (la boucle interne), qui se charge de planifier spécifiquement l'ordre des lettres composant le mot et les gestes nécessaires pour les atteindre et les frapper sur le clavier. L'existence de ces deux systèmes, et leur étonnante indépendance, est en outre démontrée par leur sensibilité respective à des interférences distinctes. Notamment, la boucle interne est très sensible au retour sensoriel offert par le clavier lui-même. Cela explique pourquoi il est parfois laborieux de passer d'un ordinateur à un autre quand la taille, la forme, la résistance et le son des touches du clavier sont différents. Même les dactylos les plus aguerris sont fortement perturbés quand on leur demande d'écrire sur un clavier très plat et encore davantage sur un clavier visuel projeté par laser sur une surface plane (une technologie existante, mais qui peine à s'imposer précisément parce que personne ne l'aime). Dans ces situations, la boucle externe sait exactement ce qu'elle veut, mais la boucle interne est incapable de lui obéir. L'inverse est également possible, mais il faut un peu ruser : lorsqu'on introduit subrepticement des « fautes » au moment où une personne écrit ou en corrigeant automatiquement ses erreurs, on constate qu'elle s'en aperçoit à peine. En particulier, lorsque quelqu'un a vraiment fait une faute de frappe, mais que celle-ci s'est immédiatement « autocorrigée » sur l'écran, il est le plus souvent convaincu que c'est *lui* qui a tapé le mot correctement. Il l'est un poil moins lorsqu'il s'agit de s'attribuer une erreur qu'il n'a pas commise, mais cette tendance est également très forte. La boucle externe se fait donc rouler dans ces conditions expérimentales. Mais ce n'est pas le cas de la boucle interne !

En effet, après chaque faute de frappe réelle, même si celle-ci est artificiellement et subrepticement corrigée, on observe un léger ralentissement avant de taper la lettre suivante, ce qui prouve que les mains sont conscientes de ces erreurs, même si la tête ne s'en aperçoit pas. Les mains ne réagissent pas, en revanche, aux erreurs factices, celles qui sont introduites artificiellement, comme si elles « savaient » que ces coquilles ne sont pas de leur fait.

Nos fautes de frappe peuvent donc en partie se comprendre comme le résultat d'une division extrême du travail entre nos intentions et nos gestes. Nous apprenons à utiliser un clavier comme outil de communication et de travail privilégié. Dans ce but, nous « greffons » une sorte d'habilité motrice très spécifique à des capacités dont nous disposons déjà de longue date : des intentions et le langage. Cette nouvelle habilité, l'écriture au clavier, a donc pour seul but d'appliquer les exigences d'autres facultés mentales. À ce titre, elle n'a quasiment aucun accès au reste de la cognition, hormis les mots isolés que se contente de lui livrer notre boucle externe. De même, la boucle externe n'a que faire des spécificités de la boucle interne, du moment qu'elle effectue correctement son travail. C'est ainsi qu'elle ignore où se trouvent les touches et même ce que fait exactement chaque main.

On retrouve avec ce schéma hiérarchique du contrôle cognitif la distinction entre erreurs de planification – qui relèvent de la boucle externe et correspondent aux *mistakes* – et erreurs d'exécution – qui dépendent de la boucle interne et correspondent aux *slips* et *lapses*. Mais ce genre de distinction atteint vite ses limites lors de tâches complexes impliquant de multiples systèmes perceptifs, attentionnels, mnésiques et moteurs, comme l'est l'écriture sur un clavier. De plus, chaque domaine est différent et le niveau d'isolement (on parle d'« encapsulation ») des processus d'exécution motrice par rapport au niveau intentionnel supérieur peut varier selon les tâches à effectuer. L'expertise requise pour jouer d'un instrument de musique, par exemple, exigera une communication plus forte entre les deux niveaux, parce que contrairement à l'écriture sur un clavier, qui n'a pas vraiment de valeur *en soi*, la performance musicale sur un instrument joue un très grand rôle, par les infimes nuances de son exécution, dans la façon dont seront respectés l'intention de l'artiste et ses buts.

Mais un pianiste accompli, comme nous tous derrière notre clavier d'ordinateur, n'a le plus souvent qu'une idée très vague de ce que ses mains sont en train de faire. De fait, attirer l'attention sur nos mouvements et tenter d'en décomposer consciemment les diverses séquences et articulations conduit généralement à une baisse de performance, pour ne pas dire un fiasco. Il en va ainsi lorsque l'on dévale des escaliers quatre à quatre : dans cette situation, mieux vaut ne pas se poser trop de questions sur ce que font exactement nos jambes[23]...

La pratique et l'expertise contribuent à automatiser des séquences complexes, qui deviennent alors des schémas d'action prêts à l'emploi et mobilisables à la demande. Ils restent néanmoins suffisamment flexibles, en tout cas jusqu'à un certain point, pour s'adapter aux besoins du moment. Ils sont *paramétrables* en temps réel. C'est pour cela que l'on parle de « boucles » de contrôle : elles ont des propriétés rétroactives qui permettent de surveiller la progression d'une tâche et de l'ajuster en cas de pépin. Certaines fautes de frappe sont ainsi de simples imprécisions de trajectoire et de distance dans la façon dont se meuvent les doigts sur le clavier : on tape sur une touche proche ou adjacente de la cible initiale, et l'erreur est généralement vite détectée et corrigée. Mais il y a aussi des fautes d'insertion (une lettre en trop est introduite dans un mot), d'omission (une lettre est oubliée) et de transposition (deux lettres sont inversées), qui sont davantage liées à l'organisation séquentielle du programme moteur activé par la boucle interne, et qui sont alors repérées lorsque la boucle externe constate, à l'écran, que l'intention de départ n'a pas été atteinte. Et puis il y a les fautes de grammaire, d'orthographe ou les contresens, qui sont docilement exécutés par nos doigts en suivant des défaillances intentionnelles de plus haut niveau. Certaines erreurs, bien entendu, passent complètement inaperçues jusqu'à une relecture attentive, voire ne sont pas repérées et le lecteur tombe dessus une fois que le livre a été publié…

L'origine de nos erreurs

Les fautes de frappe fournissent un excellent exemple de la difficulté d'identifier exactement l'origine de nos erreurs. Nos intentions « distales » formulent un but à atteindre (par exemple finir ce chapitre). Cette intention se décompose ensuite en intentions « proximales », des sous-programmes susceptibles de nous aider à atteindre cette fin (ici, mouvoir mes doigts de sorte à effectivement taper les mots qui conduisent à la fin de ce chapitre). Mais on le devine, entre ces deux niveaux peuvent très bien se nicher quantité d'autres intentions et programmes intermédiaires, chacun dépendant de ceux qui le surplombent, chacun ayant ses spécificités et ses fragilités dans la réalisation du projet global (trouver un endroit tranquille pour écrire cette conclusion, consulter le niveau de batterie de mon ordinateur, focaliser mon intention sur la phrase en cours, vérifier rapidement une source, se demander s'il ne vaudrait pas mieux effacer et tout reprendre, etc.). À chaque moment, je peux compter sur l'activation de schémas déjà bien rodés, soigneusement rangés dans ma mémoire à long terme. Mais certains de ces schémas se ressemblent ou ont des structures communes, et peuvent donc s'emberlificoter ; parfois il me faut un schéma tout à fait neuf là où les miens ne font plus l'affaire, et il me faut du temps pour le maîtriser ; souvent des distractions externes (mon téléphone vibre) ou internes (mon esprit vagabonde) peuvent activer des schémas qui n'ont pas leur place dans mon activité courante ; d'autres fois, certaines contraintes physiques, comme la fatigue, la douleur ou le manque de luminosité, embarrassent l'exécution de ces schémas. Tous ces problèmes sont communs aux fautes de frappe et aux lapsus : à chaque fois, il y a un bug de planification, d'aiguillage ou d'exécution à un niveau ou un autre de notre architecture cognitive. Et comme on l'a vu avec le mot sur le bout de la langue, certains schémas peuvent être soudainement inaccessibles, malgré la certitude de leur présence et disponibilité. Ou alors, comme avec la satiété sémantique, c'est la suractivation mécanique et répétitive de schémas moteurs qui peut conduire à la dissolution de leur fonction et de leur sens.

On le voit, contrairement à l'approche freudienne qui conduit à reconstruire laborieusement l'origine et les raisons spécifiques à *chaque* erreur, l'approche contemporaine a plus ou moins renoncé à cet objectif illusoire et propose plutôt un examen général des erreurs et de leur nature, afin de nous informer sur la structure du langage et ses rapports avec nos autres facultés mentales, en remplaçant un inconscient insaisissable et capricieux par les concepts de schémas, d'automaticité, de mémoire procédurale, de boucles motrices, d'encapsulation ou de connaissances implicites.

3
LE MYSTÈRE DE L'ESCALATOR EN PANNE

S'il est un domaine où nous nous croyons immunisés contre l'erreur, c'est bien celui de la perception. Après tout, nous croyons surtout ce que nous voyons et nous accordons une grande valeur aux témoignages directs. Difficile d'argumenter contre des exclamations telles que : « Je l'ai vu de mes propres yeux ! » ou « J'y étais, j'ai tout entendu ! » Mais nous savons aussi que nos sens peuvent occasionnellement nous tromper. Il y a bien des « erreurs perceptives », comme le démontrent un nombre considérable d'illusions d'optique, et même auditives et tactiles créées par des spécialistes. Dans ces situations très artificielles, nous sous-estimons ou surestimons la longueur de lignes, la taille de cercles ou la surface de parallélépipèdes, nous avons l'impression que des images statiques bougent, nous voyons des couleurs là où il n'y a que du noir et blanc, ou nous percevons des courbes et des angles quand il s'agit de lignes parallèles…

Mais nous nous faisons aussi avoir très souvent au quotidien, sans même en être conscients. Une simple visite au musée nous donne à voir des distances, de la profondeur, des reflets, des ombres et des émotions là où il n'y a que des marques colorées agencées avec talent sur des toiles. Au cinéma ou devant notre téléviseur, nous percevons un récit continu et cohérent alors que nos films et séries préférés ne sont rien d'autre qu'une suite d'images statiques projetées à une certaine vitesse. Pire, les lieux, les visages et les décors sautent soudainement de l'un à l'autre sans que cela nous pose le moindre problème, alors que de pareilles discontinuités dans la vraie vie nous rendraient fous.

Comme nos erreurs de langage, les erreurs perceptives peuvent se situer à plusieurs niveaux de notre architecture cognitive. Prenons l'étrange phénomène de « cécité normale » qui conduit à des conclusions troublantes sur la confiance que nous accordons à notre vue : malgré l'illusion tenace de voir le monde « tel qu'il est », les recherches montrent qu'en réalité, nous n'y voyons pas grand-chose !

LA TACHE AVEUGLE

C'est généralement une fois qu'un texte a été relu à plusieurs reprises, puis soumis à un éditeur qui le relira lui-même, puis à un correcteur qui se chargera d'y détecter les dernières erreurs, pour enfin être livré à l'imprimeur et distribué dans les rayons des kiosques et des libraires, qu'on découvre une faute monumentale au premier coup d'œil.

Comment pouvons-nous laisser passer des fautes clairement visibles, que nous avons survolées à maintes reprises ?

Ce phénomène étonnant, qui ne peut être mis sur le compte d'une nullité orthographique (auquel cas l'erreur se situe à un autre niveau et l'inattention n'y est pour rien), a de quoi nous irriter, mais doit aussi nous interpeller sur nos limites perceptives intrinsèques.

La découverte de la tache aveugle dans notre champ visuel fait toujours son petit effet. Après avoir masqué un œil ou l'autre, si on regarde droit devant soi, on s'aperçoit qu'une petite zone, située juste un poil en dessous du point de fixation, à un angle d'environ 13° du côté de la tempe, est complètement… vide. Les objets, lettres, chiffres, couleurs et visages s'y engouffrent, et disparaissent tout simplement de notre champ de vision.

Anatomiquement, la tache aveugle désigne le lieu sur la rétine, qui tapit le fond de nos globes oculaires, où les cellules photoréceptrices forment le nerf optique, lequel transmet les informations visuelles au cerveau. La nature a fait ce choix paradoxal de nous priver de vision à l'endroit même où se fabrique notre expérience visuelle du monde. Il se trouve que ce pari est amplement réussi, puisque sans l'usage d'un protocole très spécifique, nous n'avons aucune conscience de cette tache aveugle. De fait, le phénomène n'a été découvert qu'en 1660, alors qu'il a toujours été à la portée de n'importe qui de le constater par soi-même !

Mais cette simple curiosité physiologique a des implications philosophiques considérables. À quel point peut-on tenir nos états de conscience comme fiables, si nous ne percevons même pas qu'une partie non négligeable de notre champ visuel est tout simplement absente ? Que voyons-nous vraiment lorsque nous ouvrons les yeux et avons immédiatement l'impression de prendre connaissance du monde tel qu'il est, c'est-à-dire d'avoir une conscience objective de la réalité ?

La lettre volée d'Edgar Poe

Ces perplexités n'ont fait que s'accentuer à mesure que la recherche sur la perception a progressé : ce que nous voyons est effectivement très éloigné de la réalité ! Mais l'auteur Edgar Allan Poe nous en avait livré une démonstration éclatante dès 1844, dans sa nouvelle *La lettre volée*[1]. Troisième (et dernier) épisode des aventures du détective Augustin Dupin – qui a marqué l'émergence du roman policier, que Poe appelait « histoires de ratiocination » –, ce texte se lit aujourd'hui comme une réflexion pionnière sur la cognition humaine.

Non seulement l'intrigue se démarque radicalement des histoires fantastiques pour lesquelles Poe est plus connu et célébré, mais elle s'éloigne également du récit à énigme classique. Ici, en effet, point de meurtre à élucider ou de coupable à démasquer. Il s'agit simplement de retrouver… une lettre. Mais pas n'importe laquelle ! Ce document compromettant, dont on ignore le contenu exact, a été reçu par la Reine. Or, sous les yeux de celle-ci, la lettre a été dérobée par le ministre D., qui a compris tout le profit qu'il pourrait en tirer, d'autant plus que la Reine ne peut pas le dénoncer sans risquer de rendre ses mystérieux secrets publics. Elle charge alors le préfet de police G. de remettre discrètement la main sur cette maudite lettre, afin de priver D. de ce moyen de chantage. Pourtant, malgré trois mois de recherches minutieuses, le préfet et son équipe ne sont pas parvenus à la retrouver, alors qu'ils ont de bonnes raisons de penser qu'elle doit toujours être en possession du ministre. Où peut-il bien la cacher ? Le préfet se décide alors à demander conseil à Dupin, dont la perspicacité et la capacité de résoudre les affaires compliquées sont bien connues. De fait, après quelques réflexions et manœuvres rapides, Dupin trouve la solution et remet la fameuse lettre au préfet, empochant ainsi une importante récompense. Voilà pour l'histoire de départ. La question qui s'ensuit est : mais comment diable s'y est-il pris pour retrouver et récupérer cette lettre ?

C'est ici que Poe nous livre quelques leçons sur la nature de notre perception. Plus qu'à ses qualités d'investigateur et ses capacités de déduction logique, son personnage Dupin semble en effet avoir eu recours à une connaissance intuitive de la perception humaine, et de ses liens avec la cognition, pour résoudre cette affaire. Avant même d'entendre le récit circonstancié du préfet sur l'affaire en question, le détective formulait une étonnante hypothèse : « Peut-être est-ce la simplicité même de la chose qui vous induit en erreur […], peut-être le mystère est-il un peu *trop* clair. »

Le préfet, au moment où il vient recourir aux lumières de Dupin, a nécessairement épuisé toutes ses ressources. De fait, il a vraiment cherché *partout* chez le ministre, avec une minutie extraordinaire, allant jusqu'à examiner « chaque pouce carré » avec un « puissant microscope ». Or, Dupin sait que le ministre a volé la lettre au vu et au su de la Reine, et donc qu'il doit bien se douter que celle-ci allait ordonner de telles recherches à son domicile. Dupin, cependant, reste convaincu que la lettre doit bien s'y trouver, même si D. est parfaitement conscient qu'il s'expose à une fouille quasi scientifique. Se mettant à la place du ministre, il en déduit que la meilleure solution pour D. serait de laisser les policiers chercher une lettre… qu'il n'a tout simplement pas pris la peine de cacher. Et effectivement, se rendant chez le ministre sous un prétexte fallacieux, Dupin entrevoit « un misérable porte-cartes » avec « une lettre unique […] fortement salie et chiffonnée […] presque déchirée en deux » et « très en évidence ». Cette lettre quelconque et sans intérêt, bien entendu, est la lettre tant recherchée !

L'« excessive évidence »

Le piège tendu par le ministre D. aux enquêteurs, et par Poe à ses lecteurs, a été abondamment commenté. Est-ce seulement plausible que des enquêteurs aguerris se fassent avoir par une manœuvre aussi grossière ? La lettre était pourtant sous leur nez, s'ils l'ont véritablement « cherchée partout », ils ont bien dû la voir ! Mais Poe et son détective semblent bien au fait des limites de la perception humaine. Le raisonnement de Dupin est précisément que le ministre D., lui aussi, a dû compter sur ces limites. Car au-delà de notre tache aveugle, c'est tout notre système visuel qui est sujet à cette « inattention morale » dont parle Dupin.

Le secret de *La lettre volée* pourrait s'expliquer par le phénomène aujourd'hui appelé « cécité non attentionnelle » (ou, plus récemment, « cécité normale »), qui désigne le fait de ne pas percevoir un élément inattendu ou surprenant, mais en principe facilement « visible », lorsque notre attention est dévolue à d'autres aspects de la scène visuelle[2].

La démonstration la plus connue a été apportée par les psychologues de l'université Harvard Daniel Simons et

Christopher Chabris, dans une tâche adaptée de travaux menés dans les années 1970 par Ulric Neisser. Ce dernier avait projeté à ses sujets deux films superposés, et découvert que lorsqu'on prêtait une attention soutenue à l'un des films, ce qui se passait dans le second nous échappait largement, bien qu'il soit littéralement aussi « sous nos yeux ». Par exemple, dans un film des personnes se passaient un ballon de basket, et dans l'autre deux personnes jouaient à se taper dans les mains. Les sujets expérimentaux qui étaient occupés à compter le nombre de passes avec le ballon ne remarquaient pas quand les personnes de l'autre film cessaient de se taper dans les mains, et inversement, ceux qui comptaient les tapes ne remarquaient pas quand le ballon de basket disparaissait de l'image. Et quand deux films d'équipes de basket étaient superposés, l'un représentant une équipe habillée en noir et l'autre une équipe en blanc, le fait d'être concentré à compter les passes d'une équipe et pas l'autre faisait manquer à 79 % des sujets l'apparition soudaine et incongrue d'une femme avec un parapluie ! Reprenant ces études en 1999, Simons et Chabris ont poussé l'incongruité encore plus loin, cette fois en faisant apparaître un personnage déguisé en gorille en plein milieu d'une unique séquence de personnes se passant un ballon de basket[3]. Pendant que les sujets devaient compter les passes de certains joueurs et pas d'autres, ou compter séparément les passes directes et les passes par rebond au sol, le gorille traversait tranquillement la scène, s'arrêtait en plein milieu, se frappait ostensiblement la poitrine, puis repartait de l'autre côté. Près de la moitié des sujets tombaient complètement des nues quand on leur révélait l'astuce ! Depuis, d'innombrables recherches, en situation réelle ou en conditions de laboratoire, ont documenté ce phénomène stupéfiant.

Outre le caractère surprenant (et amusant) de ces recherches, elles montrent, d'un point de vue théorique, qu'il existe une dissociation majeure entre l'endroit que l'on regarde, et *ce que* l'on regarde. En effet, le point important dans le paradigme du gorille est que le stimulus incongru tombe forcément, à un moment ou à un autre, en pleine « vue » des sujets. Dans une conception purement passive de la perception, tout ce qui vient frapper notre rétine devrait être perçu, en particulier s'il s'agit d'une chose qui reste un bon moment dans notre champ de vision, qui est grande et colorée, qui bouge et qui en plus sort complètement de l'ordinaire. Après tout, l'irruption soudaine d'un personnage déguisé en gorille devrait attirer notre attention et nous déconcentrer ! Mais il se trouve que si nous sommes engagés dans une tâche qui demande de la concentration, nous ne verrons souvent que ce qui est important pour nous à ce moment.

La leçon de la « cécité normale » est donc que, parfois, l'attention l'emporte sur la perception : même si on nous le met littéralement sous le nez, bien souvent nous ne verrons tout simplement pas ce qui ne nous intéresse pas, ou ce que nous ne cherchons pas.

Et c'est sur cela que le ministre D. a capitalisé, et que Dupin a bien compris. Sachant que toute l'attention et les efforts des policiers allaient porter sur quelque chose de *caché*, tout ce qui n'est justement *pas* caché leur a complètement échappé ! En effet, dans l'expérience du gorille, quiconque n'était pas engagé dans la tâche laborieuse de compter des passes remarquait immédiatement le gorille (ou la femme au parapluie).

De plus, cette cécité augmente lorsque la tâche à effectuer est difficile, et lorsque le stimulus ignoré diffère de ceux que l'on cherche activement. Or les policiers étaient sous pression de la part d'un des plus importants personnages du pays, entièrement accaparés par l'idée de découvrir une cachette secrète, et la précieuse lettre recherchée avait été déguisée en vieille lettre sans importance. Par ailleurs, la capacité d'échapper à la cécité attentionnelle semble indépendante des compétences perceptives et même de l'expertise des individus. Ainsi, la cécité inattentionnelle ne dépend aucunement de la performance réelle à la tâche de distraction, et 80 % des radiologues professionnels testés dans une expérience ne détectaient pas la silhouette d'un gorille grossièrement insérée dans des radiologies de poumons où ils étaient occupés à chercher et compter des nodules pathologiques[4] !

Mais pourquoi seulement certains individus ne voient pas le gorille, tandis qu'il saute aux yeux des autres ? Le problème est qu'on ne peut faire l'expérience qu'une fois : sitôt informé qu'on a manqué un stimulus incongru et saillant, on ne risque plus de se faire avoir ! Il est donc impossible de recueillir des données répétées pour un seul individu, ce qui est nécessaire pour faire de la neuro-imagerie, par exemple.

Mais avec son astucieuse allégorie, Poe soulevait encore bien d'autres questions. Par exemple, le ministre D. et Dupin ont deviné que les policiers seraient victimes de cécité inattentionnelle, ce qui ouvre une certaine dimension plus cognitive et sociale au phénomène. Le problème des policiers, en effet, est qu'« ils ne voient que leurs propres idées ingénieuses ; et, quand ils cherchent quelque chose de caché, ils ne pensent qu'aux moyens dont ils se seraient servis pour le cacher ».

En d'autres termes, les individus sont enclins à projeter leurs propres tendances sur les intentions d'autrui : *moi* j'aurais cherché à cacher soigneusement la lettre, donc le ministre a dû en faire autant. À ce compte, la cécité normale serait aussi plus largement fonction de nos *attentes* : il ne viendrait à l'idée de personne de se déguiser en gorille et de se promener en toute insouciance au milieu de joueurs de basket, donc notre système visuel n'est pas préparé à détecter une telle chose. Si l'inattendu est parfois frappant précisément en vertu de son caractère singulier, il est parfois totalement invisible, et pour la même raison…

De plus, Poe a mis le doigt sur une distinction depuis longtemps classique en psychologie entre un mode d'appréhension local, sériel et analytique, et un mode global, parallèle et intuitif. Dans la nouvelle, le ministre D. est décrit comme un mathématicien et un poète, ce qui illustrerait qu'il est capable de basculer à volonté entre les deux modes perceptifs : sachant que les policiers vont utiliser leur méthode locale de recherche acharnée, il décide de mettre en défaut leur incapacité de passer à une méthode plus globale et intuitive qui leur permettrait de résoudre le mystère, ce qui n'échappe pas à l'habile Dupin.

Plus qu'une énigme policière, il se joue donc dans ce récit un drame purement psychologique, où les protagonistes évaluent leurs esprits respectifs et utilisent des biais cognitifs et perceptifs pour se piéger les uns les autres. Parfois, la vérité se trouve juste sous nos yeux et Edgar Poe a su mettre en évidence un phénomène que la psychologie expérimentale ne découvrira que plus d'un siècle plus tard, comme s'il s'agissait d'une tache aveugle dans son arsenal théorique.

« Je ne l'ai pas vu venir »

Comme beaucoup de cyclistes, j'ai failli être renversé à de nombreuses reprises par des chauffeurs inattentifs (ou peut-être faut-il les qualifier de négligents, ou même de criminels ?). Une fois, une vieille dame, surprise par mes vitupérations contre elle après qu'elle m'avait coupé la route, a pris la peine de s'arrêter pour dire : « Oh excusez-moi, je ne vous avais pas vu... », et je n'ai pas pu m'empêcher de lui répondre : « Mais bon sang, c'est exactement ce que je vous reproche ! » (ou quelque chose de ce genre).

Mais est-ce vraiment une chose que l'on peut reprocher ? Qu'en disent les données scientifiques ?

Une coquille dans un texte risquera au pire de ridiculiser son auteur, mais la même faille peut se manifester dans des circonstances autrement plus périlleuses. C'est le cas quand vous êtes au volant, quand vous cherchez des signes pathologiques sur une radiographie[5], ou quand vous entamez votre sixième heure de travail comme contrôleur aérien. La littérature scientifique sur la sécurité routière a d'ailleurs un terme consacré pour ce type de bévue aux implications potentiellement fatales : les erreurs « regardé mais pas vu » (en anglais, « *looked but failed to see* », abrégé LBFTS[6]). L'expression désigne directement une remarque fréquente que l'on entend des conducteurs fautifs lorsqu'on les interroge sur les lieux mêmes d'un accident : « Je faisais pourtant attention, mais je ne l'ai pas vu venir... » Même en excluant l'ébriété, la lecture de SMS, ou une vitesse excessive, les erreurs de type LBFTS restent assez fréquentes. Et surtout, ce sont des situations crédibles. La correction d'un texte, pour revenir à cet exemple inoffensif, implique la recherche de fautes. Une recherche de type catégorique : on ne sait pas quelle faute en particulier on cherche, on traque *n'importe quelle* faute, la catégorie des fautes donc. Cela contraste avec les recherches de cibles dites spécifiques, par exemple Charlie dans le fameux jeu « Où est Charlie ». Or on sait que les recherches spécifiques sont plus efficaces et rapides que les recherches catégoriques. Celles-ci sont rendues encore plus difficiles par la rareté des occurrences, ce qui est généralement le cas dans un texte (normalement, la proportion de coquilles parmi les mots correctement écrits est assez faible). C'est la condition idéale pour des LBFTS : un événement rare et mal spécifié, comme un gorille inséré dans une radiographie, ou un cycliste qui déboule à un endroit où il y a d'ordinaire peu de cyclistes.

Mais alors, que voyons-nous au juste, dans des circonstances à peu près normales ? Beaucoup moins que ce que nous croyons, en tout cas. Nos processus visuels non sélectifs, ceux qui ne sont pas focalisés sur la localisation et l'identification de quelque chose de précis, nous offrent une représentation globale de ce que nous avons devant les yeux. Cette représentation est loin d'être parfaite, nous n'en voyons pas tous les détails. Ce que nous voyons est une estimation statistique de tout ce qui se passe dans une scène visuelle, une sorte de compte-rendu très résumé de ce qui est réellement présent et éventuellement pertinent. La plupart du temps, ce résumé est largement suffisant pour nous permettre de nous situer, de naviguer et d'agir dans notre environnement immédiat. C'est donc une solution très économique : imaginez qu'à tout moment, vous deviez absolument tout prendre en considération, tout identifier et localiser, suivre tous les déplacements de chaque détail d'une scène, vous seriez rapidement submergé et paralysé par toutes ces informations, et vous n'auriez plus assez de ressources pour faire quoi que ce soit d'autre que de scanner frénétiquement votre entourage.

De plus, il semble que notre système visuel soit calibré pour minimiser les interprétations fantaisistes, et donc les effets de surprise. C'est heureux la plupart du temps : nous ne bondissons pas à chaque instant parce que nous croyons avoir vu un fantôme quand une ombre bouge, ou que la nuit vient de tomber parce que nous avons fermé les yeux, et nous ne croyons pas voir la tour Eiffel au loin devant nous parce que nous venons de lire un « A » majuscule (autant d'« indices » qu'un système visuel trop chatouilleux pourrait ainsi interpréter à sa guise).

Les occurrences excessivement rares (qu'on qualifie d'« incidentes ») ou impossibles sont *de facto* rejetées par notre cerveau, mais cela a pour conséquence que parfois nous négligeons des événements réels, bien qu'inattendus ou improbables, et c'est particulièrement le cas quand nous cherchons longtemps un événement qui n'apparaît que rarement. La situation est même aggravée par l'effet puissant du « guidage attentionnel », qui fait que lorsque nous nous sommes mis en tête de chercher quelque chose, tout le reste est mis en sourdine.

Nous ne savons souvent même pas *où* nous venons de regarder, comme le révèlent des études très précises examinant nos mouvements oculaires en laboratoire. De ce fait, nous sommes très souvent incapables d'indiquer les endroits, dans l'ensemble de notre champ visuel, que nous avons déjà explorés ou pas, ce qui explique peut-être pourquoi nous recherchons souvent obstinément les objets perdus plusieurs fois de suite aux mêmes endroits…

« L'INQUIÉTANTE ÉTRANGETÉ »

« Pour se distinguer, ces jumeaux utilisent, l'un un miroir ovale, l'autre un miroir rectangulaire. » Si cette phrase de l'écrivain Éric Chevillard nous paraît absurde (et amusante), c'est parce que nous savons deux ou trois choses à propos du fonctionnement des miroirs (et des jumeaux) qui nous font immédiatement réaliser son incongruité. Mais que savons-nous vraiment sur ces étranges objets qui nous jettent notre propre image à la figure ? L'un des spécialistes de la psychologie des miroirs, René Zazzo, n'hésitait pas à exprimer sa perplexité : « Le fait est qu'à réfléchir sur la réflexion du miroir on s'expose à toutes sortes de risques[7]. »

De fait, philosophes et neuroscientifiques se sont souvent cassé les dents sur un phénomène aussi simple que celui de la réflexion dans une glace. Par exemple, Pierre Jacob et Marc Jeannerod ont défendu une approche qu'ils appellent « théorie représentationnelle de l'esprit visuel », selon laquelle nos perceptions seraient des « images », des « représentations » dynamiques et ajustables pour l'action guidée par la vision[8]. Parmi un grand nombre d'arguments et de données assez convaincants pour leur thèse, ils glissent très rapidement un mot sur la perception dans le miroir : « Voir son propre visage dans un miroir est une preuve que la perception visuelle forme une représentation visuelle de notre visage. Du fait que l'on voie son visage dans un miroir, il ne s'ensuit pas que son visage soit localisé à l'intérieur du miroir[9]. »

Voici donc un argument philosophique très simple : voir son visage dans un miroir n'est ni une illusion ni une perception directe de quelque chose « devant nous », c'est une représentation mentale. Sans quoi, face à un miroir, nous aurions immédiatement l'impression que *nous* sommes soudain localisés à l'extérieur de notre corps tout en pouvant toutefois nous voir, ou que notre jumeau, ou notre double, a fait irruption dans notre salle de bain, et que notre miroir est donc une simple vitre derrière laquelle notre sosie a décidé de se présenter. Puisque nous n'avons pas (à l'état normal) ces sensations, alors c'est que la perception de notre visage est simplement une *représentation* de nous-mêmes, et rien d'autre. Ouf ! Nous n'avons pas été dédoublés et notre jumeau maléfique n'a pas retrouvé notre trace !

Mais est-ce si simple ? La question a le mérite de nous interroger sur le statut à accorder aux reflets en tant qu'entités : sont-ils réels ou illusoires ? Le philosophe Clément Rosset, lui aussi apparemment embarrassé par ce dispositif si simple que sont les miroirs, qualifiait les reflets de doubles « mineurs », « proximaux » ou de « seconde espèce »[10]. Des doubles oui, en somme, mais pas tout à fait des doubles. Les reflets, selon Rosset, font partie de notre monde, au même titre que n'importe quel autre objet qui s'y trouve. Ce sont des attributs « immédiats » et « nécessaires » de la réalité, tant qu'il y a des surfaces réfléchissantes et des choses pour s'y réfléchir : « Ces doubles de proximité ne sont pas des doubles proches de la réalité ; ils sont inhérents à elle[11]. » Mais ils ont quelque chose de paradoxal, ils sont à la fois matériels et immatériels, dans le monde et dans nos têtes (contrairement aux arcs-en-ciel, par exemple, qui sont seulement « dans nos têtes »).

Umberto Eco, quant à lui, désignait les reflets de miroirs comme un « phénomène à la marge » (*fenomeno-soglia*)[12]. L'intellectuel et romancier italien se demandait si les reflets pouvaient être considérés comme des « signes ». Il concluait par la négative, arguant que les miroirs ne peuvent pas mentir. En effet, ces surfaces se comportent de manière parfaitement rigide et ne laissent pas de place à l'erreur ou à la manipulation (c'est d'ailleurs pour cela qu'on dit souvent que les miroirs sont « impitoyables »...), ce qui les distingue également des représentations, étant donné que celles-ci peuvent être erronées ou approximatives (comme lorsqu'on se représente un chat sur le canapé alors que c'est un pull enroulé).

Quoi qu'il en soit, si nous regardons une photographie de nous, un *selfie*, nous dirons que nous avons affaire à un objet uniquement matériel. C'est une représentation de nous sur un papier ou sur un écran. Et en la regardant, nous formons sans doute une représentation de notre visage dans notre tête. En quoi le simple fait de se voir dans un miroir, plutôt que sur tout autre support, serait un argument en faveur de la théorie représentationnelle de la vision ? Puisque notre visage ne peut pas physiquement se trouver, en toute logique, sur un bout de papier, est-ce la preuve que cette vision est une simple représentation mentale ? En extrapolant, ne pourrait-on pas dire la même chose de tout objet perçu puisque, après tout, nous ne percevons que des particules de lumière qui rebondissent sur les objets et viennent, pour certaines d'entre elles, se loger dans nos globes oculaires ?

Alors que voyons-nous, au juste, quand nous regardons dans un miroir ? Eh bien, à mon avis, à peu près la même chose que lorsque l'on regarde le monde réel et c'est bien ce qui rend cette expérience si troublante. Un miroir reflète de la lumière qui peut, dans les bonnes conditions, pénétrer à travers la rétine d'un observateur, exactement comme n'importe quelle chose qui peut être vue dans le monde réel. L'argument d'un statut spécial qu'il faudrait accorder aux reflets de soi-même, au prétexte que nous ne pouvons pas nous trouver à deux endroits en même temps, s'effondre dans une situation très simple : quand nous voyons quelqu'un d'autre dans la glace ou quand quelqu'un d'autre nous y voit. Même si le reflet de *mon* visage devait nécessairement être une représentation, et rien d'autre, pour *moi*, on voit mal pourquoi cela devrait être le cas pour quelqu'un d'autre. Dira-t-on qu'un ami qui vous voit dans un reflet, par exemple en entrant dans un restaurant, a *nécessairement* une représentation de vous, parce que vous ne pouvez logiquement vous trouver à cet endroit ?

C'est ici que nos erreurs du quotidien peuvent nous aider à y voir plus clair. En effet, tout le monde aura déjà eu cette expérience, le plus souvent très fugace, de voir quelqu'un dans un reflet sans réaliser immédiatement qu'il s'agit, justement, d'un reflet. J'ai même passé une bonne partie d'une après-midi dans un café parisien à m'amuser de cette bévue. Un très grand miroir placé face à l'entrée induisait en erreur quasiment une personne sur trois (les deux autres étant des habitués, j'imagine), qui faisaient des grands gestes de salutation…

à un mur. Et voilà pourquoi il faut deux ingrédients somme toute importants pour que la théorie représentationnelle des reflets de miroir fonctionne : savoir que l'on a affaire à un miroir et savoir ce qu'est un miroir. Sans quoi, nous sommes effectivement victimes d'une illusion.

La plupart des animaux et les petits enfants, qui sont peu familiarisés avec ces objets, se comportent exactement comme s'ils voyaient un rival, un compagnon ou un personnage énervant dans la glace. Ils peuvent même l'attaquer, ou tourner autour du miroir pour essayer de l'attraper. Mais tout un chacun aura aussi pu vivre cette étrange expérience, que des chercheurs ont appelée « *Kaufhauseffekt* » (« l'effet magasin », en allemand)[13] où l'on se retrouve face à son propre reflet, sans comprendre que c'est un reflet, et même *notre* reflet. Freud en avait fait un exemple de son concept d'« inquiétante étrangeté » dans une savoureuse note de bas de page :

« Étant donné que l'inquiétante étrangeté du double appartient à cette catégorie [l'épreuve du réel], il sera intéressant d'apprendre l'effet que produit le fait de nous trouver face à face, brusquement et inopinément, avec l'image de notre propre personne. E. Mach relate deux observations de ce type dans son *Analyse des sensations* (1900). Dans le premier cas, quelle ne fut pas sa frayeur quand il reconnut que le visage qu'il voyait était le sien ; et dans le second, il porta un jugement très défavorable sur la personne apparemment inconnue qui montait dans son omnibus : "Qu'est-ce que cette espèce de pédant déchu qui monte là ?" – Je peux faire état d'une aventure analogue : j'étais assis tout seul dans un compartiment de wagon-lit, lorsque sous l'effet d'un cahot un peu plus rude que les autres, la porte qui menait aux toilettes attenantes s'ouvrit, et un monsieur d'un certain âge en robe de chambre, le bonnet de voyage sur la tête, entra chez moi. Je supposai qu'il s'était trompé de direction en quittant le cabinet qui se trouvait entre deux compartiments et qu'il était entré dans mon compartiment par erreur ; je me levai précipitamment pour le détromper, mais m'aperçus bientôt, abasourdi, que l'intrus était ma propre image renvoyée par le miroir de la porte intermédiaire. Je sais encore que cette apparition m'avait foncièrement déplu. Au lieu donc de nous effrayer de notre double, nous ne l'avions, Mach et moi, tout simplement pas reconnu. Mais le déplaisir que nous y trouvions n'était-il pas tout de même un reste de cette réaction archaïque qui ressent le double comme une figure étrangement inquiétante[14] ? »

À vrai dire, il est tout aussi « inquiétant » de voir une autre personne que soi sujette à cette erreur perceptive. Si Freud n'avait pas été seul dans son compartiment, il y a fort à parier que ses voisins se seraient posé des questions sur son étrange comportement, et lui-même en aurait été très embarrassé.

J'ai assisté une fois à une scène inoubliable de ce genre. J'avais à donner une conférence un soir dans un musée et je faisais un petit tour de reconnaissance de la salle qui m'était réservée. Un monsieur assez âgé s'y trouvait déjà et, me tournant le dos, ne semblait pas m'avoir vu. S'avançant distraitement dans les rangées d'exposition, il tomba soudain sur un grand miroir mural et sursauta à la vue de son propre reflet. Rien d'extraordinaire jusque-là, c'est un effet de surprise relativement banal, le *Kaufhauseffekt* donc. Mais le monsieur resta comme figé devant la glace, puis tenta un petit geste vers la droite, ensuite vers la gauche… Incroyablement, il semblait s'agacer. « Eh bien ! Vous passez ou quoi ? » finit-il par s'exclamer en trépignant sur place. La scène a duré plus d'une minute, avant qu'il n'opère soudain un demi-tour, conscient enfin de sa méprise. Je restai sidéré, ne sachant que faire. Du fait de sa durée, anormalement longue, l'épisode avait cessé d'être amusant. Cette non-reconnaissance de soi dans le miroir pouvant être un premier signe de démence, une méprise aussi tenace et spectaculaire relevait peut-être d'un trouble neurologique.

L'analyse de Freud concernant la peur du double – l'effraction d'un autre moi dans la réalité ordinaire, et son parallèle avec la littérature fantastique – est certes intéressante, mais il mélange deux choses : la reconnaissance du reflet et la compréhension qu'il s'agit d'un reflet. Nous pouvons parfois à peine nous reconnaître dans la glace lorsque nous avons une particulièrement sale tête, ou à l'inverse lorsque nous sommes grimés ou maquillés de façon inhabituelle. Dans ces cas, il n'y a pas de méprise. Si Mach et Freud ne se sont pas « reconnus » dans ces exemples de *Kaufhauseffekt*, c'est plutôt parce qu'ils n'ont pas compris qu'ils voyaient un reflet, et donc qu'ils n'avaient aucune raison de s'attendre à devoir se reconnaître. En fait, si nous nous reconnaissions dans une image que nous prendrions pour quelqu'un d'autre plutôt qu'un reflet, nous en serions autrement troublés et même terrifiés. Mais ces cas sont plutôt rares et relèvent généralement de la pathologie. On peut bien sûr, à l'occasion, tomber sur des personnes qui nous ressemblent, mais nous ne nous « reconnaissons » pas en elles.

Ce que l'on « voit » dans un miroir peut donc dépendre des circonstances et, comme on le sait, les « jeux de miroir » sont propices à l'illusion. Mais cela ne nous indique pas ce que l'on voit quand on se regarde dans le miroir, et que l'on sait qu'il s'agit d'un miroir. Il existe une littérature relativement récente mais déjà considérable sur la thématique de la « reconnaissance de soi » dans le miroir. On trouve des semblants de miroir dès l'Antiquité, mais la technique et les moyens de production permettant de les perfectionner et de les diffuser à grande échelle ne remontent pas plus loin qu'au tournant du XVIIIe siècle[15]. Cette technologie visuelle ne s'est donc pas accompagnée d'adaptations cérébrales spécifiques pour y répondre, ni chez notre espèce ni chez aucune autre. C'est ainsi qu'on a pu interpréter la reconnaissance de soi dans le miroir non comme une expertise visuelle particulière, mais comme un indice plus général d'émergence de la *conscience de soi*, ou du moins de la capacité à retourner son attention sur son propre organisme, lorsque des enfants entre 18 et 24 mois localisent des indices visuels sur leur visage quand ils les voient via un miroir, ou quand des chimpanzés passent des tests semblables[16].

Mais cela signifie-t-il que nous, des êtres humains adultes ayant passé avec succès toutes les étapes du développement, nous reconnaissons dans le miroir ? La réponse dépend de ce que l'on entend par « reconnaissance ». On peut dire, de façon plus neutre, que nous constatons sans problème que notre reflet est le nôtre. Mais par quels mécanismes ? Peut-être par les mêmes qui nous permettent de « reconnaître » d'autres personnes, ou qui permettent aux autres de nous reconnaître. De fait, dans un miroir, je ne me vois pas comme les autres me voient. Comme on le sait, les images dans un miroir sont inversées dans le sens horizontal[17]. Si j'ai un anneau à mon oreille droite, mon reflet le porte à son oreille gauche. Voilà qui est curieux, si l'on considère que je *me* vois le plus souvent de cette façon, tandis que mes proches me voient très rarement ainsi.

Outre cette classique inversion gauche-droite, il y a une contrainte plus curieuse encore avec les miroirs, dont on prend rarement conscience. Dans un « problème » soumis aux lecteurs de la revue philosophique *Analysis*, son éditeur Colin Radford a demandé : « Si je me regarde droit dans un miroir, est-ce que je me vois en train de me regarder ? Et si c'est le cas, est-ce que je me vois aussi me regarder tandis que je me regarde me regardant – et ainsi de suite[18] ? » Un prix de 75 £ était même accordé à la meilleure réponse. Si la plupart des (courageux) participants, une vingtaine, acceptaient la première partie de la question[19], la seconde partie a donné lieu à quelques désaccords : certains admettant l'existence d'une régression infinie, même si celle-ci n'est finalement pas « vue » par l'observateur, et d'autres niant que des itérations viennent s'ajouter à celle de départ, au-delà de laquelle on ne trouverait pas de « fait supplémentaire ». Finalement, deux lecteurs se sont partagé le prix sans qu'on soit spécialement plus avancé sur la question de départ.

Il est pourtant un point, bien plus intéressant qu'une éventuelle régression à l'infini, qui caractérise le fait de se voir se regarder dans le miroir : c'est qu'il ne peut en être autrement. Face à un miroir normal, on ne peut pas voir ses yeux bouger et on ne se voit pas cligner des yeux. Si on ajoute ces caractéristiques à l'inversion gauche-droite, il devient clair que se voir dans le miroir est une situation hautement artificielle. Une catégorie spéciale de perception de visage, soumise à des mécanismes cognitifs spécifiquement destinés à supprimer, précisément, ces incongruités. « Se reconnaître » dans le miroir prend alors un tout autre sens, comme le notait souvent René Zazzo. Nous ne nous reconnaissons pas comme nous reconnaissons un ami que nous croisons dans la rue. Dans la mesure où nous ne voyons jamais notre visage directement, nous ne pouvons en fait qu'*identifier* notre reflet comme étant « nous », et nous y parvenons le plus souvent en partant du fait même que nous sommes face à un miroir, plutôt qu'en faisant correspondre nos traits à une représentation particulière que nous aurions en mémoire.

En somme, pour se « reconnaître » dans un miroir, nous n'avons pas besoin de nous représenter notre visage. D'une part, si nous en sommes capables en premier lieu, c'est grâce à des dispositions cognitives très différentes de la simple perception visuelle (selon les théories en vigueur : un contrôle dynamique de notre schéma corporel[20] ; une conscience de soi dérivée de notre cognition sociale[21] ; ou encore une capacité d'intégrer et de détecter les corrélations kinesthésio-visuomotrices en temps réel[22]). Et d'autre part, les cas d'erreurs mentionnés plus haut, et ceux qui vont suivre, indiquent qu'on peut très bien se *voir* dans un miroir sans se « reconnaître », et qu'on peut souvent se méprendre sur le fonctionnement d'un miroir.

Psychologie du miroir

Un reflet projeté par un miroir, selon le contexte, l'état d'esprit et les compétences cognitives des personnes et des animaux concernés, peut être perçu comme une image, de la même façon qu'on voit une partie du monde à travers une vitre translucide, ou comme un reflet, c'est-à-dire avec la connaissance que ce que l'on voit est produit par un miroir et une certaine compréhension de ce que font les miroirs. À ce titre, même les animaux capables de se « reconnaître », ou du moins de passer certains tests, dans un miroir (à ce jour : quelques chimpanzés et orangs-outans, de rares gorilles, peut-être quelques dauphins et éléphants, de façon plus controversée des pigeons et d'autres oiseaux[23]), même ces spécimens donc ne se « reconnaissent » pas *à tous les coups*, et beaucoup d'espèces se désintéressent simplement des miroirs et sont donc difficiles à tester. Certains singes ne semblent pas *pouvoir* se reconnaître parce qu'ils réagissent de façon trop virulente au contact oculaire, tandis que d'autres sont capables d'*utiliser* un miroir, sans s'y « reconnaître », pour dénicher des objets cachés.

Chez les humains, on fait grand cas du fameux « stade du miroir », comme si cet instant « précis » où l'enfant réalise qu'il peut se dédoubler dans la glace marquait son entrée dans une existence consciente d'exister. Mais c'est confondre la reconnaissance de soi en tant que telle avec les dispositions et les compétences qui permettent d'y aboutir. Et celles-ci se développent de façon progressive. Entre 18 et 24 mois, les enfants parviennent généralement à saisir que leur reflet est bien le leur, mais cette compréhension est soumise à des inconsistances notoires. Parfois, ils semblent se reconnaître, d'autres fois pas[24]. Avant même de se reconnaître formellement, les petits reconnaissent sans aucune difficulté d'autres personnes dans une glace et ils ne semblent pas alors avoir l'illusion qu'ils ont deux papas, par exemple. Ils peuvent aussi jouer tranquillement avec leur reflet, et ils peuvent même utiliser des miroirs pour chercher des objets[25]. Ces enfants ont clairement des représentations mentales de ce qu'ils voient, même si ce ne sont pas des représentations d'« eux-mêmes ». Et il est d'ailleurs fréquent que des enfants de 4 ou 5 ans présentent quelques confusions à l'égard des miroirs : une petite fille qui se reconnaît parfaitement pourra ainsi dire de son reflet : « Elle a le même pull que moi ! »

Et puis il y a tous les cas pathologiques. Dans les phénomènes dits autoscopiques, des hallucinations où l'on se voit, ou se sent, soi-même en dehors de soi, malgré l'absence de miroir. Il peut s'agir d'illusions fugaces ou de délires caractérisés mais, dans tous ces cas, on a bien une représentation faussée de la réalité et de notre corps, qui ne sont d'ailleurs pas rares chez des personnes saines soumises à des états particuliers (fatigue, drogue, traumatisme, relaxation, etc.).

Certains patients neurologiques présentent une « apraxie du miroir » : ils comprennent ce qu'est un miroir, ils s'y reconnaissent sans problème, mais quand on leur demande de guider leurs gestes pour attraper un objet reflété, ils ne peuvent s'empêcher d'aller le chercher directement *dans* le miroir[26]. D'autres malades, en revanche, ont de la peine avec leur image reflétée. C'est le cas par exemple des amnésiques et des prosopagnosiques. Les premiers, ayant oublié à quoi ils ressemblent, ou étant figés dans une image d'eux-mêmes révolue depuis longtemps, ne parviennent pas à faire concorder ce qu'ils voient avec ce dont ils se souviennent. Les seconds, souffrant d'un déficit spécifique d'identification des visages en général, présentent le même symptôme pour leur propre apparence. La plupart du temps, néanmoins, amnésiques et prosopagnosiques comprennent très bien que c'est *eux* qu'ils voient dans la glace. Comme le dit un prosopagnosique : « Ça doit bien être moi dans le miroir, parce que je suis le seul dans la salle de bain[27]. » Ils peuvent par ailleurs utiliser le miroir pour se raser ou se maquiller, mais ils ne s'y « reconnaissent » pas vraiment.

Les troubles de l'identification de soi-même dans le miroir (*mirrored-self misidentification*) relèvent généralement de cas de démence avancée. Dans ce trouble sévère, certains patients perçoivent leur reflet comme une autre personne, qui parfois les persécute[28]. Un patient que j'avais examiné traitait son « double » comme une connaissance familière, parfois un ami, et de façon intéressante, celui-ci n'« apparaissait » de préférence que dans un miroir spécifique, celui de la salle de bain. Devant d'autres miroirs, il semblait se reconnaître, même s'il présentait des signes d'apraxie du miroir. L'observation sauvage du monsieur au musée, dont je parlais plus haut, me donne l'impression que ce signe, qui peut se manifester en début de maladie[29], n'est peut-être pas réservé à la seule pathologie neurologique, mais qu'il pourrait se voir, dans des circonstances particulières, dans une partie sous-estimée de la population générale.

Il existe également des descriptions cliniques concernant des jeunes patients psychotiques, qui dans le cadre d'épisodes délirants, ou entre deux moments de décompensation, présentent ce qu'on a appelé vaguement le « signe du miroir » : ils peuvent s'examiner pendant des heures devant un miroir, manifester une certaine perplexité ou séduction, et se sentir comme « happés » par l'attirance du reflet[30].

On le voit à travers cette clinique du miroir : le cerveau peut être trompé et les troubles que cela occasionne se manifestent de façons très différentes selon les mécanismes impliqués. Mais cela n'exonère pas les personnes capables de s'identifier sans problème dans un miroir de certaines confusions tenaces. Ainsi, l'immense majorité des gens ne réalisent pas que la taille de notre visage reflété, quand nous le regardons dans le miroir, reste constante indépendamment de notre distance par rapport au reflet (sauf si on plaque directement notre nez sur la glace). De fait, non seulement cette taille reste constante, mais elle représente exactement la moitié, en largeur et en hauteur, de la taille réelle de notre tête. Cela veut dire qu'on peut voir notre visage en entier dans une petite glace qui mesurerait le quart de la surface de notre face : or la majorité des gens restent incrédules quand on leur demande si c'est possible. Avec un petit miroir de ce genre, ils pensent qu'ils ne verront que la surface identique de leur visage.

C'est une erreur de jugement qui a été étudiée par Marco Bertamini et ses collègues de l'université de Liverpool, dans le cadre d'un champ d'étude appelé « optique naïve ». Ils ont découvert que la majorité des gens pensent que la taille de leur reflet est la même que leur taille réelle, en d'autres termes, qu'ils surestiment grossièrement la taille de leur reflet d'un facteur de près de 50 %[31]. Cette erreur persiste même quand on leur demande de choisir la taille qui recouvrira le mieux leur reflet. Et même s'ils commettent l'erreur de croire que la taille du reflet va diminuer à mesure qu'ils s'éloignent du miroir, ils continuent en fait à la surestimer depuis une plus grande distance.

Pour se convaincre que la taille de notre reflet mesure la moitié de notre visage, il suffit en fait de poser des marques directement sur la glace, délimitant le haut et le bas de notre reflet, ce qui permet aussi de constater qu'il reste dans les mêmes bornes si on s'éloigne[32]. Plus simple encore, si votre miroir de bain est embrumé après la douche, clarifiez la portion qui permet de vous voir en entier et vous serez surpris de la petitesse de ce trou ! L'explication du phénomène apparaît assez intuitivement si on s'imagine que notre reflet se situe derrière une vitre : sa distance par rapport à celle-ci sera la même que la nôtre, et donc la taille projetée sur notre rétine restera constante puisqu'il fait les mêmes mouvements que nous, et comme la « vitre » se situe tout le temps exactement à mi-chemin entre nous deux, l'angle projeté de nos yeux à son visage sera coupé à 50 % de la surface « finale ».

Certes, le phénomène est contre-intuitif. Il s'agit d'une discordance énorme entre ce que nous voyons vraiment et ce que nous croyons percevoir dans un miroir, et nous en sommes largement inconscients. De fait, le cerveau travaille constamment à « régresser » la taille subjectivement perçue des objets à leur taille réelle : un arbre perçu à travers une fenêtre pourrait être dessiné directement sur la vitre, et sa taille paraîtrait alors minuscule, alors qu'il n'a pas *l'air* minuscule du tout quand on le regarde au loin. Il en va de même pour notre reflet, et c'est encore une raison de s'interroger sur la complexité de nos mécanismes perceptifs.

Beaucoup de personnes, par exemple, quand on leur demande à quel moment elles se verront dans un miroir placé le long d'un mur qu'elles arpentent, répondent « un poil avant » d'y parvenir. Comme si un miroir permettait d'anticiper l'apparition des objets qui s'en approchent. La majorité pense également que pour se voir en entier, il faut un miroir « en pied », qui fasse au moins la taille réelle d'un individu. En réalité, la moitié suffit !

Le miroir, ce simple et modeste objet du quotidien, conduit à nombre de perplexités psychologiques, et même philosophiques. Paradoxe étonnant : ces objets n'ont rien de sorcier et nous rendent service tous les jours, et pourtant ils nous induisent souvent en erreur et nous en connaissons mal le fonctionnement réel. À la frontière entre perception, cognition et croyance, mais aussi chargée d'affects personnels, esthétiques et sociaux, la psychologie des miroirs offre un cas d'étude privilégié pour examiner notre tendance à l'erreur, sous ses facettes les plus multiples.

ON S'EST DÉJÀ VUS, NON ?

Les erreurs de reconnaissance nous font commettre des bévues en société. Ce sont néanmoins des défaillances de perception et d'identification riches d'enseignements pour notre compréhension du système visuel. L'embarras et les malentendus qu'elles produisent sont une preuve supplémentaire de leur pertinence théorique. Des parallèles ont d'ailleurs été tirés entre nos méprises visuelles et les lapsus et autres actes manqués, dont elles seraient les analogues pour la modalité visuelle. Il est d'ailleurs étonnant qu'elles aient échappé à l'attention de Freud, qui n'en dit pas un mot dans sa *Psychopathologie de la vie quotidienne*.

Pour autant, les erreurs de reconnaissance au quotidien ont été relativement peu étudiées « à l'état sauvage ». Des chercheurs de l'université de Lancaster avaient néanmoins tenté d'en dresser une classification dans les années 1980[33].

Ils ont demandé à vingt-deux personnes, ayant entre 20 et 40 ans, de noter pendant sept semaines toutes les occasions, aussi dérisoires soient-elles, où elles auraient eu des difficultés, ou commis des erreurs, lors de la reconnaissance ou l'identification d'autres personnes, quel que soit le contexte. Il est ressorti de cette récolte plus de 1 000 « incidents » assez instructifs sur les variétés de nos méprises quotidiennes. Les auteurs distinguent sept catégories principales et ajoutent une catégorie « autres » pour des cas mixtes.

Ils mettent néanmoins à l'écart une catégorie supplémentaire jugée « hors sujet » : il s'agit de quatre-vingt-six cas d'expériences de « ressemblance seule ». En effet, il arrive souvent que l'on trouve qu'une personne, connue ou inconnue, ressemble à une personne familière, ou semble ressembler « à quelqu'un », sur la base par exemple de son visage, sa coupe de cheveux ou sa voix. Ces cas sont semblables aux véritables erreurs, dans le sens où ils peuvent varier quant à leurs spécificités : on peut vaguement trouver qu'une personne nous en rappelle une autre, sans savoir qui exactement. Mais il n'y a pas méprise, dans le sens où la ressemblance est perçue comme telle et ne donne lieu à aucune confusion. D'une certaine façon, ces relations de ressemblances sont omniprésentes, puisque tout le monde ressemble forcément à quelqu'un d'autre, que ce soit par le visage, les oreilles, la démarche, la voix, l'habillement ou le rire. Simplement, quelquefois elles attirent l'attention et c'est généralement le cas quand on trouve qu'une personne inconnue ressemble à une personne que nous connaissons très bien. S'il n'y a pas confusion, c'est d'ordinaire parce que la ressemblance est insuffisante ou que le contexte écarte toute possibilité de méprise : il y a peu de chances que Leonardo DiCaprio se trouve un samedi matin à la déchetterie de votre village.

Les erreurs manifestes sont plus intéressantes encore. Comme il n'existe pas d'étude suffisamment grande et systématique qui comptabilise tous les cas de figure au quotidien, il est impossible de les distinguer sur le plan de la fréquence. Voici donc celles qui ont été remarquées par un groupe restreint d'individus, lorsqu'ils ont eu la présence d'esprit de noter ces incidents.

1. Une personne connue n'est pas reconnue.

Ce cas de figure ne requiert guère de précisions, il est suffisamment familier pour que chacun puisse s'y reconnaître. Pour quelque raison que ce soit, il nous arrive de ne pas identifier correctement une personne que nous aurions pourtant dû être en mesure de reconnaître.

2. Une personne est mal identifiée.

On peut distinguer deux cas de figure : a) une personne inconnue est prise pour quelqu'un que l'on connaît ; b) une personne que l'on connaît est confondue avec une autre que l'on connaît aussi.

3. Une personne nous semble familière.

Ici, trois cas de figure : a) la personne nous est effectivement connue et nous finissons par l'identifier correctement ; b) nous ne parvenons pas à l'identifier ; c) nous réalisons que nous ne connaissons finalement pas cette personne.

4. Difficulté à « situer » exactement une personne correctement identifiée.

Il s'agit là essentiellement de la difficulté à retrouver le nom d'une personne, même si nous savons « qui » elle est (l'équivalent à l'impression d'avoir un mot « sur le bout de la langue »).

Ces situations peuvent être résolues parce que l'information manquante « nous revient » spontanément, ou en demandant discrètement à quelqu'un de nous éclairer, mais elles peuvent très bien rester irrésolues. De façon intéressante, la difficulté à retrouver certaines informations sur les personnes semble obéir à une gradation : d'abord leur occupation, puis « d'où » on les connaît, puis à quoi ressemble leur voix, ensuite à quoi elles ressemblent physiquement, et seulement en dernier comment elles s'appellent.

5. Incertitude quant à savoir si une personne est bien celle que l'on pense.

Soit nous ne sommes pas sûrs de connaître la personne, soit nous ne savons pas laquelle entre deux personnes connues est celle que nous voyons.

6. Certitude qu'une personne connue n'est en fait pas cette personne.

Nous voyons une personne familière, la reconnaissons comme telle, mais concluons qu'il doit s'agir de quelqu'un d'autre qui lui ressemble. Généralement, cette réaction est due à un contexte incongru où on ne s'attend pas à la voir (finalement, peut-être que c'était bien Leonardo DiCaprio à cette déchetterie…).

7. Un nom incorrect est attribué à quelqu'un.

On entre ici dans le registre des lapsus ou de la confusion de souvenirs, plus que de l'erreur perceptive à proprement parler.

8. Catégories mixtes.

Ici sont réunis quelques témoignages où différents types de méprise semblent s'enchaîner ou s'enchâsser. Par exemple, un étudiant rapporte avoir eu l'impression de vaguement reconnaître un guitariste à la télévision, mais ne pas pouvoir retrouver le nom de celui auquel il pensait, et avoir en tête celui de Mark Knopfler, le guitariste-chanteur de Dire Straits, tout en sachant que ce n'est pas lui (ce qu'on appelle une « alternative persistante »). Pour autant, le sujet ne tarde pas à réaliser que le guitariste perçu n'était pas celui auquel il pensait et son nom (Nils Lofgren) lui est revenu une heure plus tard. Parfois, une personne nous semble d'abord vaguement familière, puis nous nous rendons compte que nous la connaissons, puis nous parvenons à la « situer » plus ou moins, mais impossible de retrouver son nom. Un cas amusant est celui d'un individu qui reconnaît en ville un homme qu'il croise souvent lorsqu'il va chercher ses enfants à l'école : cet homme lui aussi va régulièrement y chercher ses enfants et, curieusement, notre sujet s'est inconsciemment fait à l'idée qu'il devait s'agir d'un chercheur à l'université, comme lui. Il le voit cependant entrer, de bon matin, dans un magasin qu'il fréquente lui-même souvent. Il comprend alors que l'homme en question est le vendeur qui tient la caisse du magasin, qu'il l'a souvent vu, mais qu'il est *aussi* la personne qu'il aperçoit à l'école lorsqu'ils vont chercher leurs enfants respectifs. C'est donc un cas où deux contextes différents ont conduit à la création de deux fichiers identitaires distincts pour une seule et même personne. Dans ces cas-là, comme on dit, on finit parfois par « percuter », c'est-à-dire prendre soudainement conscience de notre méprise. Plus généralement, cet exemple montre l'importance du contexte. Personnellement, lorsque je travaillais dans un hôpital, j'avais souvent beaucoup de mal à « situer » certains collègues quand je les croisais en ville, sans leur blouse… Une situation que des chercheurs ont appelée l'« effet boucher dans le bus ».

Les auteurs de l'étude évoquent aussi une « anti-observation » intéressante, c'est-à-dire un type d'erreur non trouvée et qui peut-être n'existe pas : reconnaître quelqu'un comme une personne familière, retrouver avec succès son nom, mais ne toujours pas savoir qui elle est. L'absence (ou la rareté) de ce type d'erreur indique que les noms ne sont pas directement associés à la reconnaissance de quelqu'un, mais qu'on y accède après l'avoir identifiée formellement. Mais peut-être que l'explosion des réseaux sociaux a changé la donne : il me semble en effet être capable de reconnaître visuellement certaines célébrités, de savoir leur nom, mais d'ignorer totalement ce qu'elles font et qui elles sont exactement : chanteur, influenceur, star de la télé-réalité, youtubeur, comédien ?

Les mécanismes exacts de ces différents types de méprise sont difficiles à établir, mais reflètent en quelque sorte l'architecture complexe de notre système de reconnaissance. Celui-ci se fonde sur l'agrégation d'un grand nombre d'informations, qu'on peut décomposer en plusieurs parties, formant les étapes de l'identification des personnes. D'abord, une rencontre va activer des « systèmes représentationnels » qui fournissent une description de la personne (son visage, ses cheveux, son allure, ses habits, sa démarche, sa voix, etc.). Ces différents éléments représentés peuvent ensuite déclencher des « unités de reconnaissance », lesquelles retrouvent dans la mémoire à long terme de semblables éléments déjà stockés. Ces différentes unités peuvent ensuite accéder à des « nœuds d'identité de personne » où sont rassemblées les informations pertinentes et connues des individus qui nous sont familiers. À partir de ces nœuds d'identité, qui sont comme des fichiers que l'on conserve et met à jour régulièrement pour chacune de nos connaissances, on peut encore accéder à des informations supplémentaires stockées dans d'autres « départements », comme leur nom, leur propre réseau social, les souvenirs que nous partageons avec elles, etc. Tout ce montage, du reste, interagit avec le « système cognitif » en général, qui permet de former des raisonnements, d'évaluer les probabilités, de tenir compte du contexte, et bien d'autres facteurs permettant d'améliorer l'identification des personnes. De fait, le plus étonnant est que ce système complexe semble fonctionner la plupart du temps : nous reconnaissons bien les gens que nous connaissons et nous ne reconnaissons pas ceux que nous ne connaissons pas. Mais les possibilités d'erreur sont innombrables et peuvent se glisser à toutes les étapes du processus qui conduit à l'identification.

Dans le cerveau des complotistes

On pourrait pourtant se demander si certaines personnes ne souffrent pas d'un déficit de reconnaissance. Chacun aura pu constater qu'il y a des gens plus doués que d'autres pour identifier quelqu'un dans la foule, pour retrouver les noms et pour simplement se souvenir de vous avoir déjà rencontré. L'importance sociale de telles compétences avait bien été résumée par cette vanne de Groucho Marx : « Je n'oublie jamais un visage… mais pour vous, je vais faire une exception. » De fait, ne pas être reconnu, ou même être reconnu trop tard, peut parfois être ressenti comme un véritable affront. L'inverse est aussi vrai d'ailleurs, dans les cas où un grand changement dans votre apparence passe totalement inaperçu, comme lorsque quelqu'un se rase la moustache pour la première fois depuis de nombreuses années et que personne ne s'en aperçoit, ou quand un proche a de nouvelles lunettes, sort d'un régime drastique, ou présente une coupe de cheveux complètement différente, et vous demande innocemment « tu n'as rien remarqué ? » (il s'agit alors de se livrer à un examen aussi rapide que minutieux pour espérer se tirer d'affaire).

À en croire Groucho Marx, chacun disposerait de la capacité de reconnaître et d'oublier la tête des gens à volonté. Mais décide-t-on vraiment de qui l'on remet ou pas ? La question n'a rien d'oiseux, c'est même un enjeu colossal pour notre survie en société. Je pense qu'il est assez facile de lire la terreur dans mes yeux quand quelqu'un m'aborde joyeusement dans un magasin ou lors d'une soirée, et que je n'ai aucune idée de qui il peut s'agir. Mais ce n'est pas toujours de ma faute, je pense qu'il y a un cas très particulier où des gens *excessivement* doués pour se souvenir des noms et des visages ne semblent pas comprendre que leur comportement est incongru. Quand quelqu'un que vous avez croisé il y a sept ans au mariage du frère d'une amie de votre ex vient vous parler le plus naturellement du monde, sans se présenter, et comme si vous étiez très proches, il me semble que c'est lui, le cuistre. Toujours est-il que ne pas reconnaître quelqu'un suffit souvent à vous classer dans la catégorie des snobs qui ont l'outrecuidance de délibérément faire l'impasse sur les remarquables caractéristiques faciales des petites gens.

Ou peut-être pour un prosopagnosique. La prosopagnosie est un trouble de la reconnaissance des visages d'origine neurologique. Dans la famille des symptômes bizarres, il est intéressant de noter sa découverte tardive : c'est seulement en 1947 que le neurologue allemand Joachim Bodamer découvre cette curiosité, qui semble avoir totalement échappé à ses prédécesseurs, y compris Freud. En plus d'être rare, c'est un trouble qui passe facilement inaperçu. L'atteinte est sévère mais spécifique : ces patients ne reconnaissent plus leurs proches ni les célébrités, ni même leur propre visage, mais ils gardent toute leur intelligence et leur mémoire, et n'ont pas de problèmes de vue à proprement parler. De fait, une structure dans notre cerveau s'occupe spécialement de différencier votre beau-frère de George Clooney : le gyrus fusiforme (ou « aire fusiforme pour les visages »), dont la destruction produit justement la prosopagnosie.

Les mécanismes exacts de ce déficit font l'objet d'un âpre débat entre ceux qui y voient la défaillance d'un système inné spécifiquement programmé pour la perception des visages, et ceux qui penchent pour un trouble plus général touchant toute configuration visuelle globale acquise par l'expertise. Mais quelle que soit l'issue de cette controverse, certains y verront un phénomène très opportun. Génial, une maladie qui explique pourquoi vous n'avez aucune idée de qui est cette personne qui affirme avoir couché avec vous le week-end passé ! Surtout qu'à la fin des années 1990, les chercheurs ont commencé à s'intéresser à des formes de prosopagnosie dites congénitales (ou développementales, ou héréditaires, la terminologie est un peu confuse). Comme il y a des dyslexiques qui peinent à la lecture, il y aurait des individus qui rament pour les visages. Et pas des moindres, puisque Brad Pitt s'en dit victime, de même que l'écrivain-médecin Oliver Sacks, l'acteur Thierry Lhermitte et d'autres célébrités. Mais ce « diagnostic » suscite aussi des questions éthiques. N'est-ce pas un peu hâtif de faire une maladie de ce qui pourrait finalement ne relever que de la variation naturelle ? Il y a des gens très nuls en chant, en sport, en dessin ou en danse : or personne n'y voit un syndrome neurologique « congénital ». Pourquoi en irait-il différemment pour la reconnaissance des visages ? De ce point de vue, on aurait d'une part de véritables patients avec une atteinte documentée du gyrus fusiforme, et d'autre part des personnes simplement… nulles dans la reconnaissance des visages, dont certaines s'approprieraient abusivement un diagnostic médical pour faire chic et excuser leurs méprises. Le dilemme est donc le suivant : soit on médicalise abusivement des individus normaux, soit on passe à côté d'un véritable trouble du développement. Il faudrait davantage de recherches pour trancher, mais en attendant, il est bon de savoir qu'il existe une excuse savante pour ignorer les importuns[34] !

Le sujet s'étend même à des problématiques sociales et politiques. Dans les discours complotistes, en effet, il n'est pas rare de trouver l'évocation de « sosies » ou de personnes « infiltrées » sous divers déguisements, soit que des personnes présentes lors d'une tragédie sont « reconnues » lors d'un autre drame (et donc suspectées d'être des « acteurs de crise »), soit qu'un personnage politique est soudain perçu comme distinct de « l'original » et donc suspecté d'être mort et d'avoir été remplacé par un sosie, ou encore qu'un individu un peu « louche » est soudain « identifié » comme une figure décédée qui se serait grimée pour passer incognito, et donc que sa mort n'aurait été qu'une mise en scène. Or tout cela est fortement évocateur de troubles neuropsychiatriques proches de la prosopagnosie et classés comme « syndromes de mésidentification », en particulier le syndrome de Capgras (ou « illusion des sosies » : une personne proche n'évoquant plus de sentiment de familiarité est perçue comme un imposteur) et l'illusion de Fregoli (une personne inconnue est perçue comme quelqu'un de familier sous un déguisement). Ces troubles s'accompagnent souvent de délires de persécution, ce qui les rapproche encore du complotisme contemporain, dont les études montrent la proximité avec la paranoïa. Il n'est donc pas impossible que ces manifestations pathologiques soient beaucoup plus répandues qu'on ne le croit dans la population générale, chez des personnes par ailleurs saines. Elles témoigneraient de différences individuelles dans le fonctionnement de diverses parties de l'architecture cognitive de nos systèmes d'identification, qui trouvent à se manifester de façon spectaculaire dans des interprétations complotistes. Mais il s'agit là, il faut le souligner, d'une hypothèse purement spéculative.

LE FANTÔME DE L'ESCALATOR

Les erreurs perceptives dont j'ai parlé jusqu'à présent concernent essentiellement le système visuel. Mais comme on l'a vu, elles ne s'expliquent pas uniquement sur le plan visuel : nos attentes, le contexte, nos raisonnements, nos croyances peuvent influencer ce que nous voyons et nous faire percevoir *incorrectement*. Et ces interactions pernicieuses touchent aussi des attitudes corporelles, comme la posture et la motricité.

Rappelons-nous, à ce stade, une loi fondamentale de l'erreur humaine, telle que l'avait formulée James Reason : « Lorsque nos pensées, nos mots, ou nos actions dérivent de leur chemin planifié, ils tendent à le faire dans le sens de produire quelque chose de plus familier, de plus attendu, et de plus en accord avec la structure de nos connaissances et notre environnement immédiat, que ce dont on avait effectivement l'intention[35]. » En d'autres termes, la plupart des erreurs consistent à appliquer une routine bien rodée à la place d'un acte spécifique, dont la particularité est précisément de ne *pas* faire partie de nos routines ordinaires. Ou alors, dans beaucoup de cas, il s'agit de remplacer une routine par une autre, et deux actes familiers sont alors simultanément activés et enclenchés, et entrent en compétition dans nos têtes.

Et parfois, c'est l'environnement lui-même qui suscite ce genre de conflits, en particulier quand notre niveau d'attention est faible, ou que nous avons « la tête ailleurs ». Les objets du quotidien, en effet, ne sont pas psychologiquement inertes : ils semblent communiquer directement avec nous. C'est un concept que le psychologue J. J. Gibson avait appelé « *affordance* » et qui reste difficile à traduire en français. Littéralement, c'est ce que quelque chose dans notre environnement « permet » ou « autorise », ou ce qu'il a à nous « offrir »[36]. Une potentialité, en somme. Une simple chaise, par exemple, a acquis pour nous une affordance simple, mais très puissante :

elle nous « appelle » à nous asseoir dessus, et pas grand-chose d'autre. Pour un petit enfant ou un chat, une chaise pourrait avoir de tout autres affordances : se cacher dessous, la pousser comme un chariot, dormir dessus, s'en servir comme « marchepied » pour grimper sur la table, etc.

Bref, notre environnement direct n'est jamais perçu passivement : il est plein de potentialités d'action, il suinte de choses à faire, il active et facilite nos choix, nos désirs et nos décisions. Toutes ces possibilités sont pour ainsi dire incluses dans nos représentations des objets, et nous les avons acquises par l'expérience directe et l'apprentissage, formant au cours du développement des schémas perceptivo-moteurs cohérents et harmonieux. On sait généralement *ce qu'il faut faire* avec la plupart des choses qui nous entourent, et le plus souvent nous l'accomplissons sans trop avoir à y penser, comme si ces affordances faisaient le travail mental à notre place.

D'où le problème des escalators en panne. Le comique américain Mitch Hedberg avait une opinion sur le sujet : « J'aime les escalators mec, parce qu'un escalator ne peut jamais tomber en panne, il peut seulement devenir un escalier. » C'est drôle, mais est-ce vrai ? Un escalator devient-il un simple escalier comme les autres, lorsqu'il est arrêté ?

Il semble que non. Tout le monde aura déjà vécu cette sensation étrange, lorsqu'on emprunte un escalator en panne. La chose est assez difficile à décrire, c'est comme un vertige, une impression de flottement, d'accélération et de déstabilisation, bref, un truc bizarre. Des chercheurs japonais qui ont étudié le sujet n'aboutissent pas à une meilleure description : « Quand nous rencontrons un escalator en panne, que nous prenons conscience que l'escalator est arrêté et ne va pas bouger, que nous avons la ferme intention d'en emprunter les marches, et que nous le faisons [...], malgré notre conscience correcte de la situation et de nos intentions, nous nous sentons souvent maladroits, comme si notre posture était embarrassée, notre corps plus lourd, et les marches parfois difficiles à grimper. Cette maladresse est associée à une sorte de sensation bizarre[37]. » Nous voilà bien avancés.

De fait, la « sensation » en question doit avoir été vécue pour comprendre de quoi il s'agit, je pense qu'aucune façon de la décrire verbalement ne permettra d'en rendre compte avec satisfaction, et encore moins de convaincre une personne vierge de tout « phénomène de l'escalator en panne » (oui, c'est le terme technique consacré : *broken escalator phenomenon*) qu'il y a là un sujet potentiellement intéressant. À première vue, il ne semble d'ailleurs pas y avoir de grand mystère. Les personnes que j'ai interrogées, qui toutes savaient exactement de quoi je parlais, n'ont pas eu à réfléchir longtemps quand je leur ai demandé comment elles expliquaient cette expérience : on a l'habitude que l'escalator bouge, donc notre cerveau se prépare automatiquement à ce mouvement, et le contraste produit par l'immobilité des marches nous déstabilise. Ce n'est pas plus compliqué que cela. Pour être un poil plus technique, on dira que l'illusion provient d'un conflit entre des processus « top-down » (notre connaissance générale et nos attentes concernant les escalators) et des processus « bottom-up » (l'activation en temps réel de sensations visuomotrices).

De fait, nous sommes tous familiers de ces escaliers mécaniques roulants qui nous permettent de monter et descendre sans effort. Wikipédia nous apprend que la chose a été brevetée en 1892, et que le premier prototype a été installé à Coney Island, dans l'État de New York, à titre d'attraction en 1896. Depuis, on en trouve dans les métros, les centres commerciaux, les aéroports et occasionnellement en ville. Difficile, en tout cas dans nos contrées, de trouver quelqu'un qui n'aurait jamais pris d'escalator et ne saurait donc pas ce que cela fait d'en emprunter un. Par conséquent, un escalator figé nous surprend : il ne produit pas l'effet escompté, le ressenti que nous attendions.

Mais est-ce vraiment l'explication ? Si nous *savons* que l'escalator est arrêté et ne bougera pas, pourquoi diable faut-il que nous ressentions une impression aussi étrange ? Nous ne parlons pas ici de gens distraits qui se méprennent et croient prendre un escalator en marche. Ceux-là risquent bien de se casser la figure en plus d'avoir eu une « sensation étrange ». Le cas qui nous intéresse est celui d'une personne qui emprunte, *en toute connaissance de cause*, un escalator en panne.

Il se trouve qu'un certain nombre d'études ont tenté d'y voir plus clair. En particulier, le spécialiste en neuro-otologie* Adolfo Bronstein, à l'Imperial College de Londres, qui y a consacré une bonne partie de sa carrière. Dans son laboratoire, on trouve un dispositif expérimental destiné à étudier « l'effet escalator en panne », en version plate et réduite. Il s'agit d'une plateforme munie d'une sorte de chariot contigu, lequel peut se mettre à rouler quand on marche dessus, ou rester statique. Les expériences se déroulent de la même façon : dans

* Discipline médicale s'intéressant aux dysfonctionnements de l'oreille interne et à leurs liens avec le cerveau, en particulier dans les syndromes occasionnant des vertiges.

un premier temps, un sujet marche librement de la plateforme au chariot statique, ensuite il marche de la plateforme au chariot mouvant, et enfin il retourne de la plateforme au chariot statique. On peut faire varier la vitesse d'approche, celle du chariot, le nombre d'essais et encore d'autres variables. Dans les trois conditions, on peut mesurer l'activité musculaire des jambes, suivre avec précision les déplacements et la vitesse de diverses parties du corps, et interroger les personnes sur ce qu'elles ressentent.

On retrouve classiquement l'« effet escalator en panne » lors de la troisième condition, qui est un « contrecoup » (*after-effect*) lié à l'habituation préalable sur le chariot mouvant. Même sachant pertinemment que le chariot est à nouveau statique, les sujets semblent méfiants et se comportent comme s'il allait bouger, ce qui se mesure à une légère accélération au moment de l'approche, à une inclinaison excessive du tronc lors du premier pas sur le chariot, et à une activité musculaire excessive des jambes. La différence est généralement énorme par rapport à la première condition, qui est pourtant identique, où les sujets marchaient simplement sur un chariot statique sans en avoir encore éprouvé le mouvement.

Lors des premières expériences de ce genre, la condition du chariot mouvant était effectuée une vingtaine de fois, ce qui donnait un temps d'habituation suffisant pour expliquer le contrecoup notable dès que le chariot redevenait statique[38]. Mais en réalité, les chercheurs se sont aperçus qu'il suffisait d'un seul essai pour obtenir le même résultat. Mieux encore, il n'y avait même pas besoin d'essayer soi-même ce chariot mouvant : la seule observation d'*autres personnes* se livrant à cette tâche suffisait à induire un contrecoup chez des sujets qui empruntaient directement le chariot statique, sans passer par sa version mouvante[39]. Qui plus est, l'effet persistait quand on prévenait les sujets, et même quand on leur demandait explicitement de le supprimer. Mais est-ce qu'on ne peut pas, à la longue, s'y habituer ? Oui, l'effet s'atténue quand on emprunte le chariot statique plusieurs fois de suite. Mais il ne disparaît pas tout à fait, même après une dizaine d'essais consécutifs, et surtout il ressurgit dès qu'on a eu à nouveau l'occasion de marcher sur le chariot mouvant. Les participants à ces études font explicitement le lien avec l'expérience ressentie sur un véritable escalator en panne (ils disent que la sensation est la même), ce qui montre la validité de ces études.

Il semble donc qu'on ait affaire à une sorte d'habituation extrêmement rapide qui conduit à la formation d'un nouveau schéma moteur et proprioceptif en un seul coup, qui devient ensuite difficile à éliminer. Plusieurs autres observations permettent de mieux délimiter ce phénomène. Le contrecoup s'amenuise fortement, ou disparaît totalement, lorsque après avoir utilisé le chariot mouvant, on emprunte le chariot statique les yeux fermés, lorsqu'on marche sur le sol au lieu du chariot statique, lorsqu'on fait le premier pas avec l'autre jambe que celle utilisée pour le chariot mouvant, ou lorsqu'on s'avance sur le chariot statique en marchant à reculons. Ces éléments soulignent l'importance du contexte visuel et des spécificités motrices de l'habituation pour que l'effet « escalator en panne » se manifeste. Par ailleurs, l'impression d'étrangeté est quasiment doublée quand les sujets peuvent s'avancer librement, quand ils le souhaitent, sur le chariot mouvant, en comparaison avec des sujets qui sont forcés d'attendre un signal sonore avant de s'élancer. L'illusion est donc plus puissante quand les personnes sont libres et actives, plutôt que passives.

Il semble qu'un élément affectif entre également en jeu. La mesure de l'activité électrodermale, un indicateur de la peur ressentie (par exemple, lorsqu'on a les mains « moites »), est associée à l'effet de contrecoup sur le chariot statique. Pour autant, l'illusion persiste aussi chez les individus très prudents, ce qui se reflète dans le fait que la vitesse d'approche n'est pas corrélée à l'inclinaison du buste vers l'avant, caractéristique de l'illusion. Difficile donc de la réduire à une simple appréhension, même si une partie plausible de l'explication serait que les sujets, même informés que le chariot ne bougera pas, se méfient tout de même et tentent d'ajuster leur posture « au cas où », de peur de chuter. Dans ce contexte expérimental, en effet, le chariot ne bouge pas tant que les sujets n'ont pas mis le pied dessus dans la condition mouvante : ils doivent donc croire les expérimentateurs « sur parole » quand ils leur disent que le chariot bougera ou ne bougera pas.

C'est tout à fait différent dans le cas d'un vrai escalator. Il est vrai que certaines plateformes mobiles modernes s'activent uniquement quand on s'en approche ou qu'on monte dessus, mais un escalator « classique » bouge en principe tout le temps lorsqu'il est activé. On *sait* donc, en général, quand un escalator marche ou ne marche pas. Outre cette différence importante, un escalator produit un mouvement vertical – il monte ou descend –, contrairement au chariot de laboratoire qui ne se déplace que sur le plan horizontal. Enfin, un escalator a un aspect visuel et des propriétés physiques qui le distinguent nettement d'un escalier ordinaire. Il est probable que ces facteurs produisent des affordances propres aux escalators, qui restent difficiles à répliquer dans un modèle sommaire de laboratoire, ou même avec un tapis roulant.

Du reste, les chercheurs ont identifié de longue date toutes sortes d'effets de « contrecoup » liés au contrôle moteur et postural. Il est bien connu qu'une course intense sur un tapis roulant produit un effet déstabilisant quand on marche ensuite « normalement » sur le sol[40], qu'on subit des sensations de tangage quand on retourne sur la terre ferme après un voyage sur un bateau, ou que le sol semble se dérober sous nos pieds lorsqu'on descend d'un trampoline. Ce sont là des effets très intéressants, mais il n'est pas sûr que l'illusion de l'escalator en panne relève du même registre. De même, l'illusion de l'escalator en panne ne peut pas se réduire à une simple erreur, comme on le ferait par exemple en « empruntant » une marche « de trop » à la fin des escaliers, ce qui peut nous faire trébucher mais n'induit pas à proprement parler une « sensation bizarre ».

Pour en savoir plus, une équipe de chercheurs japonais a conduit des expériences avec un véritable escalator et a examiné trois hypothèses : 1) l'effet est simplement dû à notre manque de familiarité avec les escalators en panne, et c'est ce caractère « inconnu » qui induit la « sensation étrange » ; 2) l'effet est principalement dû aux spécificités d'un escalator (les marches sont plus hautes et plus profondes que pour les escaliers ordinaires, et leur hauteur est asymétrique pour les premiers pas), ce qui induit une marche inhabituelle pour l'employer lorsqu'il est arrêté ; 3) l'effet est indépendant de notre volonté, notre cerveau active spontanément le programme associé à l'utilisation d'un escalator *mouvant*, et ce programme moteur spécifique étant inadapté, une « sensation étrange » s'ensuit[41].

La troisième hypothèse est celle que nous avons envisagée jusqu'à présent, mais les deux autres sont intéressantes. Après tout, le but d'un escalator est précisément de ne pas avoir à grimper les marches, surtout que celles-ci semblent moins pratiques que celles de nos escaliers normaux, et un escalator en panne est généralement une situation pénible et inhabituelle. De plus, d'autres chercheurs ont suggéré que l'aspect visuel particulier des marches d'escalator pouvait induire une illusion de profondeur, à cause du mouvement continu et du crénelage des marches, qui serait en soit déstabilisant pour le système visuel[42]. Peut-être que ces facteurs expliquent aussi la « sensation bizarre ». Pour trancher, nos chercheurs ont donc employé trois dispositifs expérimentaux : un (vrai) escalator mouvant, le même escalator arrêté (« en panne ») et un escalier en bois (statique, donc) ne ressemblant pas à un escalator mais ayant les mêmes dimensions (y compris les premières marches asymétriques). Seuls sept participants ont pris part à l'étude, mais ils ont été bardés de différents capteurs permettant d'analyser leurs mouvements corporels avec une grande précision.

Les résultats retrouvent d'abord la prédominance d'une « sensation bizarre » pour l'escalator en panne et pas du tout pour l'escalier en bois. C'est donc que l'escalator en tant que tel est responsable de l'illusion et on peut écarter la deuxième hypothèse présentée plus haut. Ensuite, les chercheurs trouvent des caractéristiques motrices et posturales qui sont statistiquement liées à la « sensation étrange », et qui ne se manifestent que lorsqu'on pose le pied sur l'escalator arrêté, pas avant. On peut donc écarter la première hypothèse : la « sensation étrange » n'est pas simplement la manifestation d'une vague appréhension générale pour une situation inhabituelle, mais correspond à une expérience physique qui n'apparaît que lorsqu'on pose le pied sur la machine. En l'occurrence, il s'agit principalement, à nouveau, d'une inclinaison excessive du buste vers l'avant, mais aussi d'une plus grande amplitude dans la trajectoire du talon, ainsi qu'une décélération de celui-ci, au moment de l'approche.

Ces caractéristiques peuvent s'interpréter comme, d'une part, la manifestation inconsciente d'une anticipation posturale à une accélération attendue (on penche le buste en avant pour ne pas tomber en arrière en cas de propulsion), et d'autre part comme l'ajustement conscient des jambes à une situation ambiguë. En d'autres termes, la « sensation étrange » pourrait résulter de l'interprétation confuse d'un conflit entre ce que fait spontanément le haut du corps et ce que fait volontairement le bas du corps. L'escalator fournit une affordance, qui est celle d'un glissement sans effort, et elle s'accompagne d'un schéma moteur, d'une habitude qui nous est pour ainsi dire dictée par la machine. Un escalator en panne reste partiellement rempli de cette potentialité qui prépare inconsciemment le corps à un mouvement, tandis que notre conscience nous dicte en même temps d'effectuer les mouvements propres à un escalier statique, un tout autre schéma moteur donc.

De nombreuses questions restent néanmoins en suspens… Les études effectuées ont porté sur des surfaces planes ou la *montée* d'un escalator, mais aucune, à ma connaissance, sur la *descente* d'un escalator arrêté. Il me semble bien que l'illusion de l'escalator en panne se manifeste également dans ce cas, mais est-elle absolument identique à celle qui se produit au bas d'un escalator ? Ensuite, le caractère affectif de cette expérience n'a pas été suffisamment examiné. La « sensation bizarre » semble s'accompagner, ou refléter, une certaine appréhension, et cela pourrait être dû au caractère mécanique un peu intimidant de ces grosses machines. Peut-être ne fait-on pas réellement confiance à ces engins ? Après tout ils tendent à se détraquer, ils sont munis de toutes sortes de signaux de danger, les gens s'y bousculent, leurs marches sont dures et blessantes, et puis elles semblent se faire avaler par des rouages dans un lieu froid et inquiétant… Et s'il redémarrait tout à coup ? Ou qu'il s'effondrait ?

De fait, selon certaines estimations, environ huit transports en escalator sur 10 millions occasionneraient une chute, ce qui donne tout de même le chiffre de 60 000 accidents par an aux États-Unis, dont 10 000 nécessiteraient une visite à l'hôpital[43]. Il est vrai que ces drames concernent essentiellement des personnes âgées ou en état d'ébriété, ainsi que des enfants en bas âge. Même si les escalators font partie de notre décor quotidien, avons-nous vraiment fini par nous y habituer ? Bien que partiellement élucidé, le mystère de l'escalator en panne recèle donc encore bien des secrets.

4

OK BOOMER !

« Ah mince, j'avais complètement oublié ! » Si vous êtes comme moi, cette phrase fait tellement partie de votre quotidien que vous ne vous rendez même plus compte du nombre de choses que vous oubliez régulièrement. Si ça se trouve, vous oubliez même la plupart des choses que vous oubliez…

La mémoire est absolument nécessaire et son efficacité remarquable, mais elle est aussi très fragile. Or, assez curieusement, nous nous accommodons fort bien de ses faiblesses. C'est sans doute ce qui a poussé La Rochefoucauld à écrire que « tout le monde se plaint de sa mémoire, et personne ne se plaint de son jugement[1] ». Nous connaissons les limites de notre mémoire et nous en déplorons les failles. Nous les exagérons même parfois.

La mémoire, on l'a déjà vu, nous joue bien des tours. Elle interagit avec nos autres systèmes cognitifs, engendrant ainsi des bourdes au quotidien : nous laissons nos clés sur la porte, nous donnons à manger au chat deux fois de suite, nous oublions le nom de cette personne au visage pourtant si familier, nous cherchons désespérément un mot qui semble se jouer de nous, et nous ouvrons le frigo sans savoir ce que nous avions l'intention d'y prendre… Tout cela est bien irritant, mais parfois nos failles mnésiques peuvent conduire au désastre. Comme oublier de se rendre à un rendez-vous décisif, négliger de souhaiter un joyeux anniversaire à sa compagne ou son compagnon, oublier le doudou de son bambin sur une aire d'autoroute… ou laisser mourir un bébé à l'arrière d'une voiture garée en plein soleil. Nous verrons au dernier chapitre les implications éthiques de ce genre d'oubli tragique. On connaît le « devoir de mémoire » dans le contexte historique, culturel et politique, mais peut-on l'exiger de la part des individus ? Est-on vraiment responsable d'avoir oublié quelque chose d'important ? Et plus généralement, quelle est notre responsabilité vis-à-vis de ces choses que l'on « ne fait pas exprès » ?

Pour répondre à ces questions, il faut d'abord en savoir plus sur le fonctionnement de nos capacités mnésiques. Le psychologue et neuroscientifique Daniel Schacter a consacré sa carrière à cette question, et il a conclu de sa longue expérience que la mémoire était victime de « sept péchés » majeurs, lesquels ne semblent pas être de simples bugs mais bien constitutifs de la nature même de notre mémoire[2]. Le terme « péché » est trompeur : il ne s'agit pas de vices puisqu'ils font partie à part entière du phénomène dont il est question. On peine du reste à imaginer ce que serait l'équivalent d'une vie dénuée des sept péchés capitaux pour la mémoire. Il faudrait concevoir un individu dont la mémoire ne montrerait aucune trace de « fugacité », d'« absences », de « blocages », de « mésattributions », de « suggestibilité », de « biais » et de « persistance ». Ce sont là les sept péchés de la mémoire et aucun d'entre nous n'en est exempt. On aurait affaire à un être qui n'oublie jamais rien, ne se trompe jamais, n'a pas de préférences particulières, est parfaitement objectif en toutes circonstances. Un humain qui fonctionnerait telle une machine. Voilà qui ne ressemble guère à ceux que nous connaissons…

Cette « face sombre » de la mémoire est en fait le reflet de son fonctionnement ordinaire, le résultat d'un *kludge* cérébral à l'efficacité optimale pour ce qui est de nos besoins ordinaires et de nos capacités de survie. Les trois premiers « péchés » sont simplement ce que nous appelons « oubli ». La fugacité désigne le fait que la plupart des choses que nous percevons ou qui nous traversent l'esprit sont rapidement oubliées avec le temps qui passe, soit que leur marque se soit progressivement dégradée ou affaiblie, soit qu'elles aient été remplacées par des souvenirs plus robustes. Les absences, dont j'ai déjà parlé, sont le produit d'un déficit au moment d'encoder un souvenir ou de se le rappeler, généralement par inattention ou manque de concentration. Le blocage est un oubli le plus souvent temporaire, lorsqu'on ne parvient pas à accéder à un souvenir, c'est par exemple le « mot sur le bout de la langue ».

Les souvenirs sont conservés lorsqu'ils sont répétés, exercés et racontés, ou lorsque, d'une manière ou d'une autre, un événement nous a marqués durablement. Mais même dans ces cas où nous semblons avoir vaincu l'oubli, les trois « péchés » suivants peuvent nous induire en erreur. La mémoire est un processus reconstructif, nous pouvons jouer un rôle actif en consolidant nos souvenirs, mais aussi en les déformant. La mésattribution consiste à se souvenir correctement de quelque chose mais en l'attribuant à la mauvaise source. Vous pouvez vous rappeler par cœur une citation célèbre et l'associer au mauvais auteur. La suggestibilité va plus loin, avec elle les souvenirs sont distordus ou même inventés sous l'effet d'indices plus ou moins subtils qui vous induisent en erreur. Au mieux, vous pourrez ainsi incorporer des détails inexistants dans un souvenir bien réel, au pire, vous pourrez finir par vous convaincre d'avoir vécu une chose qui ne s'est jamais produite. Les biais, au sens large, reflètent la tendance à réarranger des souvenirs à la lumière d'informations nouvelles. On peut, par exemple, exagérer l'intensité de notre bonheur passé lorsque nous traversons une phase difficile, ou noircir le souvenir d'un ancien collègue lorsque nous apprenons longtemps plus tard une chose désagréable à son sujet. En bref, la mémoire n'est pas toujours fiable : elle tend à être sélective, elle est fragile et relativement facile à transformer au gré de manipulations extérieures et de préférences personnelles. Le dernier « péché » est différent, puisque la persistance est un *excès* pathologique de mémoire, en particulier pour des souvenirs que nous aimerions plutôt oublier. C'est le cas des flashbacks intrusifs de souvenirs traumatiques comme le rappel douloureux et obsessionnel d'un amour perdu, qui nous pousse à ruminer et à ressasser le passé.

Étendons maintenant cette classification à des erreurs de mémoire plus universelles. La mémoire, en effet, est souvent perçue comme la quintessence de la subjectivité, à tel point qu'elle est parfois synonyme d'identité personnelle. Chacun a *son* vécu, se rappelle (ou non) *son* passé. N'écrit-on pas *ses* mémoires, lorsque l'on souhaite laisser une trace à la postérité de son passage éphémère dans l'existence ? Dans la réalité, la mémoire fonctionne souvent sur un mode impersonnel, et elle est difficile à séparer d'un contexte culturel, social et historique plus vaste que la singularité d'un individu et de son cerveau.

Sans même parler de mémoire collective, il existe un certain nombre de phénomènes intrigants qui montrent que la mémoire n'en fait parfois qu'à sa tête. Il y a par exemple l'étonnante façon dont les souvenirs apparaissent automatiquement dans nos têtes, sans avoir à effectuer le moindre « travail de mémoire ». D'autres fois, la mémoire s'égare, fabrique sa petite histoire indépendamment de notre volonté, ou alors disparaît purement et simplement, nous laissant comme une conscience vide de tout contenu. Nous nous méprenons aussi souvent sur ce que nous pensons avoir en mémoire, et donc *savoir*. Interrogés sur des choses extrêmement simples et familières, nous sommes incapables de nous en souvenir. Qui plus est, ce type d'amnésie est parfois collective, comme si nous vivions tous dans l'illusion partagée de connaître des choses que nous ne connaissons pas. Enfin, la mémoire est souvent associée au passage du temps et celui-ci n'épargne personne. La perception des semaines, du passé plus ou moins lointain, des nouvelles générations et de notre propre âge produit des distorsions considérables qui expliquent peut-être bien des malentendus dans nos sociétés.

DÉJÀ-VU ET RÉMINISCENCES

On pense souvent à la mémoire comme à un processus assez laborieux qui consiste à chercher des informations dans notre stock de souvenirs. Mais il n'y a guère que dans les interrogatoires de police qu'il faut répondre à des choses comme : « Où étiez-vous lundi matin entre 13 heures et 18 heures ? » Ou, lorsqu'on passe un examen : « Quel auteur romain a été le premier à décrire un lapsus et en quoi consistait celui-ci ? » Le reste du temps, notre mémoire fonctionne différemment. Elle est pour ainsi dire livrée à elle-même et autorisée à tourner en roue libre.

Nous n'exerçons qu'un contrôle relativement modeste sur notre esprit, nous laissons couler nos pensées comme elles viennent, au gré des circonstances offertes par notre environnement ou de notre humeur du moment. Et certaines choses « nous reviennent » alors. Ce sont des épisodes mentaux relativement triviaux, mais si fréquents que nous ne les remarquons même pas. Certains sont étranges, comme les impressions de déjà-vu, et d'autres paraissent un peu incongrus. Pourquoi tel souvenir émerge sans raison évidente ? Ces instants de cogitation involontaire, et parfois indésirés, reflètent l'activité bouillonnante de notre esprit, qui semble incessante, avec des pics impromptus qu'on appelle « *mind pops* » : des choses font tout à coup « pop ! » et occupent soudainement nos pensées. On pense bien sûr aux musiques entêtantes dont on ne parvient pas à se débarrasser. Les *earworms*, comme on les appelle en anglais, sont des fragments de culture populaire qui s'introduisent dans notre pensée et qui s'y répètent inlassablement. Mais il s'agit de phénomènes de persévérations et de transferts, dont je parlerai au chapitre suivant, des souvenirs *sémantiques* involontaires, et non des souvenirs *autobiographiques*, qui sont ceux qui nous intéressent pour l'instant.

Commençons par le « déjà-vu » : on ressent un sentiment erroné de familiarité pour un lieu, une personne, une scène ou un événement tout en se rendant compte presque immédiatement de notre erreur. Nous savons que la familiarité ressentie n'est pas appropriée, que la scène ou l'image en question ne nous est en fait *pas* déjà connue. Mais cette « familiarité » fait néanmoins « pop » dans nos têtes, sans prévenir.

Une grande majorité de la population a déjà eu au moins une fois ce sentiment dans sa vie (dans les cas non pathologiques, il peut se produire une ou deux fois, mais rarement plus de dix fois par an). C'est donc une expérience très répandue et connue, mais assez rare. Elle est aussi fugace puisque chaque épisode dure moins de trente secondes en moyenne[3].

Selon une théorie récente, il s'agirait d'un « souvenir autobiographique involontaire », mais amputé de son contenu[4]. Une sorte de souvenir sans souvenir. C'est ce qui distingue d'ailleurs le déjà-vu d'un faux souvenir, qui est doté d'un contenu net et pris pour un véritable souvenir. Le déjà-vu ne possède donc qu'un vague sens de familiarité et rien d'autre. Les souvenirs autobiographiques involontaires ordinaires s'activent quant à eux sur la base de fragments de souvenirs qui se superposent à une situation actuelle. Nous percevons simplement quelque chose dans notre environnement qui nous rappelle une expérience plus ancienne, d'une façon suffisamment forte pour que le souvenir affleure à la conscience au moment présent. Et généralement, comme dans le cas de la madeleine de Proust, même si le phénomène de réminiscence peut être spectaculaire et nous submerger, nous *savons* par quoi il a été déclenché. Du reste, il semble bien que l'expérience de Proust soit l'exception plutôt que la règle : les souvenirs autobiographiques qui surgissent de manière impromptue sont davantage déclenchés par des indices abstraits, tels que d'autres pensées, des paroles, des objets, des concepts ou des idées, que par des sensations perceptives, comme les goûts et les odeurs[5].

Ce rappel impromptu et parfois intempestif du passé intervient le plus souvent dans une situation routinière où l'attention est peu sollicitée (faire la vaisselle ou le repassage, marcher, conduire...), où un élément de notre environnement sensoriel, ou une pensée en cours, va être automatiquement associé à une représentation déjà stockée dans notre mémoire à long terme. C'est une expérience ordinaire mais difficile à étudier. On estime qu'elle se produit en moyenne douze fois par jour ! Ces souvenirs personnels qui font soudain « pop » ne sont pas perçus comme intrusifs. Même répétitifs, ils sont vécus comme une expérience plaisante. Parfois, c'est à peine si nous nous en apercevons (n'est pas Proust qui veut !), après tout, ce sont simplement *nos* souvenirs et nous les identifions immédiatement comme tels. Ce n'est pas le cas pour le déjà-vu. De fait, si nous savions ce qui, dans le déjà-vu, nous évoque un sentiment de familiarité, ce ne serait pas un épisode de déjà-vu.

Cette expérience particulièrement troublante peut être provoquée en laboratoire. Les participants étudient des scènes visuelles dont ils mémorisent le nom. Dans un second temps, ils doivent reconnaître et nommer ces images parmi d'autres, et dans ces intrus on glisse des scènes dotées d'une configuration semblable aux premières (par exemple des objets différents mais situés aux mêmes endroits que l'image initiale, une perspective identique mais un lieu différent, etc.). Un sentiment de vague familiarité est ainsi généré, mais comme le nom de la nouvelle scène n'est pas connu du sujet (il n'a jamais été appris), un sentiment de déjà-vu émerge : il y a reconnaissance sans identification.

Comme n'importe quoi dans notre environnement pourrait potentiellement activer des souvenirs semblables, puisque notre stock de mémoire est immense et infiniment varié, des processus d'inhibition sont à l'œuvre, sans quoi nous vivrions dans un passé perpétuel. Il pourrait effectivement s'agir d'un épisode réel comportant des configurations semblables à celles du présent, mais ce pourrait aussi être quelque chose que l'on a jadis lu quelque part, ou même rêvé ou imaginé. Mais le passé n'est pas seul concerné dans cette expérience. Plus le sentiment de familiarité est fort lors d'un déjà-vu, plus les personnes présentant cette expérience ont l'impression de pouvoir *prédire* ce qui va se passer dans le futur. C'est comme si, dans ces cas-là, le déjà-vu, au lieu d'évoquer une scène passée, évoquait un sentiment de précognition : la scène est familière mais ne peut pas être identifiée dans nos souvenirs, c'est donc que nous « savions déjà », en quelque sorte, que nous allions nous trouver en ce lieu. À ce compte, le déjà-vu, et dans une moindre mesure certains souvenirs autobiographiques involontaires, comporte un caractère mystérieux qui le rend très populaire dans les milieux ésotériques. Ils peuvent parfois évoquer une piste pathologique, en particulier quand leurs manifestations sont très prononcées, puisque ce sont des phénomènes qui s'observent lorsqu'on stimule électriquement certaines régions du cerveau, notamment dans les lobes temporaux, et qu'on observe aussi dans des cas d'épilepsie, ou à la suite d'intoxications et d'encéphalopathies. Dans certains cas pathologiques, cette expérience dysfonctionnelle peut conduire à des confabulations, c'est-à-dire la tendance qu'ont certains patients à chercher, ou inventer, des raisons et des justifications pour expliquer leur sentiment de familiarité.

L'expérience du déjà-vu semble être un bug, mais elle pourrait aussi avoir pour fonction de nous faire renoncer à une association fortuite inadéquate. Nous *croyons* avoir évoqué spontanément un ancien souvenir, mais cette association émerge dans un contexte inapproprié : le déjà-vu signalerait alors un conflit dans nos évaluations mentales du passé et du présent. De même que nos souvenirs autobiographiques involontaires pourraient refléter une activité oscillatoire de nos réseaux de mémoire à long terme, par laquelle notre esprit nous rappellerait occasionnellement des souvenirs qui pourraient être utiles pour une situation présente, mais tomberaient « à plat » dans des situations où ils n'ont pas d'importance.

QUAND L'ESPRIT FAIT « PSCHIT »

Outre les sentiments de familiarité, l'oubli peut également faire « pop » dans nos têtes. Le philosophe Matthew Frise y voit en effet un phénomène qui nous renseigne immédiatement, et de façon puissante, sur l'état actuel de notre esprit[6]. Selon lui, on *sent* qu'on oublie. Certes, ce sentiment est souvent indistinct, ce qui induit une frustration bien connue : nous avons préparé nos valises, nous sommes enfin prêts à partir en vacances, nous fermons la porte de notre appartement et… nous sentons que nous avons oublié *quelque chose*. Mais quoi ? Je ne sais pas s'il faut s'en réjouir ou le déplorer, mais il se trouve que ce sentiment est généralement fiable : si vous êtes dans cet état, il y a de fortes chances que vous ayez *effectivement* oublié… quelque chose.

L'oubli est donc non seulement compatible avec la connaissance (je sais que je sais quelque chose, et je le sais effectivement, même si sur le moment je l'ai oublié), mais aussi avec le souvenir (c'est au moment où je sens que j'ai oublié quelque chose que je me rappelle que je devais m'en souvenir : le sentiment d'oubli me rappelle que je ne devais pas oublier quelque chose). Il reste difficile, cependant, de savoir pourquoi nous oublions certaines choses et pas d'autres, et encore davantage d'établir la différence entre ces choses que nous oublions *complètement*, et celles qui tentent malgré tout de se rappeler à nous à travers un sentiment tenace d'avoir oublié quelque chose. Il n'existe d'ailleurs pas de consensus définitif sur les causes de l'oubli, même si on sait depuis le XIXe siècle qu'il s'agit d'un phénomène parfaitement normal et prévisible, qui obéit d'ailleurs à une fonction mathématique appelée « loi de puissance », traduisant une chute rapide et brutale suivie d'un déclin plus lent et approchant d'un plateau. Parmi toutes les choses que nous voyons et entendons, nous en retenons très peu et, finalement, celles que nous retenons survivent assez longtemps.

En fait, deux phénomènes expliquent la mécanique de l'oubli : la dégradation et l'interférence. La dégradation concerne des phénomènes neurobiologiques qui affaiblissent ou éradiquent les connexions synaptiques relatives à la mémoire, en particulier lorsque ces connexions sont sous-utilisées ou en compétition avec d'autres[7]. L'interférence désigne la force de cette compétition, lorsque des événements nouveaux viennent se substituer à des souvenirs récents, jusqu'à les effacer, ou lorsqu'un souvenir ancien trop puissant empêche la formation d'un nouveau souvenir. Mais de nombreux autres facteurs jouent un rôle. Ainsi, on retient mal des éléments spécifiques lorsque notre attention est divisée, lorsqu'on n'est pas suffisamment concentré sur une tâche, lorsqu'on est stressé, déprimé ou surexcité.

D'après le psychologue spécialiste de l'oubli John Wixted, la principale cause de l'oubli serait… la mémoire elle-même[8]. En tant que telle, la mémoire peut être conçue comme une lutte permanente entre un processus de consolidation et des forces interférentes contraires. Nos souvenirs sont ceux qui ont survécu à cette bataille. Si nous oublions, c'est parce que nous formons en permanence d'autres choses à nous rappeler du seul fait que notre esprit fonctionne en continu.

Le business de la mémoire

C'est malheureusement ainsi : l'espèce humaine, grâce à sa propre intelligence et ses merveilleuses trouvailles, vit largement au-delà de sa date de péremption… Il n'est donc pas surprenant que ses capacités cognitives déclinent. Les personnes âgées sont moins vives, moins alertes, apprennent moins bien et plus lentement, oublient davantage. Bref, nous vieillissons. Ce drame universel n'est pourtant pas une mauvaise nouvelle pour tout le monde : il offre en effet la possibilité d'exploiter l'inéluctable déclin cognitif dans un but lucratif.

Les voyants et arnaqueurs de tout poil l'ont compris depuis longtemps, bien sûr, mais ils ne sont pas les seuls. Aujourd'hui, certains scientifiques peu scrupuleux se mettent sur ce créneau. Agitant le spectre de la terrifiante maladie d'Alzheimer, brandissant le culte de la performance et de la jeunesse éternelle et profitant du prestige de la blouse blanche, ils sont nombreux dans le business de l'entraînement cérébral.

Au début, il s'agissait de petits jeux sur consoles portables, histoire pour Nintendo d'attirer les têtes grises. Rien de grave, *a priori*, ce sont même des jeux plutôt amusants. Sauf que les promesses d'améliorations mirifiques de la mémoire et du QI étaient parfaitement exagérées. Mais depuis, le marché s'est sophistiqué. On trouve sur ordinateur, tablette et smartphone une armée de concurrents, qui tous prétendent survitaminer l'intellect des personnes âgées – et même des enfants et des malades en tous genres – à coup d'exercices et de jeux prétendument conçus sur des bases scientifiquement éprouvées. Les principaux acteurs de ce business sont Posit Science avec son BrainHQ, Rosetta Stone et son Fit Brains, Lumosity et son pompeux Human Cognition Project, CogMed, Happy Neuron et bien d'autres. Tous affichent sur leurs produits des grands noms de la recherche sur le cerveau et clament haut et fort l'efficacité de leurs méthodes onéreuses. L'industrie du « Brain Training », ou « Brain Gym », pèse aujourd'hui plus d'un milliard de dollars.

Ce business a atteint de telles proportions qu'un groupe de chercheurs a décidé d'intervenir. Publié le 20 octobre 2014, le « Consensus de la communauté scientifique sur l'industrie du Brain Training » est une lettre ouverte qui met en garde contre les prétentions de ces programmes. Lancé par les centres spécialisés sur la science du vieillissement de Stanford en Californie et de Max-Planck à Berlin, signé par soixante-neuf experts en la matière, le document rappelle que les effets de ces dispositifs sont au mieux minimes, au pire inexistants. La recherche sur le sujet, en tout cas, est loin de refléter les promesses hyperboliques des firmes et start-up qui s'enrichissent sur le dos des angoisses du troisième âge. Plus important, même si ces dispositifs « marchaient », ce serait autant de temps passé à ne pas sortir, marcher, discuter, jardiner ou tout simplement à *vivre*, puisque après tout c'est à cela que sert notre cerveau, et qu'on est certains, pour le coup, que les activités physiques et sociales ont un *véritable* effet bénéfique sur le cerveau et l'esprit[9].

Cette manie de vouloir améliorer la mémoire de tout un chacun n'est pas neuve. Cela fait longtemps que certains s'inquiètent d'oublier les noms des gens, de perdre leurs clés, de se demander s'ils ont bien éteint le chauffage en sortant… Est-ce pourtant si grave ? En dehors de l'anxiété engendrée par le spectre d'une cause pathologique, éventuellement détériorative, interviennent des facteurs moraux, culturels et sociaux : avoir une « bonne mémoire » est valorisant, c'est le signe d'un esprit vif et actif.

Mais que faire pour maintenir ou améliorer sa mémoire ? Faut-il l'entretenir ? L'exercer ? Comment ? Avec quelle régularité ? Y a-t-il des choses à éviter, des risques pour la mémoire ? Est-ce dangereux de lire trop de livres, de faire des listes, de trop regarder la télé, de s'en remettre tout le temps à Google ? Que dit la science ?

Hélas, la science a bon dos. Pour s'en convaincre, il suffit de faire un peu d'histoire. C'est précisément la tâche à laquelle s'est attelé Alan Collins, historien de la psychologie à l'université de Lancaster, au Royaume-Uni, qui a analysé en particulier l'ère victorienne[10]. Si les textes sur le thème « Améliorez votre mémoire ! » existent depuis l'Antiquité, la publication de tels livres a explosé en langue anglaise à la fin du XIXe siècle. Voici quelques titres parus entre 1866 et 1905 : *Comment se rappeler et ne jamais oublier*, *La mnémotechnique*, *Sur la mémoire et les moyens rationnels de l'améliorer*, *L'art de ne jamais oublier*, *Comment obtenir une mémoire parfaite*, *La mémoire : comment la rendre et la garder bonne ?*...

Collins montre bien comment, à cette époque, ces « conseils » pour améliorer sa mémoire s'inscrivaient en fait dans une conception très moralisatrice de la santé, de l'éducation, de l'hygiène, du développement personnel et de l'idée de progrès dès les débuts du capitalisme moderne. La mémoire se fonde alors sur une double analogie : d'une part, une vision économique, la mémoire permettant d'être compétitif et impliquant une régulation et distribution des ressources personnelles (on a de la mémoire comme on gère ses stocks) ; d'autre part, une approche corporelle, la mémoire s'entraîne, s'entretient et se renforce comme n'importe quel muscle. Il y a donc une éthique et une hygiène de la mémoire : l'« entretenir », c'est s'inscrire dans la modernité, dans la compétition et dans l'amélioration personnelle.

L'idée qu'il faut exercer sa mémoire pour éviter qu'elle ne décline avec l'âge est également très présente à cette époque, bien qu'elle date au moins de Sénèque. Ici, c'est la crainte qu'avec le développement de la presse et de l'édition, les gens ne fassent plus assez *usage* de leur mémoire, d'où les conseils portant sur les exercices réguliers et la répétition, consistant à apprendre des listes et des poésies, à récapituler les événements de la journée, à tisser des associations entre les idées...

À travers la mémoire, c'est donc le contrôle sur son propre corps et esprit, la force de volonté et le pouvoir de la concentration, que l'on veut promouvoir. En somme, avoir une bonne mémoire devient un *travail* nécessaire pour « réaliser son potentiel » et acquérir les « bonnes habitudes ». Ce bref parcours historique montre qu'il n'y a absolument rien de neuf sous le soleil avec nos « gym de cerveau » et mises en garde contre les dangers de l'Internet et des jeux vidéo. Notre mémoire a toujours été la cible d'innombrables experts, souvent autoproclamés, et de leur juteuse industrie, fondée sur l'obsession culpabilisante de la performance et la peur de perdre un jour la boule. Voilà au moins une chose qu'il ne faudrait pas oublier !

VAGABONDAGE MENTAL

L'interférence qu'exerce l'esprit sur lui-même est largement automatique, nous la contrôlons très peu[11]. Les psychologues ont commencé à étudier sérieusement ce phénomène sous le concept de « *mind wandering* », ou vagabondage mental, qui désigne le découplage transitoire de l'attention et de la perception. Là encore, c'est une expérience très commune : soudain, notre esprit est « ailleurs ». Et cela n'a rien d'une anomalie, puisque lorsqu'on interroge de façon impromptue les gens sur leur état mental à tout moment, on s'aperçoit qu'ils sont dans cet état la moitié de leur vie éveillée !

De fait, s'il vous est arrivé de lire des passages entiers de ce livre tout en pensant à autre chose, je ne vous en voudrais pas.

Cela m'arrive aussi très fréquemment. Mais c'est tout de même une expérience étrange, quand on y pense, qui ne se réduit pas à une simple inattention, ou à un déficit de concentration. En effet, dans cette situation particulière, nous poursuivons bel et bien notre lecture (comme le prouve l'analyse des mouvements oculaires), mais nous pensons à tout autre chose et ne retenons donc rien du texte que nous venons de « lire », et qu'il nous faut donc reprendre depuis le début. Mais alors pourquoi « poursuivons »-nous notre lecture, si nous pensons à tout autre chose ? Il semble, tout simplement, que nous ne nous apercevons pas que notre esprit divague.

Des chercheurs ont tenté de quantifier ce phénomène[12]. Invités au laboratoire pour y lire le début de *Guerre et Paix* sur un écran d'ordinateur, les sujets ont spontanément rapporté avoir « décroché » 5,4 fois en moyenne, sur une période de quarante-cinq minutes. Dans 67 % des cas, ils ont aussi mentionné qu'ils ne s'en étaient pas immédiatement aperçus, mais ont seulement réalisé qu'ils étaient « ailleurs » au bout de quelques lignes, voire paragraphes. Les chercheurs ont également émis aléatoirement des signaux pendant la séance, après lesquels les sujets devaient indiquer s'ils lisaient de façon concentrée ou s'ils étaient « ailleurs ». Dans 13,2 % de ces moments, ils avaient effectivement décroché sans qu'ils s'en soient encore aperçus eux-mêmes. À quoi pense-t-on dans ces moments ? Apparemment, rarement au livre lui-même (seulement 3 % des cas). Ces sujets étant des étudiants, ils tendaient à penser à leurs études (27 %), ou alors ils rêvassaient, fantasmaient ou pensaient à eux-mêmes (30 %). De façon intéressante, dans 18 % des cas, ils ne pensaient à… rien. Même si on relit ces passages qui nous ont échappés, la tendance à décrocher est associée négativement à la compréhension et à la mémorisation du texte. D'où une question troublante : et si cette expérience ne se limitait pas à la lecture, mais faisait partie du fonctionnement ordinaire de notre esprit ? Cela pourrait expliquer, en partie, le nombre de choses que nous oublions et qui étaient pourtant juste « sous nos yeux ». Ajouté au phénomène de « cécité normale » abordé au chapitre précédent, on conçoit que le simple fait de *voir* réellement quelque chose soit l'exception plutôt que la règle…

Ce phénomène banal du décrochage pendant la lecture implique que, parfois, *nous ne sommes pas conscients de nos propres expériences conscientes*. Pour comprendre que nous avons décroché, nous avons besoin de l'intervention d'une sorte de métaconscience qui vienne nous indiquer ce qu'il se passe dans notre propre esprit. Qu'est-ce qui pourrait favoriser une pareille intervention ? Après tout, nous ne « décrochons » pas d'un texte indéfiniment, personne ne lit un livre du début à la fin dans cet état, pour s'apercevoir seulement après l'avoir refermé qu'en fait il ne l'a pas vraiment « lu » ! Le plus souvent, nous nous apercevons assez vite que nous avons décroché. Cela peut être dû au hasard : la métaconscience pourrait être un phénomène cyclique, qui intervient de temps à autre pour vérifier où nous en sommes et pour nous remettre d'aplomb si jamais nous sommes partis « ailleurs ». Peut-être que nos pensées elles-mêmes fournissent des indices à cet égard : nous nous rendons soudain compte que nos cogitations sont désorganisées, répétitives, étranges ou qu'elles vont « trop loin », ou alors qu'elles s'arrêtent d'elles-mêmes, et nous réalisons alors que nous n'avons pas lu attentivement. Ou le texte lui-même pourrait nous alerter : par exemple, si nous tombons sur une phrase difficile, que nous devons tourner une page, ou quand un nouveau personnage apparaît. Enfin, des stimulations extérieures peuvent nous tirer de notre torpeur mentale : un bruit, une sonnerie de téléphone.

Évidemment, les auteurs, les enseignants et les artistes n'aiment guère apprendre que leur public « décroche » régulièrement et s'en vont mentalement vers d'autres mondes. Et c'est même un problème qui peut se poser dans la sphère intime, quand vos amis, parents ou conjoints constatent que vous n'êtes « pas vraiment là ». Mais peut-être sommes-nous trop durs les uns avec les autres à cet égard : s'il s'agit du fonctionnement normal de notre esprit, pourquoi ne pas célébrer ce talent pour le vagabondage mental ? Nous verrons au chapitre suivant que les plus jeunes générations tentent même de l'apprivoiser sous la forme du *reality shifting*, une pratique de domptage délibéré de notre penchant involontaire pour l'errance de l'esprit.

De fait, ces « décrochages » peuvent avoir des fonctions positives. Conçoit-on de lire un texte sans y réfléchir en même temps ? Ce serait bien étrange, et une vision purement passive du rôle de lecteur. On vante généralement la capacité d'une œuvre à « soulever des interrogations » et à « faire réfléchir ». Ce serait particulièrement le cas quand l'œuvre en question nous plaît ou stimule notre intérêt. À l'inverse, quand le vagabondage mental est plutôt un reflet de notre ennui, il serait un signal fort qu'il nous faut abandonner la lecture en cours, et c'est bien ce qu'on exprime quand on dit d'un livre : « Rien à faire, je n'arrive pas à entrer dedans », ou qu'il nous « tombe des mains ». Par ailleurs, des recherches récentes soulignent l'importance de ces instants d'égarement, même s'ils sont très brefs, pour la consolidation d'autres souvenirs. Être dans un état éveillé mais « hors ligne », inattentifs à notre entourage et à nos propres pensées, réduirait la production d'interférences et aiderait nos souvenirs à survivre à leur dégradation et leur remplacement précoce par d'autres stimulations[13].

« À QUOI TU PENSES ? »

Se peut-il que notre esprit, au lieu d'être « ailleurs », soit parfois… « nulle part » ? Il semble bien que oui, et nous sommes tous capables de distinguer ces états de « vide » des états de rêverie que nous venons d'examiner. Dans ces cas, notre esprit vagabonde, mais il vagabonde au moins « quelque part »[14].

À la fameuse question « À quoi tu penses ? », la réponse pourrait bien être « rien » entre 6 % et 18 % des cas selon les études, ce qui laisse une place, certes modeste, à la possibilité que votre partenaire pourrait bien être sincère de temps en temps[15]. Les expériences de « blanc » ou de « vide » mental commencent seulement à être prises au sérieux et étudiées. Elles nous sont pourtant très familières. Quand on se retrouve soudain comme figé sur place, à balbutier « J'ai oublié ce que je devais faire » ou « J'ai oublié ce que je voulais dire », c'est souvent qu'on a la nette impression d'avoir un trou dans notre flux de conscience. Et même des expressions communes comme « J'ai l'impression d'avoir oublié quelque chose… », « Où en étais-je ? » ou « Mais pourquoi je te raconte ça au fait ? » semblent signaler cette expérience d'un creux. Ces sensations nous rapprochent des blocages de Schacter, son troisième péché de la mémoire, ou du « mot sur le bout de la langue », que James qualifiait de « vide intensément actif ». Peut-on mettre le doigt sur des vides qui sont… juste vides ?

Si une telle expérience, ou plutôt absence totale d'expérience, existe, elle doit être fugace et très difficile à repérer. En effet, comment reconnaître un « rien » au moment où il se produit ? Identifier un véritable blanc signifierait le détruire instantanément. Il est peu probable de parvenir à surprendre quelqu'un dans un tel état de vide mental, mais on peut rétrospectivement réaliser que nous ne « pensions à rien » et tenter de distinguer cette non-sensation d'autres phénomènes. Pour l'heure, l'étude des blancs de l'esprit a porté sur deux domaines particuliers : les défaillances de la mémoire prospective et les liens éventuels de ces blancs avec le vagabondage mental.

La mémoire prospective désigne la capacité de garder en mémoire l'intention de réaliser une action plus tard, et de la réaliser bel et bien. Si je me dis que lorsque je verrai Arthur ce soir, il ne faudra pas que j'oublie de lui demander s'il est libre samedi pour aller jouer au squash, j'ai recours à ma mémoire prospective. Je me dis peut-être que la seule vue d'Arthur suffira à réactiver mon intention initiale, et donc j'utilise en quelque sorte mon ami comme « rappel ». Je peux aussi me dire qu'il faudra que j'appelle Arthur après le repas, ou avant 20 heures, ou dès que mon téléphone sera rechargé, etc. La mémoire prospective est un exercice périlleux, un saut dans l'inconnu, puisque son efficacité n'est pas vérifiable avant que l'intention n'ait été effectivement réalisée. Elle se heurte donc à toutes sortes d'obstacles entre ces deux moments – la formation d'une intention et sa réalisation –, généralement sous forme de distraction ou de simple dégradation du souvenir que j'avais quelque chose à faire.

Nous avons recours à toutes sortes d'artifices pour éviter ces échecs. Nous pouvons régulièrement remplir et consulter notre agenda, programmer une sonnerie de rappel, mettre un Post-it quelque part, écrire un mot sur notre main, mettre un fil à notre doigt, demander à quelqu'un d'autre de nous rappeler ce que nous devrons faire au moment opportun, etc.

Comme l'indique l'existence même de ces nombreuses méthodes de rappel, notre mémoire prospective n'est pas très fiable. Pire, nous en surestimons régulièrement les capacités, ce qui est une recette très efficace pour garantir les oublis (plus ou moins catastrophiques) et aussi les « blancs ». « Tu n'oublieras pas d'appeler mamie après le travail hein ? » « Pas de problème », répondez-vous avec, sur le moment, une confiance assez forte que le simple fait de terminer votre journée de travail suffira à vous souvenir de réaliser cette simple tâche. Mais quand on y pense, il est assez étrange qu'on envisage de faire quelque chose plus tard, et qu'on se dise simplement qu'on parviendra à se le rappeler le moment venu, du simple fait qu'on y a pensé *avant*. Comme si la mémoire travaillait en quelque sorte sans filet, et qu'elle était toujours là, au service de nos besoins à l'instant nécessaire. On sait pourtant que cela ne marche – vraiment – pas à tous les coups, et mamie attendra son appel téléphonique, même si vous avez cette étrange impression que vous aviez une chose à faire après le travail…

Les rappels peuvent donc être utiles, voire incontournables. Encore faut-il qu'ils soient distinctifs, informatifs et disponibles au moment où on en a besoin. En rangeant une pile de documents, ne vous est-il jamais arrivé de tomber sur un Post-it qui indiquait simplement « urgent » ? Ne sachant pas à quoi il était initialement rattaché, vous vous êtes résigné à l'idée que la chose en question ne devait finalement pas être si « urgente » que cela. Un rappel plus explicite, et donc informatif, par exemple un Post-it avec l'indication « Appeler mamie », serait plus utile, mais encore faut-il qu'il soit distinctif. Si le Post-it est placé au milieu d'une dizaine d'autres, tous indiquant des choses très urgentes à accomplir, il risque de passer inaperçu, et de tomber dans les trappes de l'oubli. Et si le Post-it en question est suffisamment informatif et distinctif, il faut encore que vous puissiez tomber dessus au bon moment…

Il existe donc de nombreuses situations où il est illusoire de compter simplement sur sa mémoire et où il vaut mieux miser sur l'usage de stratégies mentales et d'un brin d'organisation. Sans quoi, on risque de connaître les affres du « *blank in the mind state* » ou « BIM », textuellement « l'état de vide dans la tête », en fait la conscience de se retrouver devant un vide mental[16]. Pour ce qui est de la mémoire prospective, il s'agit surtout des moments où nous ne parvenons pas à retrouver le but initial d'une action (pourquoi j'ai fait ça ?), ou le but à poursuivre immédiatement après avoir achevé une action (et maintenant ?). C'est un état proche de celui du « mot sur le bout de la langue ». Le BIM est donc une expérience métacognitive, une sensation mentale qui attire notre attention sur un échec de notre cognition.

Mais contrairement au mot sur le bout de la langue, les états BIM semblent entièrement vides. Rien ne nous vient à l'esprit sur ce que nous devions ou devons faire, nous sommes comme figés dans un espace nu et blanc. Les personnes qui le vivent le décrivent comme un état de détresse, de frustration, d'embarras et parfois même d'irritation. On n'y trouve pas non plus le rappel imminent qui accompagne le « mot sur le bout de la langue », c'est-à-dire qu'on a moins cette impression que « ça va nous revenir ».

Même si elles sont difficiles à étudier et quantifier, ces situations sont très fréquentes. Personnellement, je ne compte plus les occasions où, tandis que je fais quelque chose, je pense soudain à une autre chose importante, mais je poursuis mon activité en cours en me disant que je verrai ça plus tard, et ensuite, naturellement, je ne parviens plus du tout à me souvenir de cette autre chose si importante à laquelle j'avais fugacement pensé. Rien qu'en rédigeant le présent chapitre, j'ai soudain eu le souvenir d'un exemple intéressant que j'avais un jour lu dans un livre et qui pourrait me servir pour le chapitre final. Je pense savoir de quel livre il s'agit, j'interromps donc ma rédaction, je me lève et je vais le chercher dans ma bibliothèque. Je trouve effectivement l'exemple en question et je le mets de côté. Bien, où en étais-je ? Ah oui, le chapitre sur la mémoire. Mais je me demande alors si l'exemple en question n'y trouverait pas mieux sa place, plutôt que dans la conclusion du livre. Je vais alors voir mes notes pour le chapitre final et je découvre que j'avais en fait déjà marqué cet exemple. Juste en dessous, je vois que j'ai également copié l'adresse d'un site internet, mais je ne me souviens pas de quoi il s'agit. Je clique donc dessus, et je suis renvoyé à un article scientifique qui me rappelle que je dois terminer de lire un autre article sur la mémoire. Je retourne donc à cet autre article, mais à ce moment mon téléphone sonne. C'est un livreur qui a laissé un colis en bas de mon immeuble. Je vais chercher le colis, ce qui me rappelle, curieusement, que je dois répondre à un email que j'ai négligé pendant plusieurs jours. Je remonte le colis, puis ouvre rapidement ma boîte de messagerie, avant que j'oublie. Mais là je vois que j'ai de nouveaux messages, dont un de la part de quelqu'un qui attend depuis longtemps de mes nouvelles concernant un texte que je devais relire. Je n'ouvre pas le message, de peur d'être submergé par le stress. Je décide de reprendre mes activités, mais là, soudain, *plus rien*. Qu'est-ce que j'étais en train de faire ? Pourquoi j'ai ce livre à mes côtés et quel rapport avec cet article ouvert sur mon ordinateur ?

Comment expliquer ces « blancs » intempestifs ? Une hypothèse repose sur le fait que la mémoire prospective est extrêmement coûteuse parce qu'elle interfère avec nos autres fonctions cognitives. Nous ne pouvons pas partager à l'infini nos ressources cognitives entre différents buts, ou les maintenir actives jusqu'à la réalisation d'un but lointain en ignorant toutes les interruptions potentielles et nos autres tâches à accomplir, et c'est peut-être ce qui explique qu'en cas de surcharge mentale, certains buts et intentions soient tout simplement évincés de notre conscience, induisant parfois un BIM.

Mais il est possible que le BIM ait précisément pour fonction de nous remettre sur les rails. Comment ? L'impression désagréable d'être paralysé sur place avec l'esprit vide permettrait de stopper la machine momentanément, afin de nous forcer à réorganiser notre stratégie et de nous refocaliser sur notre but initial, comme un « redémarrage » de l'esprit. Le BIM nous informe sur un problème d'accès, il nous indique que nous avons bel et bien un but en tête, et qu'il nous faut le retrouver afin d'apaiser l'état de détresse qu'il induit. La question classique des informaticiens de service, « Avez-vous pensé à redémarrer ? », pourrait être un conseil bien avisé pour nous tous au quotidien. Quand nous avons à gérer à la fois plusieurs tâches et des buts variés à atteindre dans un certain ordre, notre esprit semble parfois se diviser jusqu'à l'évaporation complète. Nous ne savons plus alors ce que nous sommes en train de faire ou ce que nous avions l'intention de faire (ou les deux à la fois).

Pour autant, les « blancs » ne concernent pas uniquement la mémoire prospective. Ils peuvent se manifester à tout moment, nous laissant tels des zombies figés sur place. Les quelques recherches sur le sujet indiquent que ces « blancs » sont généralement assez brefs et sont rapidement repérés comme tels dès que notre attention est sollicitée[17]. Il est plausible, néanmoins, que la plupart passent complètement inaperçus, comme des « gels » épisodiques de notre vie mentale, qui se distinguent seulement lors du phénomène des BIM, où l'on a *conscience* d'avoir un blanc. Une étude neuroscientifique a trouvé que ces instants correspondaient à une signature très particulière de l'activité cérébrale : un signal fort de cohérence et de connectivité à travers tout le cerveau, qui le rapproche des états d'inattention, de sommeil sans rêve et même de crise d'épilepsie généralisée[18]. Les chercheurs parlent de « silence neuronal » passager, qui pourrait correspondre à un état de transition entre différents états mentaux, une sorte de « reset » permettant de rafraîchir notre esprit et de favoriser l'accueil de nouvelles sensations, la consolidation de souvenirs, ou même un apaisement cognitif propice à relancer des activités automatiques. Il s'agirait soit d'un bug qui interrompt les liens ordinaires entre perception, attention et conscience, soit d'une sorte d'état « par défaut » qui permet justement de bâtir et de renforcer de tels liens.

CES CHOSES QUE L'ON CROYAIT CONNAÎTRE

Nos rapports incertains avec notre propre mémoire éclatent au grand jour à travers d'autres phénomènes spectaculaires. Ici, il ne s'agit plus simplement de la mémoire individuelle, mais de ce qu'on pourrait appeler des troubles amnésiques collectifs. D'une part, nous sommes parfois incapables de nous souvenir de choses parfaitement ordinaires et, d'autre part, nous nous souvenons, ou croyons nous souvenir, de choses inexistantes.

Dans un article intrigant publié en 1979, Nickerson et Adams ont rapporté des observations qui « violent nos intuitions concernant ce que nous savons à propos de l'apparence des choses[19] ». Spécifiquement, ils se sont intéressés à la connaissance que les Américains avaient d'un objet usuel et très commun pour eux : la pièce de 1 cent, la plus petite unité de monnaie dans la devise du dollar US, communément nommée « *penny* ». Appelés par surprise à dessiner de mémoire les deux faces du centime, les participants de l'étude se sont avérés incapables d'effectuer cette requête. Un seul sujet sur vingt y est plus ou moins parvenu. Face à cet échec considérable, les chercheurs ont tenté d'autres approches : donner les éléments présents sur le penny aux participants et leur laisser le soin de les placer correctement ; faire choisir sur une liste les éléments présents ou absents du penny ; ou encore leur demander de choisir parmi quinze représentations de penny laquelle était la bonne, et lesquelles leur semblaient au moins plausibles. Toutes ces expériences ont abouti à des échecs : ainsi, des Américains qui ont vu et utilisé des pennies tout au long de leur vie sont incapables d'en dessiner un, de le décrire ou de le reconnaître parmi des intrus.

Les participants étaient eux-mêmes surpris et embarrassés de leur incapacité à réaliser une tâche aussi simple. D'autant qu'avant de s'y mettre, ils s'estimaient très familiers avec le penny et pensaient le reproduire ou au moins le reconnaître sans difficulté. Même les auteurs de l'étude, à l'époque où ils menaient leurs recherches, partaient d'un présupposé largement répandu selon lequel la mémoire visuelle était particulièrement performante chez l'espèce humaine. Des recherches rapportaient effectivement des résultats souvent spectaculaires quant à nos capacités à mémoriser des scènes visuelles complexes, et même à les différencier parmi des milliers d'autres. Notre cerveau semblait emmagasiner des informations quasiment sans effort : après tout, nous nous fions beaucoup à notre mémoire et cela nous sert d'ordinaire très bien. Nous reconnaissons des centaines de visages, d'objets, de lieux, il existe des milliers de mots que nous pouvons lire en un clin d'œil, nous distinguons finement le style de Monet et celui de Van Gogh, nous retrouvons à la vue notre voiture dans d'immenses parkings à la signalétique obscure et nos vêtements suspendus avec des centaines d'autres dans les vestiaires… Si bien que cette simple étude sur la connaissance du penny est rapidement devenue iconique, très souvent reproduite dans les manuels de psychologie et répliquée avec d'autres objets communs.

Pour expliquer cet étonnant phénomène d'amnésie collective pour des objets extraordinairement familiers, Nickerson et Adams ont avancé plusieurs facteurs, convergeant vers un « principe de suffisance ». Selon cette idée, du moment qu'un objet, pour quelque raison que ce soit, est facile à utiliser et à distinguer, il n'y a aucun besoin de prêter attention à ses moindres détails. En l'occurrence, le penny se distingue des autres pièces par sa taille et sa couleur (et éventuellement son poids), et de quantité d'autres petits objets par sa forme et sa matière, et en particulier ce qu'on pourrait appeler sa « prise en main » (ce que nous avons rencontré sous le terme « affordance » au chapitre précédent). C'est tout ce qu'il faut savoir pour un Américain, le reste est sans importance. Les « indices » contenus dans un penny, comme, côté face, l'année, le texte (« *In God We Trust* » et « *Liberty* ») et le profil de Lincoln orienté vers la droite, n'ont pas besoin d'être encodés et stockés durablement en mémoire : ils sont redondants, peu distinctifs et insignifiants pour les usages ordinaires de cet objet. Cependant, la performance extrêmement faible des sujets au test de reconnaissance suggère d'autres facteurs. D'une part, des *interférences* provenant d'autres sources d'informations, par exemple d'autres pièces de monnaie, des billets ou des timbres, pourraient venir brouiller la mémoire spécifique du penny, et d'autre part, des *inférences* produites par les sujets eux-mêmes pourraient leur faire « deviner » ce qu'il y a sur le penny sur la base de leur connaissance générale des pièces de monnaie.

Plus fondamentalement, cette observation soulevait une question presque métaphysique : que savons-nous exactement ? Dans la mesure où le penny était choisi arbitrairement pour cette étude, il n'y a aucune raison de penser que l'ignorance dont cette recherche témoigne se limiterait à des Américains et leur rapport à une pièce de monnaie particulière. Si véritablement notre mémoire visuelle à long terme est si pauvre pour des choses qui nous sont si familières, alors on peut se demander ce que nous connaissons exactement du monde qui nous entoure et dans quels détails.

Et de fait, les recherches sur ce sujet sont devenues de plus en plus accablantes pour notre espèce… Avant même la découverte de notre ignorance concernant de simples pièces de monnaie, Morton avait demandé à 151 de ses collègues d'un département de psychologie appliquée de reproduire et de reconnaître un cadran de téléphone[20]. C'était en 1967, il s'agissait donc d'un de ces anciens cadrans circulaires, où chaque chiffre est accompagné de lettres. Aucun n'est parvenu à le dessiner correctement de mémoire et le taux de reconnaissance du cadran parmi des intrus ne se distinguait pas de ce qu'on obtiendrait en répondant au hasard.

On dira que nos claviers électroniques modernes sont bien plus simples à utiliser. Sans doute, mais prenez une feuille de papier et un crayon, et tentez de reproduire le clavier typique d'un téléphone, et ensuite celui d'une calculatrice ordinaire. Cette expérience menée par Rinck a également donné des résultats intéressants[21]. Sur 186 sujets, seuls 49 % ont réussi à reproduire un clavier téléphonique, et 27 % celui d'une calculatrice. Le taux de réussite moyen étant de 38 %, on voit bien que nous ne mémorisons pas plus les claviers modernes que les cadrans circulaires anciens. Et encore, dans cette expérience, on fournissait déjà aux participants la structure correcte d'un clavier, constitué de trois colonnes et quatre rangées. Au fait, saviez-vous que l'arrangement des chiffres sur un téléphone n'est pas le même que sur une calculatrice ? Voilà qui rend les choses intéressantes, puisqu'il faut à présent comprendre pourquoi nous arrivons un peu mieux à nous souvenir du téléphone plutôt que de la calculatrice (voir figure 1A p. 175). Rinck a envisagé plusieurs hypothèses. Sans doute utilisons-nous davantage le téléphone que la calculatrice, surtout qu'en 1999, il fallait encore taper les numéros et même les apprendre par cœur. Il y aurait donc un effet de fréquence d'utilisation et surtout de mémoire motrice (on peut taper un numéro connu « dans sa tête ») qui donne l'avantage au téléphone. D'autre part, quand on demande aux gens de dessiner non pas leur souvenir d'un clavier, mais ce qui pour eux serait le clavier le plus intuitif et idéal, ils produisent le plus souvent un clavier qui correspond à celui du téléphone, ce qui indique l'existence d'une sorte de schéma mental qui donne l'avantage aux chiffres qui commencent par le haut, et se poursuivent dans le sens de la lecture. Pour autant, le taux d'échec étant si spectaculaire, ni l'existence de ce schéma, ni l'utilisation de la mémoire motrice, ni la fréquence d'utilisation ne peuvent expliquer pourquoi les gens font tellement d'erreurs. De fait, lors d'une tâche de reconnaissance, seule la moitié des participants choisissait la représentation correcte du téléphone, et à peine un tiers pour la calculatrice. Et même lorsqu'on permettait aux participants d'interagir brièvement avec un téléphone et une calculatrice avant de tester leur mémoire, on relevait toujours, malgré une nette amélioration, un grand nombre d'erreurs, en particulier pour la calculatrice.

Certains objets sont donc très faciles à utiliser, en dépit du fait que nous n'en ayons qu'une connaissance très vague. Prenez le clavier de nos ordinateurs[22]. Beaucoup d'entre nous, même sans avoir suivi de cours de dactylographie, sont très efficaces pour écrire au clavier. Un tapeur à la machine compétent peut frapper cinq ou six touches à la seconde, et produire jusqu'à quatre-vingts mots par minute. D'une certaine manière, cela semble indiquer que nous *savons* où se trouvent les différentes touches. Mais à ce stade de votre lecture, vous ne serez guère surpris d'apprendre qu'en réalité, nous sommes assez nuls pour situer de mémoire les lettres d'un clavier ordinaire... Face à un clavier blanc, des personnes qui utilisent très fréquemment leur ordinateur ne parviennent à placer correctement que 57 % des lettres.

Même si la mémoire pour les claviers d'ordinateur semble meilleure que celle pour les pièces de monnaie et les cadrans de téléphone ou de calculatrice, le contraste reste saisissant entre les performances ordinaires des scribes et leurs connaissances explicites. Dans ce cas, c'est bien l'intervention d'une mémoire spécialisée, appelée « procédurale », qui s'est émancipée de la mémoire explicite (ou « déclarative ») à la suite d'un entraînement intensif, qui permet d'expliquer cette connaissance intuitive des claviers. Pour autant, même des sujets à qui l'on apprend à utiliser un clavier totalement différent de celui qu'on utilise d'habitude parviennent après deux heures à s'en servir mieux qu'ils ne le mémorisent. En l'occurrence, il s'agissait d'un clavier dit « Dvorak », considéré comme plus ergonomique et efficace que les claviers QWERTY ou QWERTZ et introduit en 1936, mais n'ayant pas eu le succès escompté. Voilà qui suggère que ce n'est pas la longueur de l'entraînement qui produirait l'amnésie accompagnant l'automatisation d'une pratique. Que ce soit après douze années de pratique quotidienne du clavier d'ordinateur, ou après deux heures d'exercices avec un clavier inhabituel, on parvient à s'en servir efficacement sans avoir besoin de s'en souvenir explicitement, ou de « l'apprendre par cœur ».

La plupart d'entre nous ne mémorisent pas les pièces de monnaie ou l'emplacement des touches sur un clavier parce que ça n'est pas vraiment nécessaire. Cela peut sembler trivial, mais cette absence de souvenir explicite concernant des objets extrêmement familiers soulève une question troublante : jusqu'où cette amnésie du quotidien se propage-t-elle ? Prenons quelque chose que nous connaissons et utilisons depuis l'école : l'alphabet. Si vous êtes capable de lire ce livre, c'est que vous connaissez au moins les lettres de l'alphabet, non ? Après tout, si les sujets des expériences sur les claviers d'ordinateur avaient de la peine à localiser les lettres, ils n'avaient manifestement aucun problème à les identifier. Hélas, une équipe de chercheurs de l'université Johns Hopkins est allée encore plus loin dans le sadisme, en s'intéressant à la conscience que nous avons de la lettre « g »[23].

Si vous êtes arrivé à ce point du livre en ayant commencé par le début, vous avez rencontré cette lettre plus de deux mille fois. De toute évidence, vous savez lire la lettre « g », c'est-à-dire que vous savez identifier le sigle (le terme technique est « allographe ») qui la représente comme faisant partie de votre répertoire ordinaire de lecteur compétent. Pourtant, il se trouve que la plupart des gens semblent avoir du mal avec cette lettre en particulier… Tout d'abord, la version typographique de « g », celle que vous lisez dans ce texte même et la plupart des contenus imprimés ou en ligne, n'est pas celle qui vous viendrait immédiatement à l'esprit si on vous demandait de *décrire* cette lettre. Vous penseriez à une version proche de celle que l'on écrit généralement à la main, avec une boucle ouverte. La version typographique à boucle fermée, avec une petite oreille sur le côté, semble inconnue au bataillon (voir figure 1C p. 175).

Mais il y a plus surprenant. Nos mêmes chercheurs ont donné pour tâche à des sujets de chercher les occurrences de

« g » dans un texte contenant uniquement la version à boucle fermée, et environ la moitié a ensuite écrit la version à boucle ouverte lorsqu'on leur a demandé de retranscrire le même « g » qu'ils venaient juste de voir à de nombreuses reprises. Et quand ils leur ont directement montré la *véritable* apparence du « g » à boucle fermée, les participants de l'étude ne l'ont pas distingué d'une version inexistante où la boucle est inversée, ressemblant alors à ce qu'on attendrait d'un g à boucle ouverte…

Pour expliquer ce phénomène, le facteur le plus décisif semble être la différence majeure entre la forme typographique du « g » et notre façon de l'écrire à la main. Lorsque nous apprenons à écrire, nous formons une association puissante entre les gestes effectués et notre représentation mentale des lettres, donnant lieu à une « conscience de la forme des lettres », et cette conscience, pour la lettre « g », s'avère être fondamentalement distincte de son aspect typographique le plus fréquent.

Une autre raison puissante à cette amnésie pour les objets familiers est qu'elle ne porte généralement pas à conséquence. En dehors des interrogatoires de chercheurs facétieux, on risque assez peu d'être soudain pris à défaut parce que le « g » à boucle fermée ne nous vient pas à l'esprit ou que nous ignorons l'emplacement du « m » et du « v » sur un clavier (ce sont apparemment les touches les plus difficiles à localiser de mémoire).

Pour autant, ces défaillances continuent à intriguer les chercheurs, qui les retrouvent désormais dans toutes sortes de domaines. Une proportion considérable d'individus, par exemple, est incapable de décrire le cadran représentant les étages sur un ascenseur, qu'ils utilisent pourtant plusieurs fois

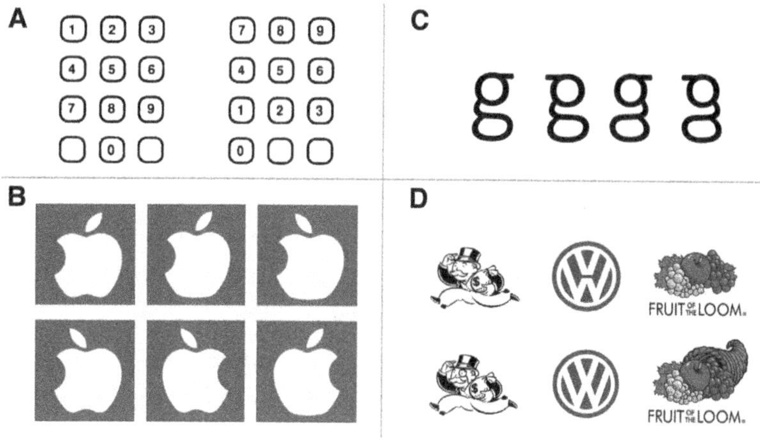

Figure 1. Objets et stimuli familiers qui jouent des tours à notre mémoire. A : Lequel de ces cadrans représente celui d'un téléphone et lequel celui d'une calculatrice ? En rappel libre, seules 38 % des tentatives de reproductions sont correctes (49 % pour le téléphone, à gauche ; 27 % pour la calculatrice, à droite). B : Seuls 47 % des sujets parviennent à reconnaître correctement le logo réel d'Apple parmi des distracteurs. Ici, il y a un piège, le vrai logo n'est pas présenté. Il est proche de la version du milieu dans le rang inférieur, sauf que la feuille devrait être orientée vers la droite. C : Laquelle de ces lettres représente la véritable version de la lettre « g » typographique ? Si 84 % des gens savent rejeter les deux dernières versions, les deux premières sont sujettes à confusion : en effet, 28 % des sujets identifient la première comme la version correcte, mais 56 % lui préfèrent la deuxième version, pourtant erronée. D : Laquelle de ces rangées de logos représente leur version originale ? La plupart des gens choisissent la rangée du bas, où le bonhomme du Monopoly *porte un monocle, le logo Volkswagen contient un V et un W continus, et la marque de vêtements Fruit of the Loom arbore une corne d'abondance. Pourtant, ces versions sont parfaitement imaginaires, elles manifestent un « effet Mandela » classique.*

par jour, parfois depuis des décennies[24]. De même, sauriez-vous dire, de mémoire, où se trouvent les extincteurs sur votre lieu de travail ? Ces dispositifs de sécurité sont pourtant très importants, et leur design même est conçu pour qu'on les remarque facilement : pourtant, la plupart d'entre nous passent devant sans même les apercevoir[25]. Les conducteurs expérimentés, qui ont donc réussi la partie théorique requise pour l'obtention du permis de conduire, sont assez largement incapables de dessiner ou de décrire correctement les panneaux de signalisation qu'ils ont pourtant vus des milliers de fois et qu'ils reconnaissent en un clin d'œil sur la route[26].

Autre observation curieuse, plus de 40 % des gens commettent des erreurs grossières quand on leur demande de placer sur un dessin les différentes parties d'un vélo (cadre, position des pédales, emplacement de la chaîne), ou simplement de reconnaître la version correcte parmi plusieurs choix[27]. Bien sûr, la façon exacte dont un vélo tient en équilibre et se propulse relève de la physique, et beaucoup d'entre nous seraient bien en peine d'en expliquer les principes de façon rigoureuse. Mais il reste que nous savons quasiment tous utiliser un vélo et que nous sommes très familiers de cet objet. De fait, une caractéristique importante de cette amnésie pour les objets du quotidien est qu'elle semble nous échapper. Si ces études sont amusantes, c'est parce qu'elles nous surprennent : nous pensons généralement être capables de nous souvenir de ces choses simples et, sommés de le faire, nous nous apercevons que notre mémoire est quasiment vide, ou très imprécise. À cet égard, mon exemple favori est celui du logo de la marque Apple[28].

On connaît tous la fameuse pomme. Mais serions-nous capables de la reproduire ? Apparemment pas. Dans une expérience portant sur quatre-vingt-cinq participants, quasiment tous pensaient qu'ils pourraient le faire – après tout, il s'agit juste d'une pomme ! Pourtant, un seul d'entre eux a obtenu un score parfait. Seulement sept sujets ont fait trois erreurs ou moins. En outre, quand on leur présentait plusieurs versions différentes du logo, comprenant sa représentation correcte, moins de la moitié des participants est parvenu à identifier celle-ci (voir figure 1B p. 175). En plus de mettre au jour l'énorme écart entre la confiance des gens et leur mémoire réelle, cette étude ajoute un facteur important d'explication de l'amnésie pour les objets communs : la saturation attentionnelle. Le fait de croiser très souvent certains logos induit une sensation de familiarité, que nous confondons aisément avec l'impression de les avoir mémorisés. Or même des logos aussi populaires que ceux d'Apple, d'Adidas, de Starbucks, ou d'Ikea ne sont reproduits correctement que par 20 % des gens en moyenne[29].

Et certaines fois, les erreurs commises sont étrangement prévisibles...

« L'EFFET MANDELA »

Quand une erreur de mémoire est suffisamment systématique et répandue, à tel point qu'elle semble même supplanter la version correcte du souvenir, on a alors affaire à un phénomène distinct de la simple amnésie. Il s'agit de faux souvenirs collectifs, que l'on regroupe désormais sous le terme d'« effet Mandela ».

Il existe des versions très régionales de ce phénomène, qu'on pourrait alors associer aux registres des rumeurs ou des légendes locales. Là où j'habite, en Suisse romande, il en est une particulièrement tenace. Elle concerne l'existence, sur l'autoroute reliant les villes de Lausanne et Genève, d'un panneau indiquant les villes suivantes : « Aubonne – Gimel

– Gland ». Si vous prononcez ces noms à haute voix et que vous avez l'esprit un brin grivois, vous vous apercevrez qu'ils forment une phrase modérément amusante. Si j'évoque ce panneau autour de moi, j'obtiens généralement deux versions : ce panneau existe bel et bien, ou ce panneau n'existe (malheureusement) plus, mais il a bien existé il y a quelques années. Cette seconde version s'accompagne souvent d'un : « "Ils" l'ont enlevé. » Il existe des traces d'échanges semblables sur les réseaux sociaux, qui confirment mon impression personnelle et celle de quelques collègues qui s'intéressent à ce genre de phénomènes : beaucoup de personnes de ma région affirment *se souvenir* de ce panneau, l'avoir *vu* de leurs yeux, et même à de nombreuses reprises.

Les villes Aubonne, Gimel et Gland existent, et elles sont géographiquement disposées dans cet ordre-là. Mais il y a Rolle et Bursins entre Gimel et Gland, ce qui ruinerait quelque peu la plaisanterie. Il y a aussi la ville de Bière non loin de Gimel, ce qui donne lieu à d'autres blagues. Oui, on rit beaucoup en Suisse. Surtout qu'avec le village d'Etoy, on aurait même pu aller au-delà de Gland sur un mode interrogatif. Mais en ce qui concerne le fameux panneau d'autoroute, pour ce que l'on en sait, il a toujours indiqué « Aubonne – Gimel – Allaman (sortie n° 14) », et rien d'autre. On peut donc se demander pourquoi une simple blague de potache est devenue un faux souvenir pour de nombreuses personnes. De fait, la plaisanterie tourne souvent assez court, lorsque certains de mes interlocuteurs en viennent à se fâcher quand je leur explique que ce panneau n'existe pas et n'a *jamais* existé. Remettre en question les souvenirs des individus n'a rien d'anodin, c'est une démarche qui peut souvent être prise pour une offense, et même une mise en question de leur santé mentale. Je n'insiste donc généralement pas.

Ce type d'illusion collective prend le nom d'« effet Mandela », un terme issu d'une mouvance ésotérico-complotiste aux alentours des années 2010, qui semblait convaincue que le célèbre activiste anti-apartheid Nelson Mandela était mort dans la geôle sud-africaine où il était emprisonné, au lieu d'en être sorti triomphalement en 1990. Plutôt que de remettre en question leur souvenir erroné, une poignée d'individus a décidé que leur mémoire était en fait parfaitement correcte, mais que c'est *la réalité* qui avait changé (apparemment sous l'effet d'expériences menées au CERN, qui nous auraient plongés dans une réalité parallèle[30]). Dans ce nouveau monde, ou ligne spatio-temporelle, « Aubonne – Gimel – Gland » n'a jamais existé, Mandela est mort libre en 2013, certaines répliques de films et paroles de chansons ont été altérées, la série *Sex in the City* est devenue *Sex and the City*, etc.

Ce sont là quelques exemples classiques de l'effet Mandela. Le phénomène semble propice à des débats sans fin sur les forums et les réseaux sociaux, produisant peut-être ainsi des effets de contagion. Ses origines sont nébuleuses, et on en trouve les premières traces entre les années 2009 et 2013 sur divers blogs, sites et forums, gravement concernés non pas par le destin de Nelson Mandela, mais par celui des « Ours Berenstain ». Il s'agit d'une collection de livres pour enfants très populaires en Amérique du Nord depuis sa création en 1962, traduite en français sous le titre *Les Coquinours*. Elle a fait l'objet d'une adaptation en série animée, brièvement diffusée chez nous comme *La Famille Ours* en 1987 et 1989, puis en un remake intitulé *La Famille Berenstain* en 2004 puis 2011. Mais peut-être n'avez-vous jamais entendu parler des ours Berenstain. Ou peut-être que oui, mais que vous vous demandez pourquoi je m'acharne à écrire incorrectement le nom Berenstein. De fait, c'est sous cette forme que de nombreux internautes se souvenaient des gentils petits ours de leur enfance, ils en auraient mis leur main à couper, et ils étaient consternés de constater que c'est l'écriture « Berenst*ai*n » qui faisait désormais autorité. Comment expliquer une pareille diablerie ?

L'affaire se complique, car dans ces mêmes années 2009-2013, d'autres internautes s'inquiètent de la disparition apparente d'un film dont ils gardent pourtant un souvenir vif et affectueux. Il s'agirait de *Shazaam*, une comédie américaine des années 1990, où l'acteur et humoriste Sinbad tenait le rôle d'un génie farfelu. Là encore, emballement sur les ancêtres de nos réseaux sociaux : bien sûr que je me rappelle ce film, on l'avait même en vidéo à la maison, certaines scènes sont restées gravées dans ma mémoire, etc. Or, comme l'a fait remarquer Sinbad lui-même, s'il lui est bien arrivé de porter un costume ressemblant à celui d'un génie, il n'a jamais joué dans *Shazaam*, et d'ailleurs ce film n'existe pas. Il y a cependant bien eu un *Kazaam* en 1996, où la star du basketball Shaquille O'Neal interprétait le rôle d'un génie, mais il faut croire qu'il n'a pas laissé un souvenir impérissable.

Sensible à ces manifestations collectives de souvenirs approximatifs, la parapsychologue Fiona Broome a proposé le terme « effet Mandela » en 2010, y voyant non pas les simples vicissitudes de nos capacités de remémoration, mais une altération profonde et subtile de la structure même de la réalité.

Et si ces histoires de *Shazaam* et de *Berenstein* révélaient une supercherie dont serait victime l'humanité entière ? Ce seraient en fait des *bugs* ou des *glitches* dans la matrice du réel, les rebuts de l'ancienne dimension où nous vivions, qui ont survécu, dans notre mémoire, à un changement radical aux alentours de 2012, confirmant ainsi la réalisation de la fameuse prophétie maya de fin du monde en décembre 2012. Certes, vu comme ça, l'effet Mandela se situe quelque part entre la mauvaise foi la plus absurde, le complotisme échevelé et le délire psychotique. Mais le sujet intéresse aussi les spécialistes de la mémoire.

En effet, si les faux souvenirs sont assez fréquents, ils sont généralement propres à chacun. Nous avons tous des souvenirs d'enfance qui ont été tellement répétés et refaçonnés au cours du temps qu'ils n'ont probablement plus aucun rapport avec la version réelle des faits. Certains peuvent même être implantés en laboratoire par suggestion et répétition, et on sait combien les techniques d'interrogation policière et certaines pratiques d'hypnose thérapeutique sont susceptibles de déformer notre mémoire et de fabriquer des souvenirs complètement faux. Mais le fait que certains semblent si spontanés, et soient culturellement partagés, demande sans doute d'autres explications.

Des chercheuses de l'université de Chicago se sont donc penchées sur quelques exemples d'effet Mandela visuels[31]. On y trouve « Rich Uncle Pennybags », le bonhomme du jeu *Monopoly*, qui a bien un chapeau haut de forme, mais *pas* de monocle (voir figure 1D p. 175), ou Pikachu, dont la queue jaune biscornue ne se termine *pas* par un bout noir.

Selon ces chercheuses, un logo ou une image iconique présente un effet Mandela si cinq conditions sont réunies :

1) l'image originale réelle est rarement identifiée correctement ; 2) il y a une version fausse spécifique de cette image originale qui est plus souvent identifiée comme la bonne ; 3) cette version incorrecte fait l'objet d'un consensus fort entre différents individus ; 4) l'image originale, même si elle n'est pas reconnue comme la bonne, est jugée comme très familière ; et 5) la réponse incorrecte s'accompagne d'un haut degré de confiance et de conviction. Une série d'expériences astucieuses ont montré que l'effet Mandela existe bien pour certaines images et pas d'autres, qu'il se manifeste par le fait que les gens tendent à percevoir la *fausse* image comme plus « réelle » que la vraie, même s'ils ont vu cette dernière des milliers de fois, que leurs faux souvenirs tendent à converger sur une seule et unique représentation erronée, et qu'ils sont en plus sûrs et certains d'avoir raison. L'effet Mandela émerge même *directement* après avoir vu la véritable image et n'est pas lié à un manque d'observation ou d'attention, ce qui prouve que ce n'est pas juste un problème de perception ou de mémoire à long terme. Mais difficile de savoir d'où viennent exactement ces erreurs : chaque effet Mandela semble avoir sa propre explication. Certains répondent sans doute à des stéréotypes largement partagés (le monocle du milliardaire), d'autres à des confusions avec d'autres images fréquemment vues, et d'autres encore semblent incorporer des éléments mystérieux qui les rendraient intrinsèquement plus « mémorables ».

Chose curieuse, l'effet Mandela n'a, à ma connaissance, pas été testé pour le sort de Nelson Mandela lui-même. La parapsychologue Fiona Broome n'a pas non plus effectué de longues recherches sur la question, elle a affirmé simplement qu'elle pensait que « Nelson Mandela était mort en prison », qu'elle s'en souvenait « clairement, y compris avec des news vidéo de ses funérailles, le deuil en Afrique du Sud, quelques émeutes dans les villes, et un discours émouvant de sa veuve ». Et d'ajouter que « d'autres personnes » partageaient ce souvenir. Autour de moi, tout le monde se souvient de la sortie de prison de Nelson Mandela, bien vivant, ou au moins est vaguement au courant de cet événement. Il se pourrait bien que « l'effet Mandela » soit lui-même, désormais, une manifestation de l'effet Mandela : on se souviendrait de tous ces gens qui se souvenaient faussement que Nelson Mandela est mort en prison, alors qu'en fait quasiment personne n'a ce faux souvenir…

Plutôt que d'envisager d'absurdes failles spatio-temporelles pour expliquer ces distorsions de la mémoire, l'effet Mandela devrait nous interpeller sur le fait que certains événements et certaines images sont tout simplement plus mémorables que d'autres, même s'ils ne sont pas une version correcte de la réalité. Le fait que la mémoire fonctionne sur la base de « schémas » sur lesquels on aligne nos reconstructions mentales des faits est connu de longue date, mais la nature de ces « schémas » reste assez vague. Il peut s'agir de normes sociales, d'habitudes, de stéréotypes, qui peuvent différer d'un individu à l'autre ou être plus largement partagés, et qui colorent nos perceptions et orientent nos souvenirs vers une narration fluide et plaisante. Ce qui est « facile à raconter » devient « facile à se rappeler », même si les faits n'étaient pas exactement tels qu'ils nous « reviennent ». Pour autant, il est aussi possible que la mémorabilité d'une chose soit *intrinsèque* à cette chose, qu'elle soit donc une de ses *propriétés*.

Cette idée intrigante apparaît lorsqu'on teste la mémoire sur des centaines, ou même des milliers, de mots ou d'images. Par exemple, on fait défiler des visages ou des paysages, et à chaque fois vous devez indiquer si vous le voyez pour la première fois ou s'il vous a déjà été présenté au cours du test. Cette procédure met en évidence nos capacités de reconnaissance qui sont généralement assez bonnes. Il ressort cependant de ces études que lorsqu'on compare les performances de différents sujets, certaines images semblent faire davantage consensus que d'autres. Il y aurait des visages, des scènes et des paysages tout simplement plus faciles à mémoriser (ou à oublier) que d'autres[32].

Mais qu'est-ce qui fait, alors, qu'une image est plus « mémorable » qu'une autre ? Étrangement, il est très difficile de répondre à cette question, aucun critère n'émerge de façon satisfaisante. La mémorabilité d'une image, d'un objet, d'un visage ou d'un mot ne semble que partiellement associée à des caractéristiques purement physiques, comme la luminosité, le contraste, les couleurs… En outre, elle corrèle assez mal avec l'impression *subjective* de mémorabilité, c'est-à-dire que l'impression qu'on va plus tard bien se rappeler telle ou telle image n'est pas très fiable. Et puis la mémorabilité n'est pas liée non plus au simple fait d'attirer l'attention, ou à des considérations esthétiques : une image objectivement mémorable n'est donc pas nécessairement saillante, frappante, belle ou intéressante. Les seuls facteurs qui semblent expliquer la mémorabilité d'une image semblent liés à leur contenu sémantique, c'est-à-dire ce qu'elles signifient, ce qu'elles contiennent, ce qu'elles impliquent. C'est donc un travail mental d'interprétation pas nécessairement conscient, qui fait qu'une image devient plus mémorable qu'une autre, et cela de la même manière pour tout le monde.

Pour les visages, l'explication est différente. On trouve un rôle pour une série de facteurs assez prévisibles : les visages atypiques, peu familiers et expressifs sont plus faciles à encoder en mémoire. Plus surprenant peut-être, la mémorabilité de visages semble associée au fait que certains paraissent « irresponsables », « peu séduisants », « peu intelligents », mais plus « gentils » et « fiables ». Pour autant, tous ces facteurs n'expliquent statistiquement même pas la moitié de la mémorabilité d'un visage, et le reste de l'explication relève donc d'un mystérieux assortiment de facteurs relevant de l'expérience personnelle, de facteurs contextuels, de bruit statistique et sans doute d'autres choses encore[33].

Quant aux mots, on sait également que certains sont plus mémorables que d'autres, et ici l'explication est plus claire : on se souviendrait plus facilement de ceux qui n'ont pas, ou peu, de synonymes, et qui n'ont qu'une seule signification[34]. Le mot « heureux », par exemple, a plusieurs synonymes : content, joyeux, radieux, enjoué, gai, etc. Le mot « nœud » est quant à lui fortement polysémique, il peut désigner l'assemblage d'une ou plusieurs cordes mais aussi des choses plus spécifiques dans les domaines de l'anatomie, de l'astronomie, de l'argot, de l'architecture, de la linguistique, des mathématiques, etc. Le mot « ananas », en revanche, n'a qu'une seule signification et pas de synonymes. Un terme comme ananas est donc plus facile à encoder, ne souffrant d'aucune compétition interne ou externe, et ce d'autant plus qu'il est relativement peu fréquent d'usage, et hautement « concret » (dans le sens où il est facile de se le représenter visuellement), deux autres facteurs bien documentés de mémorabilité pour les mots.

QUAND LE TEMPS NE FAIT RIEN À L'AFFAIRE

On pourrait qualifier d'autres phénomènes associés à la mémoire de « civilisationnels », tant ils imprègnent nos sociétés et nos modes de vie, voire façonnent des cultures entières sans que l'on s'en aperçoive.

James Reason proposait de réaliser une expérience assez simple, qui à ma connaissance n'a toujours pas été conduite[35]. Il s'agirait de quantifier les erreurs administratives de date à chaque mois de janvier, par exemple sur les chèques reçus par une banque. C'est en effet un moment de l'année propice à une erreur très ordinaire, qui consiste à dater un document avec l'année *passée*. Rien de bien dramatique, mais Reason voyait dans ce genre d'étude à large échelle une occasion en or d'explorer des manifestations collectives de moments d'absence, et surtout de mieux comprendre la puissance des *intrusions d'habitudes*. Nous passons tous une année entière à inscrire mécaniquement l'année en cours sur toutes sortes de notes et de documents, et puis un jour il faut changer. Qui se trompe, à quel moment, dans quelles circonstances, combien de fois et jusqu'à quelle date ?

Un site internet pourrait recueillir ce type d'informations pour l'ensemble de la planète et nous prendrions alors la mesure de notre inattention globale, et éventuellement de son coût. Ce problème de changement d'année relève sans doute des phénomènes de persévération et de transfert que j'aborderai au chapitre suivant, dans lesquels une routine acquise va contaminer une autre activité, mais ils me servent ici à introduire des failles mnésiques au retentissement collectif. Ce qui ne signifie pas que ce genre de bévues ne dit rien à propos des individus qui les commettent. J'ai personnellement passé une année entière à écrire la date de l'année *suivante* sur mes documents, et une fois cette maudite année atteinte, j'ai poursuivi en notant systématiquement l'année *passée* pendant tout le reste de l'année. Je crois que j'ai finalement réussi à me calibrer correctement, et je l'espère définitivement, sur l'année en cours, mais j'ai toujours des problèmes à situer quel est le jour de la semaine *aujourd'hui*, à estimer mon âge réel, à replacer dans leur ordre chronologique des figures du passé, à évaluer à quel point j'ai changé ces dernières années et, je l'avoue avec regret, à juger honnêtement des mérites actuels des générations plus jeunes que la mienne.

En d'autres termes, les mécanismes de ma mémoire semblent conspirer pour faire de moi ce qu'on appelle un « boomer » (ou un *vieux con*), et j'espère pouvoir exorciser une partie de ce sentiment en tentant de comprendre chacun de ces problèmes dans ce qui suit…

COMME UN LUNDI

« Quelle semaine hein ? – Capitaine, c'est mercredi. » Si vous fréquentez Twitter, vous avez sans doute croisé ce dialogue entre Tintin et le capitaine Haddock. Le mème contrefait une case de l'album *Le Crabe aux pinces d'or*, en lui accolant un texte tiré de la série américaine *30 Rock*. Il existe même un compte dédié, consacré uniquement à le tweeter tous les mercredis*. La blague a gagné en popularité au cours de la pandémie de Covid-19, et surtout des épisodes de confinement, lors desquels on trouvait parfois difficile de s'orienter dans le temps. À force de traîner à la maison toute la journée en pyjama et de travailler devant son écran, tous les jours étaient pareils, et la semaine peinait à progresser.

J'ai d'ailleurs noté ce petit dialogue avec mon épouse, un moment assez troublant qui fait partie de mes motivations à écrire ce livre. Voici ce que je lui ai dit : « C'est marrant, on est lundi mais j'ai vraiment l'impression qu'on est encore samedi ! Tu n'as pas la même sensation ? » Et la réponse à peine amusée de ma femme : « Chéri, on est mardi… »

Mais le mème « Quelle semaine » ne se réduit pas à l'expression d'un sentiment d'être déboussolé, il traduit aussi une sensation d'accélération des événements signifiants et affectifs. Morts de célébrités, émeutes, scandales, guerres, catastrophes naturelles, élections clivantes, outrages… L'actualité en continu sur les réseaux donne effectivement le sentiment qu'arrivés au mercredi, c'est comme si on avait déjà vécu une semaine entière. Le sous-entendu est : « Et il reste encore trois jours avant le week-end ! » D'où quelques questions étranges : comment savons-nous, au juste, quel jour nous sommes ? Les jours ont-ils une sorte de… personnalité, qui les distingue les uns des autres ?

Grâce au groupe The Cure, on a appris que même les ados romantico-dépressifs avaient des mouvements d'humeur tout le long de la semaine. Oui, le « lundi est cafardeux », « mardi est tout gris et mercredi c'est pareil », « jeudi on s'en fiche »

* @whataweekhuh, mais il y a désormais plusieurs imitateurs.

et « vendredi je suis amoureux », disait en substance le tube *Friday I'm in Love* (1992, déjà…).

Les pâles créatures crépues sont d'ailleurs loin d'être les seules victimes de ces chambardements hebdomadaires : plusieurs études montrent assez clairement qu'effectivement, le lundi les gens font la tête, et le vendredi ils retrouvent le sourire. Ce n'est certes pas une découverte très surprenante, mais on peine tout de même à prendre toute la mesure de ce phénomène. À très grande échelle, il se trouve en effet que l'existence du lundi a des conséquences aussi catastrophiques que coûteuses pour l'humanité : augmentation des suicides et du risque d'arrêt cardiaque, surreprésentation des rendez-vous manqués et des accidents, retours boursiers en chute libre… C'est qu'en plus d'être pénible, le lundi a cette particularité fâcheuse de tomber en même temps pour tout le monde.

Quand la new-wave, le « big data » et le sens commun sont d'accord sur quelque chose, c'est peut-être le signe qu'on tient un sujet intéressant. Des chercheurs britanniques se sont donc demandé si les jours de la semaine n'auraient pas, en quelque sorte, chacun leur propre « personnalité », et une habile série d'expériences leur a donné raison[36]. Tout d'abord, ils ont examiné à quelle fréquence les gens se méprennent sur le jour qu'il est. Ils ont trouvé que ce genre d'erreur ou d'hésitation est assez fréquent (plus d'un tiers des sondés), mais qu'il se focalise essentiellement sur le milieu de la semaine : les mardi, mercredi et jeudi sont particulièrement propices à la désorientation temporelle, le plus souvent à un jour près. En d'autres termes, le mardi les gens ont tendance à se croire le mercredi, et vice-versa, mais les lundi, vendredi et le week-end, ils sont à peu près certains du jour qu'il est. Les jours fériés ou des circonstances inhabituelles contribuent à cet effet de décalage. Chacun aura eu l'impression qu'un lundi de Pentecôte ressemble assez à un dimanche, et que le jour de reprise du travail, le mardi donc, a comme un goût de lundi, et ce sentiment d'être décalé d'un jour peut parfois se poursuivre jusqu'à la fin (réelle) de la semaine. Une deuxième expérience a confirmé ce résultat, en montrant qu'à la question « quel jour on est ? », les gens mettent entre deux et huit dixièmes de seconde de plus à répondre pour les jours du milieu de semaine que pour les lundi et vendredi. En outre, en compulsant Internet et des millions de livres numérisés, les chercheurs ont constaté un profil semblable : les jours du milieu de la semaine sont sous-représentés par rapport aux autres. Finalement, quand on demande à des cobayes d'associer librement des mots aux jours de la semaine, on constate qu'ils sont nettement moins productifs pour les mardi, mercredi et jeudi que pour le reste de la semaine, et le contenu émotionnel des mots qu'ils trouvent est polarisé pour le lundi (pas bien) et le vendredi (bien), tandis qu'il est globalement pareil pour les insipides mardi, mercredi et jeudi.

Dans nos têtes, il semble donc que le milieu de la semaine constitue une sorte de bouillie informe qui favorise les confusions et n'inspire pas grand-chose d'intéressant, tandis que le lundi, le vendredi et le week-end ont une personnalité forte, riche et distincte. Après tout, nos vies entières sont rythmées par la succession de ces jours : nous avons donc amplement le temps de faire leur connaissance, de nous plier à leurs impératifs, de souscrire aux usages collectifs qui en sont faits. C'est là une routine invisible qui se confond presque avec notre existence même, et toute entaille à cette routine suffit à déstabiliser cet édifice des jours qui s'égrènent, imperturbablement, toujours dans le même ordre.

LA MÉMOIRE AU FIL DU TEMPS

Un des événements les plus réjouissants de l'année 2019 fut certainement l'émergence de l'expression « Ok, boomer ». Le visage médusé des vieux réacs se faisant clouer le bec par ce slogan lapidaire valait à lui seul le détour. L'invective est surtout dirigée contre les hommes de plus de 50 ans, catégorie de la population dont il faut bien reconnaître qu'elle a peut-être un peu trop pris l'habitude d'être écoutée et respectée, assurée qu'elle a toujours été de pouvoir pontifier sur tout et n'importe quoi en toute impunité. De fait, un « Ok, boomer » bien placé veut dire beaucoup plus qu'un brutal « taisez-vous ! ». Cela signifie : « Votre discours appartient à l'ancien monde et discuter avec vous est inutile, nous avons mieux à faire, merci, bye bye. » C'est une nouvelle version de « cause toujours », mais avec une nette connotation générationnelle et sexiste, dont on peut certes déplorer le côté clivant. « Ok, boomer », en effet, revient plus ou moins à couper les ponts entre des générations qui non seulement n'ont rien à se dire, mais qui sont, chacune, entièrement privée des codes et des ressources permettant d'interagir avec l'autre.

Les principaux intéressés s'offusquent d'être ainsi disqualifiés du simple fait qu'ils seraient dépassés. Les voilà victimes d'un épouvantable « âgisme ». Derrière cette susceptibilité se cache quelque chose de plus profond. En réalité, personne ne souhaite être réduit à son âge réel : les plus âgés parce qu'ils se sentent très jeunes dans leur tête, les plus jeunes parce qu'ils se croient plus matures.

Un phénomène universel et aujourd'hui assez bien quantifié. Une méta-analyse récente de toutes les études publiées sur le sujet a porté sur près d'un million et demi de personnes de tous âges[37]. Il en ressort que jusqu'à 25 ans, la majorité des jeunes se sentent plus vieux dans leur tête (ils se donnent en moyenne de deux à trois ans de plus), et après 25 ans, on se sent plus jeune qu'on ne l'est, et même de plus en plus jeune. À partir de 40 ans, on garde l'impression d'être environ 20 % plus jeune que son âge, c'est-à-dire qu'en moyenne on se sent avoir treize ans de moins. Une autre façon de voir les choses, c'est que notre corps vieillit sur Terre, tandis que notre esprit vieillit sur Mars, où chaque décennie correspond à peu près à 5,33 de nos années[38].

Cette dissociation entre âge réel et âge ressenti s'observe sur tous les continents. Mais les différences sont plus marquées dans les cultures individualistes, comme l'Amérique du Nord et l'Europe, probablement parce qu'on y associe volontiers la jeunesse au succès, à la performance, à la beauté et à la force, et que la vieillesse est sujette à de nombreux stéréotypes négatifs. En Afrique et en Asie, le grand âge est moins stigmatisant, et peut même être un signe de puissance et de sagesse.

L'âge est un sujet assez sensible pour beaucoup et des chercheurs ont mis en évidence des manières variées de réagir à cette question : certains affirment n'y prêter aucune attention, d'autres se disent franchement incrédules quand ils prennent conscience de leur âge véritable, quand d'autres au contraire le dissimulent, et certains encore invoquent une certaine multidimensionnalité à cette problématique : ils se sentent physiquement trop vieux, mais sur le plan romantique très jeunes, ou intellectuellement dépassés, tout en étant artistiquement à l'avant-garde[39].

Ce que les chercheurs appellent l'âge subjectif reste mal expliqué et dépend d'une foule de facteurs, comme la santé, les événements marquants, la proximité d'un anniversaire, le milieu social, la culture ambiante, la présence familiale où que sais-je encore. Dans son roman *L'Immortalité*, Milan Kundera avait sans doute bien identifié le problème : « Par une certaine partie de nous-mêmes, nous vivons tous au-delà du temps. Peut-être ne prenons-nous conscience de notre âge qu'en certains moments exceptionnels, étant la plupart du temps des sans-âge. » En effet, nous n'avons heureusement pas de compteur interne qui nous indique en permanence notre âge véritable. Celui-ci n'est qu'une valeur arbitraire, annexée aux circonvolutions de notre planète autour du Soleil, et nous n'avons pas d'autres raisons d'y penser que les impératifs culturels, traditionnels et professionnels que nous nous sommes imposés.

Pourtant, loin d'être une simple coquetterie, l'âge subjectif est un indice très important pour la satisfaction et la qualité de vie, en particulier la santé physique et mentale, il est même associé au taux de mortalité, indépendamment de l'âge réel. En d'autres termes, le fait de se sentir plus jeune que son âge pourrait être associé à notre survie ! En revanche, chez les adolescents, le fait de se sentir plus âgé contribuerait à l'adoption de conduites à risque, augmentant par exemple la probabilité de commencer à fumer.

Nous pouvons donc maintenant donner une interprétation plus nette à l'expression « Ok, boomer » : « Tu n'es pas aussi frais et pimpant que tu te l'imagines, vieux con, et puis tu vas bientôt mourir. » Ce n'est pas très gentil, mais pour des gens qui prétendent donner des leçons de réalisme à la jeunesse, c'est un rappel qui n'est sans doute pas inutile, que ce soit sur Terre ou sur Mars…

AU REVOIR, PRÉSIDENTS

Nos femmes et hommes politiques, au-delà, bien entendu, de servir leurs concitoyens et de contribuer au bien commun, espèrent sans doute laisser une trace dans l'histoire. C'est oublier un peu vite qu'un jour, pas si lointain, la plupart d'entre eux seront tout simplement… oubliés. J'ignore si cette piqûre de rappel les rendra plus modestes ou plus irresponsables, mais c'est malheureusement le sort qui nous attend presque tous.

Et encore, il y a des pays où les responsables politiques sont moins mémorables qu'ailleurs. Prenez le système de gouvernement suisse, une structure byzantine échelonnée entre municipalités, communes et cantons, où l'on parle quatre langues, chapeautée par un Conseil fédéral où chaque année, un des sept « ministres », généralement réélus par le Parlement tous les quatre ans tant qu'ils ne démissionnent pas, prend à tour de rôle le poste de « président ». Petit test de culture générale : sauriez-vous dire en quelle année Christoph Blocher a été président de la Confédération ? Non ? Normal, c'était un piège ! Ce tribun d'extrême droite n'a jamais été président parce qu'il s'est fait remplacer avant son « tour » lors d'une fronde politique rarissime dans ce pays. C'est peut-être d'ailleurs pour cette raison que la plupart des Suisses se rappellent qu'il a été effectivement conseiller fédéral, mais quant à dire, de mémoire, qu'il l'a été de 2004 à 2007, c'est une autre affaire...

Avec un tel système, on comprend que les personnes à la tête de la Confédération helvétique ne laissent quasiment, et très rapidement, aucun souvenir chez les concitoyens. Les chefs d'État étrangers, du reste, sont souvent bien embarrassés pour dire qui dirige la Suisse « en ce moment »... Ils sont donc précipités dans les trappes de l'oubli aussi rapidement qu'ils ont atteint le sommet, et parfois même alors qu'ils sont encore en fonction. Aucun Suisse ne se souvient de Rudolph Friedrich, Willi Ritschard, Rudolf Gnägi, Jean Bourgknecht, Josef Escher, Marcel Pilet-Golaz ou Johann Schneider-Ammann, autant de grands noms qui ont sans doute passionné les foules à une époque, mais dont on ne garde, au mieux, qu'une sorte de vague résonance lointaine. Et si le dernier vous dit tout de même quelque chose, c'est parce que c'est celui qui a annoncé un jour, sur un ton lugubre, que « rire, c'est bon pour la santé ». On échappe à l'oubli comme on peut...

Le moins que l'on puisse dire, c'est que le roman national helvétique ne compte pas trop sur ses illustres leaders pour forger ce qu'on appelle une « mémoire collective ». On doit au sociologue français Maurice Halbwachs l'invention de ce concept. Celui-ci se demandait, dans les années 1920, comment une société se rappelle sa propre histoire. Jusque-là, la mémoire était étudiée sur le plan strictement individuel et on en dérivait des lois de la mémorisation sur le plan général. Primauté, récence et distinction sont les maîtres-mots de cette science pionnière : on se souvient mieux des choses apprises en premier, des choses apprises en dernier, et des choses si particulières qu'elles se distinguent toutes seules du reste (encore que nous avons vu que le concept de « mémorabilité » n'était pas si bien compris). Mais on découvrait également à quel point notre mémoire était capricieuse et peu fiable : on mélange tout, on se souvient de choses imaginaires, on oublie vite... Si ces observations concernent surtout le plan individuel, nous avons vu que certaines choses qu'on oublie, qu'on néglige complètement ou qu'on se rappelle faussement semblent largement les mêmes pour tous. Mais la mémoire collective désigne aussi, plus largement, le partage de certains souvenirs dans une communauté qui fonde son identité, précisément, sur ces souvenirs. Ce dont tout le monde se souvient, c'est ce qui permet de constituer un « nous ». *A priori*, il n'y a aucune raison de penser que cela fonctionne comme la mémoire individuelle. Et pourtant, cela semble bien être le cas.

Depuis plus de quarante ans, Henry L. Roediger III, de l'université Washington à Saint-Louis, étudie un phénomène tout simple. Il demande régulièrement aux gens de noter tous les présidents (des États-Unis) dont ils se souviennent, et si possible dans l'ordre[40]. Il en ressort que les gens se souviennent assez bien des pionniers (Washington, etc.), des derniers présidents et, quelque part au milieu, de Lincoln. Ce résultat est stable depuis les années 1970, mais évidemment la courbe de récence ne cesse de se déplacer avec les nouveaux présidents, ce qui fait que depuis lors, les gens ont déjà commencé à oublier Roosevelt, Truman et même Nixon. Le chercheur prédit qu'en 2040, Ford et Johnson seront oubliés au même niveau que Polk, Fillmore et McKinley, c'est-à-dire *totalement* oubliés. Certes, une courbe d'oubli d'environ soixante ans, ce n'est quand même pas si mal. Mais pour des gens qui se figuraient être au sommet du monde, ce serait sans doute dur à avaler s'ils étaient là pour le voir.

Il est probable que l'on obtiendrait des résultats similaires avec les présidents français, encore que la comparaison avec les États-Unis serait intéressante à faire. De fait, on obtient des résultats semblables à ceux de Roediger III en Chine et au Canada, mais difficile de savoir ce que cela donnerait avec la Suisse. Le système politique y est tellement différent qu'il faudrait peut-être tout diviser par sept (le nombre de Conseillers fédéraux présents à chaque investiture), et ensuite indexer chaque ministre selon sa région linguistique, son département et la durée de sa fonction. Ce serait bien compliqué et les résultats seraient sans doute assez navrants. En réalité, il y a toutes les raisons de penser que les concitoyens suisses réussiraient beaucoup mieux ce test avec les présidents américains ou français, ce qui en dirait sans doute aussi long sur les uns que sur les autres.

« L'ILLUSION DE LA FIN DE L'HISTOIRE »

Revenons un peu à nos vieux cons, les « boomers ». Nous avons vu qu'une des raisons pour lesquelles ils se sentaient un peu dépassés et incompris, c'est parce qu'ils ne comprennent peut-être pas à quel point ils sont vieux. Ils ont une représentation d'eux-mêmes qui ne correspond pas à la réalité, ils se sentent beaucoup trop jeunes et, par conséquent, leurs contacts avec les *vrais* jeunes ne peuvent être que source de malentendus. Sont-ils pour autant les seuls responsables de ces conflits de générations ?

Pour fascinante qu'elle soit, l'étude des différences entre âge réel et âge ressenti souffre de quelques limites. L'âge subjectif, après tout, est simplement un chiffre auquel on accède par introspection, et très probablement par comparaison avec ses propres souvenirs. On se dit qu'on ne sent finalement pas tellement de différences entre la personne que l'on était il y a dix ou quinze ans, et celle que l'on est aujourd'hui, et puis on ne voit pas très bien ce que cela serait censé évoquer comme sensations d'avoir l'âge que l'on a vraiment, puisque celui-ci n'a pas d'autre point de comparaison que lui-même (quand on a 47 ans, comme moi à l'heure où j'écris ces lignes, on a cet âge pour la première fois, et je serais tenté de dire « heureusement ! »).

L'âge, qu'il soit réel ou ressenti, est donc une chose assez abstraite. Les gens, lorsqu'ils pensent au concept d'âge subjectif, évoquent plutôt un ressenti global lié à leur état de santé, bien sûr, mais aussi à leur fraîcheur d'esprit, leurs idées, leurs valeurs, leurs projets, leurs désirs, leur curiosité, etc. En un mot, pour déterminer leur âge ressenti, ils font appel à leur sens de l'identité. Ils envisagent qui ils sont maintenant, la personne qu'ils sont *devenus*. Et de façon intéressante, sur ce point il semble que « boomers » et « millenials » se ressemblent beaucoup plus qu'ils ne l'imaginent. Georges Brassens, comme souvent, avait probablement raison : « entre vous, plus de controverses », aurait-on envie de leur dire (sans vouloir être désobligeant).

En effet, de 18 à 68 ans, tout le monde se figure être enfin devenu la personne qu'il doit être. Les psychologues appellent ce phénomène « l'illusion de la fin de l'histoire »[41]. C'est une chose très curieuse : à chaque moment de notre vie, nous pensons que notre identité a atteint un point idéal de stabilité et que nous n'allons désormais guère plus changer, même si nous *savons* à quel point nous avons déjà changé ! Les recherches sur le sujet, publiées en 2013, ont porté sur près de 20 000 personnes auxquelles on a demandé : « à quel point avez-vous changé depuis les dix dernières années ? », et « à quel point pensez-vous changer ces dix prochaines années ? ». Résultat : femmes et hommes pensent qu'ils ont davantage changé dans le passé qu'ils ne vont changer à l'avenir, et ce, quel que soit leur âge.

On obtient la même chose avec des questions plus spécifiques portant sur la personnalité (stabilité émotionnelle, ouverture d'esprit, extraversion, etc.), les valeurs (bonheur, succès, sécurité, etc.) ou les préférences (genre musical préféré, destination de vacances, plat, hobby et nom du meilleur ami). Les personnes interrogées estiment qu'elles ont davantage changé sur ces points qu'elles ne le feront. En somme, votre état d'esprit d'il y a dix ans n'était pas vraiment votre véritable état d'esprit, c'est celui d'à présent qui l'est et qui le restera.

Cela révèle à quel point la plupart d'entre nous se croient psychologiquement figés. Il est sans doute plus facile de reconnaître que nous avons changé par le passé, que d'admettre que nous allons encore beaucoup changer à l'avenir. Ce serait donner une image bien versatile de nous-mêmes, comme si finalement, nous ne nous connaissions pas si bien, ou nous ne sachions pas trop ce que nous voulons. D'autant plus que, naturellement, le futur nous est inconnu et donc difficile à imaginer. L'illusion de la fin de l'histoire permet de nous rassurer en stabilisant notre sens de l'identité, mais nous rend du même coup myopes quant à nos possibilités d'évolution. Surtout, elle nous aveugle sur le fait que nous puissions nous tromper, faire fausse piste, ou surestimer le degré de nos convictions, ce qui pourrait contribuer à des phénomènes socio-politiques de polarisation. En effet, le fait de penser que nos idées actuelles sont nos idées définitives, et que nous ne risquons plus de changer d'opinion à l'avenir, peut nous maintenir dans une sorte de rigidité partisane qui nous pousse à défendre bec et ongles des principes, qui après tout pourraient changer, puisqu'on sait qu'ils ont déjà changé par le passé[42].

Que l'on soit issu de la dernière averse ou des neiges d'antan, nous sommes tous également réfractaires à la simple idée que nous pourrions, et nous allons certainement, changer à l'avenir. Mais si nous sommes tous certains d'avoir atteint notre apogée et que rien ne pourra plus nous faire changer d'avis, nous créons artificiellement des conditions très difficiles pour communiquer sereinement.

Et de fait, on tient là un mécanisme idéal pour assurer la reproduction du vieux con, et ce dès le plus jeune âge. Chacun ayant une assez haute opinion de ses compétences, préférences et valeurs *actuelles*, il est tentant de les projeter sur l'ensemble de sa propre génération et de juger par comparaison que les *autres* générations, et notamment les plus jeunes, en sont cruellement démunies. C'est l'effet classique « c'était mieux avant », aussi connu sous le terme « y a plus d'jeunesse »[43]. Bien sûr, ce type de jugement dénigrant (ils ne respectent rien, ils ne lisent plus, leur musique est nulle) relève du stéréotype, mais le fonctionnement de la mémoire humaine pourrait y tenir un rôle important. Cela expliquerait pourquoi on retrouve ces préjugés contre les jeunes au moins depuis l'Antiquité. Après tout, si vraiment chaque génération était plus paresseuse, égocentrique, stupide et apathique que la précédente, on voit mal comment l'espèce humaine aurait pu survivre ou accomplir quoi que ce soit.

5
AVEZ-VOUS DÉJÀ TENTÉ DE « SCROLLER » DU PAPIER ?

Nous avons exploré jusqu'à présent des erreurs et curiosités relatives à trois domaines de la cognition humaine : le langage, la perception et la mémoire. Les neuropsychologues se spécialisent généralement dans l'une ou l'autre de ces fonctions, qu'ils divisent ensuite en différents sous-domaines et qu'ils associent à différentes régions du cerveau. Leurs patients perdent la capacité de s'exprimer, ne reconnaissent plus les objets ou les visages, ou ne parviennent plus à récupérer des anciens souvenirs ou à en emmagasiner des nouveaux. Mais nous avons vu que même à l'état normal, si l'on peut dire, les dérapages, blocages, inversions et activations inappropriées des mécanismes impliqués dans la cognition ordinaire sont nombreux et fréquents.

Il existe cependant un registre cognitif dont la fonction même est d'éviter ces erreurs. Ce sont les « fonctions exécutives », largement localisées dans nos lobes frontaux. Des lésions de cette zone située au-dessus de nos yeux, et qui constitue d'ailleurs près des deux tiers de notre encéphale, produisent des déficits très particuliers, qui altèrent souvent nos capacités à contrôler et organiser nos représentations mentales. Ces capacités assez abstraites sont décrites comme « supérieures » ou « de haut niveau », et associées à notre intelligence spécifiquement humaine, parce qu'elles permettent des prouesses comme la concentration, l'attention soutenue, la flexibilité, la symbolisation, la planification, l'imagination et même le jugement moral.

Ces fonctions reflètent des concepts philosophiques comme la rationalité, l'autonomie ou le libre arbitre : ce sont les compétences qui déterminent notre capacité d'agir et de décider, de changer d'avis, de nous défendre contre les influences extérieures, de résister à l'autorité, de contrôler nos impulsions, de gérer nos affects, en un mot, d'*être nous-mêmes*. Vaste programme, qui, on s'en doute, est sujet à bien des défaillances, comme toutes nos fonctions cognitives.

Certaines de ces failles sont d'ordre social, elles concernent nos interactions et notre compréhension d'autrui. Nous les examinerons au chapitre suivant, ici je m'intéresse aux défaillances dites de persévération, de transfert et d'intrusion. Trois termes à peu près synonymes qui désignent les situations où nous semblons perdre le contrôle parce qu'une activité, une pensée ou une attitude a usurpé la place d'une autre.

PERSÉVÉRER EST DIABOLIQUE

Albert Einstein aurait affirmé que « la folie, c'est de faire toujours la même chose et de s'attendre à un résultat différent ».

Il semble plus sage, en effet, de savoir se remettre en question, d'adapter son comportement au regard des performances passées et des changements de contexte, et d'être prêt à adopter une nouvelle stratégie si celle-ci semble plus appropriée qu'une autre. Cette capacité de moduler son comportement en fonction des circonstances et grâce à la connaissance de soi est parfois considérée comme la définition même de l'intelligence. C'est dire si elle ne va pas de soi, comme si la tendance à toujours faire pareil, à s'accommoder de vieilles routines et d'habitudes tenaces, à ne pas ajuster son tir quand c'est nécessaire, était la norme, une attitude par défaut.

Et c'est bien ce que semble nous indiquer la clinique neurologique. De nombreuses formes de perturbations ou de lésions cérébrales portent directement atteinte à l'autonomie humaine, les patients n'étant plus tout à fait maîtres de leur comportement. Au tournant du XIXe siècle, les pionniers de la neurologie du comportement commencent à identifier d'étranges symptômes de répétition. Certains patients semblent comme figés sur un certain type de réponse, qu'ils vont produire en toutes circonstances. Cela peut être un mot, un geste ou un dessin, qui pourra initialement être la réponse correcte à une demande, mais qui s'introduira ensuite abusivement dans les tâches suivantes. Dans les cas extrêmes, les patients aphasiques en viennent à n'utiliser plus qu'un seul mot, comme Charles Baudelaire, qui à la fin de sa vie ne pouvait plus dire que le mot « crénom », ou encore le poète Valery Larbaud qui, frappé d'un trouble semblable, répétait toujours cette même phrase : « Bonsoir les choses d'ici-bas[1]. » On appelle ce symptôme « stéréotypie » et le neurologue britannique Hughlings Jackson le qualifiait, en 1879, de syndrome de l'orgue de barbarie (ou « orgue de barbarisme »), comme si le patient jouait continuellement le même air.

Le terme « persévération » apparaît en 1895 pour désigner un comportement qui est la répétition inappropriée d'un comportement précédent, quand on attendrait une réponse adaptée à une nouvelle situation[2]. Mais les stéréotypies sont trop prévisibles, constantes et envahissantes pour être qualifiées de persévérations, puisque le patient ne peut faire autre chose que ce comportement unique. En fait, les persévérations sont plutôt associées à des comportements proches dans le temps, effectués quelques secondes ou minutes avant la production persévérative, et elles changent en fonction des stimuli et indices disponibles dans un contexte donné. On les classe généralement en trois catégories[3]. Les persévérations « continues » désignent l'incapacité d'arrêter un comportement au moment opportun. Le patient se retrouve comme emballé et poursuit son action bien au-delà des limites nécessaires. Le neurologue Alexandre Luria les qualifiait d'« inerties pathologiques » et il en a donné les exemples désormais classiques du patient à qui on demande de dessiner un simple cercle, et qui poursuit malgré lui son geste jusqu'à faire dix ou vingt tours avec son crayon[4]. Dans le même registre, on parle aussi de persévérations « toniques » pour désigner le fait de ne pouvoir relâcher un geste de préhension : des patients qui vous serrent la main et semblent incapables de la desserrer (réflexe dit de « *grasping* », qu'on trouve aussi chez les bébés). Un autre type concerne les persévérations « récurrentes », autrement dit la production involontaire d'une réponse déjà donnée auparavant, dans un contexte nouveau. On demande par exemple au patient de nommer une image, et il répond correctement

« chien », mais peu après, lorsqu'on lui demande de nommer l'image d'une maison, il reste sur le mot « chien ». Enfin, les persévérations dites de « *stuck-in-set* » (qu'on peut traduire par « coinçage », « enlisement », « rigidité » ou « fixité ») sont plus abstraites et désignent l'incapacité d'abandonner une stratégie ou une attitude pour passer à une autre. Par exemple, on demande à un patient de produire le plus grand nombre possible de noms d'animaux en une minute (tâche de « fluence verbale »), et quelques minutes plus tard, dans un tout autre test de mémoire d'une liste de quinze mots, le patient se met à nouveau à réciter des animaux.

Ces phénomènes sont souvent attribués à une dysfonction des processus inhibiteurs : ces patients ont perdu le « frein » qui d'ordinaire nous sert à interrompre une activité et à nous en désengager pour passer à une autre. Les persévérations peuvent être plus ou moins sévères ou fréquentes, se manifester de façon immédiate ou tardive, être produites de façon compulsive et incoercible ou presque intentionnelle, enfin le patient peut en prendre conscience ou pas du tout.

Le passage d'une action à une autre, ou d'un contexte à un autre, n'est pas une mince affaire. Parfois, il semble que les persévérations sont dues à l'activation prépondérante d'un schéma d'action qui ne parvient plus à s'effacer au profit d'un autre. D'autres fois, il semble que ce soit plutôt la nouvelle action qui peine à prendre suffisamment de place pour remplacer une action précédente anodine. Et dans des cas plus spectaculaires, c'est l'autonomie même de l'individu qui semble en jeu, son comportement étant à la merci de celui d'autrui ou des indices présents dans l'environnement.

On doit au neurologue François Lhermitte d'avoir isolé une série de symptômes où le patient persévère sur des actions qui ne sont même pas de son cru, et qu'il peut répéter jusqu'à l'absurde[5]. Le plus commun est le « comportement d'imitation » : le patient reproduit les gestes ou les paroles de l'examinateur même lorsque celui-ci lui intime explicitement de ne rien faire, ou de faire autre chose. Il suffit alors de lever son bras et le patient lève le sien. On lui demande de rester parfaitement immobile, mais sitôt qu'on tape dans ses mains par surprise, il se met à applaudir. Ces patients vont parfois encore plus loin : alors qu'on leur demande de ne pas bouger, ils vont s'emparer des objets qui se trouvent autour d'eux et se mettre à les employer, ce qu'on appelle « comportement d'utilisation ». On place simplement une paire de ciseaux et une feuille de papier sur le bureau, sans rien dire, et ils se mettent à découper méthodiquement la feuille. Parfois, ces comportements sont effectués de façon répétitive, aussi longtemps qu'on les laisse faire. Certains patients en viennent ainsi à empiler les déguisements à mesure qu'on met à leur disposition des accessoires comme des lunettes, des chapeaux, des écharpes et des colliers. Interrogés sur leur comportement, ils répondent qu'ils ne peuvent pas s'en empêcher, ou se justifient en arguant qu'ils pensaient devoir s'exécuter ainsi.

Un syndrome encore plus extrême est celui de la « dépendance à l'égard de l'environnement ». Lhermitte accompagnait ses patients au parc ou les faisait venir chez lui. À l'évocation du concept de « jardin », l'une se mettait à arroser des fleurs, tandis que le terme « musée », chez un autre, le motivait à se déplacer dans un appartement comme s'il visitait un musée.

Un patient décrit par mon premier maître de neurologie, Gil Assal, ne pouvait s'empêcher, où qu'il aille, de lire à haute voix toute trace de texte écrit, un comportement qu'il a appelé « hyperlexie »[6] : notices d'emballage, enseignes de magasin, panneaux publicitaires, signalisation routière, tout y passait. Des médecins italiens ont rapporté en 2007 le cas d'un patient présentant ce qu'ils ont appelé le « syndrome de Zelig », en hommage au film *Zelig* de Woody Allen (1983), où le personnage central adapte spontanément son identité au contexte dans lequel il se trouve[7]. Le patient en question, un acteur et homme politique italien de 65 ans présentant une atteinte des régions frontotemporales après un arrêt cardiaque, adoptait l'identité d'un médecin lorsqu'il était au cabinet médical, d'un psychologue lors de ses séances de psychothérapie, d'un ingénieur lorsqu'il visitait un chantier, d'un barman lorsqu'on l'invitait dans la cafétéria de l'hôpital, d'un chef lorsqu'on le promenait dans les cuisines de l'hôpital (mais il refusait cependant d'incarner le rôle, apparemment subalterne, d'un blanchisseur lors d'une visite à la buanderie).

Ces fascinantes manifestations cliniques sont parfois proches de nos comportements ordinaires. Autrement dit, même sans souffrir de maladies neurologiques, nous présentons des symptômes persévératifs dans quantité de situations. Nous imitons spontanément les gestes d'autrui sans y faire attention[8]. Lorsque quelqu'un nous tend la main, nous avons le réflexe de lui tendre la nôtre. Lorsque quelqu'un regarde le ciel, il suffit de quelques minutes pour qu'un attroupement se forme avec des individus qui regardent au même endroit. Lorsque quelqu'un attend le bus au mauvais endroit, une file se forme derrière lui qui ne mène nulle part. Lorsque quelqu'un se met ostensiblement à bâiller, nous ne pouvons réfréner notre propre bâillement, et un phénomène semblable explique des crises de fou rire imitatives. Nous « utilisons » de même toutes sortes de choses sans y prêter garde. Nous gribouillons nonchalamment sur un carnet de notes lorsque nous sommes au téléphone, nous déchirons des bouts de papier et formons des boules avec de la mie de pain tout en discutant avec nos amis. Et puis nous changeons spontanément d'attitude en fonction des endroits que nous visitons : nous ne sommes pas les mêmes selon que nous soyons seuls dans notre voiture, dans la foule d'un stade, dans le calme d'une bibliothèque, dans la solennité d'un musée ou d'une église ou dans une boîte de nuit. Nous adaptons aussi notre attitude à nos interlocuteurs, selon notre rôle social, les attentes de chacun et les normes en vigueur.

Le concept de « déformation professionnelle » illustre d'ailleurs bien ce principe persévératif qui englobe toute notre existence[9]. Chacun voit le monde à travers ses habitudes, ses désirs, ses connaissances et ses croyances. L'ingénieur et l'ouvrier ne peuvent s'empêcher de percevoir des finitions hasardeuses, des câbles mal placés, des angles biscornus, ou une construction difficile et admirable où qu'ils se rendent, le décorateur d'intérieur se désespère à chaque fois qu'il entre dans la chambre dévastée de son adolescent, le comédien perçoit les gestes les plus infimes d'un personnage qu'il aura à incarner et le pédiatre frémit quand il voit des enfants s'ébattre sur un trampoline de jardin. Nous projetons tous notre propre identité sur le monde qui nous entoure et, d'une certaine façon, nous sommes sujets en permanence à toutes sortes de persévérations, d'intrusions et de transferts d'un domaine de l'existence à l'autre, colorant chaque épisode de nos vies de ceux qui les ont précédés.

Le concept d'affordance, abordé au chapitre 3, prend peut-être ici un sens plus clair. Lorsqu'un patient est victime de comportements d'utilisation ou de dépendance à l'égard de l'environnement, il cède en quelque sorte à la puissance des objets et du contexte, qui activent à son insu des schémas d'action automatiques, s'emparant de son sens de l'autonomie pour « agir » à sa place. Et comme nous le verrons plus bas, l'irruption constante de nouveaux gadgets et de nouvelles habitudes dans nos vies, ainsi que des événements à grande échelle comme une pandémie, suffisent parfois à simuler une atteinte des lobes frontaux.

Des traces du passé ?

On cherche généralement ce qui s'est perdu. C'est peut-être guidés par cette profonde observation que des chercheurs ont décidé de comprendre pourquoi les gens se perdent et pourquoi ils se mettent à tourner en rond quand ils sont perdus. Rappelez-vous les Dupondt sur leur Jeep dans *Tintin au pays de l'or noir*, tout contents de retomber sur leurs propres traces dans le désert, et se figurant que cette trouvaille va les aider à retrouver leur chemin… De façon anecdotique, j'ai entendu quelques témoignages de personnes qui se sont retrouvées deux fois de suite, ou même davantage, au même rayon dans un magasin Ikea. Il semblerait que l'arrangement spécifique de cette enseigne soit conçu pour que nul ne soit capable d'en sortir, et quiconque s'est déjà promis d'acheter une plante, une bougie, un plaid, une rallonge et rien d'autre a fini par tourner en rond misérablement dans ce dédale insoluble.

Pendant longtemps, la science n'avait pas d'explication pour cet étrange comportement. La question fut résolue en 2009, grâce à une étude où des volontaires furent lâchés en pleine forêt palatine et dans le désert du Sahara, avec pour seule instruction d'aller… le plus droit possible[10]. Petite vacherie : l'expérience était menée par temps couvert ou de nuit, donc en l'absence de toute possibilité de s'orienter grâce au Soleil. L'analyse des tracés GPS était édifiante. Les malheureux cobayes faisaient à peu près n'importe quoi et tournaient effectivement en rond à plusieurs reprises. Le pire est qu'ils croyaient sincèrement aller tout droit ! La démonstration était donc spectaculaire, mais cette étude n'apportait pas vraiment d'explication à ces *circumlocomotions*.

Plus récemment, des chercheurs de Bordeaux ont remis ça, mais dans un grand hall vide et en bandant les yeux des participants[11]. Là encore, impossible d'aller tout droit pour la plupart des volontaires, certains déviant de presque 90° après trente mètres à peine ! Mais pourquoi diable est-on si nuls pour une tâche *a priori* si simple ? Ayant effectué plein de tests et écarté d'anciennes hypothèses (ma préférée étant celle d'un correspondant anonyme du magazine *Scientific American*, affirmant que c'était un effet prévisible d'une asymétrie dans la longueur des jambes), l'équipe bordelaise a conclu que le principal coupable est le système vestibulaire, cet organe complexe dans notre oreille interne qui gère le sens de l'équilibre. Un biais subtil pour la droite ou la gauche tirerait les gens vers un côté, un peu comme un volant mal calibré fait insensiblement dévier votre voiture de la route. Tout en dérivant subtilement, mais inéluctablement, de notre chemin, on conserve tout de même l'impression d'aller tout droit, et la marge d'erreur s'accumulant au fur et à mesure qu'on avance, on finit évidemment par se retrouver à notre point de départ ou presque.

Ces recherches sont potentiellement utiles pour les voyageurs, les aveugles et les secouristes, mais les tintinophiles savaient déjà que les Dupondt sont tout simplement un peu… bêtes.

Vivement la rentrée !

Avez-vous déjà eu l'impression qu'un voyage semblait beaucoup plus long à l'aller qu'au retour, bien que la distance soit la même dans les deux cas ? Comme il arrive aussi aux scientifiques de partir en vacances, ils ont pu observer cette différence entre l'aller et le retour et tenter de l'expliquer. Pour étudier la perception du temps lors d'un voyage, ils se sont donc assurés que la durée *objective* est exactement la même pour l'aller et le retour, puis ont mesuré le temps *subjectif*, par exemple en demandant aux gens de fournir une estimation du temps écoulé. Tous les écoliers savent en effet que ce n'est pas pareil : ainsi, à durée égale, les cours d'allemand paraissent étrangement plus longs que les classes de dessin…

De cette manière, plusieurs expériences, avec de véritables voyages ou des « voyages » effectués en réalité virtuelle, non seulement en voiture, mais aussi à vélo, à pied ou en train, ont pu mettre en évidence qu'à longueur égale, le trajet du retour semble effectivement souvent plus court, et on a même appelé ça l'« effet du trajet de retour » (*return trip effect*)[12].

L'explication la plus simple est la suivante. Lorsqu'on part pour une nouvelle destination, il y a une certaine excitation liée à une destination encore inconnue, on a hâte d'arriver mais on ne sait pas très bien ce qui nous attend, et on connaît peu, ou pas du tout, les circonstances du voyage. Un séjour dans un lieu encore inconnu est d'ailleurs l'occasion de découvertes : tout ce que nous voyons semble neuf, étonnant et digne d'intérêt, et en ce sens l'aller est par nécessité beaucoup plus riche psychologiquement que le retour. Bref, dans cet état, nous *sous-estimons* le temps d'arrivée, et le voyage nous paraît, finalement, plus long que prévu, ou en tout cas que nous l'avions imaginé. Or, pour le retour, nous gardons cette impression initiale en tête : ce que c'était long ! Comme pour compenser, nous *surestimons* alors la durée du trajet du retour, qui nous paraît plus court que prévu, et donc plus bref que le trajet du départ.

Cela dépend bien sûr du type de voyage : l'effet du retour est moindre ou disparaît pour les destinations très familières, comme l'école ou le travail. Pour autant, le sujet reste encore assez controversé et mal compris. Selon certaines études, en effet, la familiarité (ou l'absence de familiarité) avec le trajet ne jouerait qu'un rôle mineur, et l'illusion serait essentiellement rétrospective, c'est-à-dire qu'elle se manifesterait lors de l'évaluation du temps passé *après* que chaque trajet a été effectué, tandis que lorsqu'on demande aux gens d'estimer la durée des trajets *pendant* les trajets, l'illusion disparaît[13]. Quoi qu'il en soit, l'effet du trajet de retour conserve encore bien des mystères et illustre à quel point nos expériences subjectives peuvent se dissocier des vécus objectifs, et combien nos attentes sont influencées inconsciemment, et influencent en retour nos attentes suivantes.

POURQUOI CERTAINES CHANSONS SONT-ELLES COLLANTES ?

Nous l'avons tous éprouvée un jour, cette expérience d'avoir « une musique dans la tête ». L'« imagerie musicale involontaire », comme les chercheurs l'appellent, semble relever d'un autre type de mémoire que les « souvenirs autobiographiques involontaires » abordés au chapitre précédent, et reposer sur d'autres mécanismes de rappel spontané. En outre, ces souvenirs-là peuvent être péniblement durables et leur activation liée à des facteurs intrinsèquement musicaux, plutôt qu'à des indices présents dans notre environnement direct.

Certains auteurs associent ces airs qui nous trottent, malgré nous, dans la tête à des « souvenirs sémantiques involontaires »[14]. Ce sont des mots isolés, des images, des concepts et des thèmes abstraits, ou des mélodies, des citations, des paroles qui apparaissent soudain à l'esprit, sans prévenir et apparemment sans raison. Ils sont donc très différents des souvenirs autobiographiques involontaires, lesquels sont plus riches, complexes, personnels, sans doute aussi plus fréquents, et qui sont souvent facilement explicables par un élément déclencheur. Ces réminiscences sémantiques et autobiographiques ont cependant pour point commun de se produire essentiellement lorsqu'on est seul et occupé à une tâche routinière, dans un mode semi-automatique. Elles évoquent le phénomène classique d'incubation, lorsqu'une solution à un problème, ou une idée brillante, nous vient précisément quand nous avons cessé de la chercher volontairement. Lorsque l'esprit est relâché, il semble pour ainsi dire libre de fabriquer des associations aléatoires et peu pertinentes pour un but spécifique, l'activité cérébrale se propageant sans entraves, et déclenchant des représentations tenues sous silence en temps normal. Certaines sont « repérées » et émergent à la surface de la conscience, si bien que ces réminiscences ne sont généralement pas totalement incongrues : même lorsqu'elles semblent surgir de nulle part, il est souvent possible de les identifier comme déjà connues, ce sont des fragments d'expérience rencontrés quelque temps auparavant, parfois des mois ou des années.

Mais pourquoi est-ce que je pense quasiment systématiquement à la ville de Troyes lorsque je fais la vaisselle ? Ou à un morceau de musique particulier lorsque je marche à proximité d'un musée près de chez moi ? Pour beaucoup de ces cas, je pense qu'il s'agit surtout d'associations arbitraires, qui se sont produites par hasard. La psychologie cognitive a montré de longue date que l'activation d'un concept dans l'esprit suffit à éveiller un vaste réseau associatif. Par exemple, lire le mot « neige », ou simplement voir de la neige par la fenêtre, sur une image ou à la télévision, facilite l'accès aux concepts de « ski »,

«Noël», «réveillon», «fondue», «chalet», «bonhomme», «froid», «glace», etc. Tous ces concepts étant eux-mêmes reliés entre eux et activant leur propre réseau d'associations sémantiques et autobiographiques. Dans ces conditions, il est envisageable que la vue de la neige activera le souvenir de lointaines vacances à la montagne, lors desquelles, au cours d'une après-midi de désœuvrement, j'avais tenté avec un groupe d'amis de jouer une partie de *Monopoly* et que depuis lors la neige, mais parfois aussi les décorations de Noël, les championnats du monde de ski ou l'odeur du fromage fondu m'évoquent presque immanquablement, mais très fugacement, le *Monopoly*. Ces chaînes d'association peuvent être si lointaines et complexes qu'on a l'impression que l'image du *Monopoly* sort de nulle part. Mais ces associations peuvent également se produire de façon entièrement interne, par exemple il est possible que de retour de mon seul et unique séjour à Troyes, j'aie délibérément pensé à la belle journée que j'y ai passée (la terrasse où j'ai bu un café, le restaurant où j'ai déjeuné, l'hôtel où j'ai séjourné), tout en faisant la vaisselle. Depuis, à chaque fois que je fais la vaisselle (ou presque), j'ai l'image très fugace de la terrasse, du restaurant, des rues marchandes ou d'une chambre d'hôtel qui fait «pop» dans mon esprit, même si cela dure à peine une seconde. Ces phénomènes peuvent aussi être dus à quelque chose que l'on n'a jamais vécu, mais simplement imaginé.

Dans le cas de mots qui émergent à l'esprit, il peut d'ailleurs s'agir d'associations non pas sémantiques, mais phonologiques. Par exemple, le fait d'avoir lu de façon très rapprochée les mots «vénérable» et «escroc» pourrait activer plus tard, sans raison apparente, le mot «Velcro» dans l'esprit[15]. Si on imbrique tous ces facteurs – sons, mots, épisodes personnels, associations, images, concepts –, on conçoit que notre esprit puisse parfois nous jouer de drôles de tours dont nous avons du mal à démêler les causes. Et nulle autre situation n'est plus iconique que ces fichus refrains et mélodies qui nous trottent dans la tête...

Pour satisfaire le psychopathe qui sommeille en vous, promenez-vous l'air de rien au milieu de vos collègues et fredonnez nonchalamment un air complètement stupide. Pas trop fort, pas trop distinctement, juste quelques notes et paroles : n'importe quel tube de Joe Dassin, Daniel Balavoine ou Dick Rivers fera l'affaire. Puis repassez quelques minutes plus tard pour jouir sadiquement du fruit de votre machination diabolique... et repaissez-vous de ces pauvres âmes soudainement contaminées, pour le reste de la journée, par une chanson exaspérante dont ils ne sauront jamais d'où elle est sortie !

Ça marche quasiment à tous les coups, mais personne ne sait exactement pourquoi. En français, on dit « avoir une chanson dans la tête », mais les Anglo-Saxons, plus précis, ont compris qu'un tel phénomène méritait son propre terme : ils appellent ça « *earworm* », littéralement un « ver d'oreille »[16]. De fait, ce n'est que très récemment que les chercheurs ont compris qu'il y avait là un mystère à éclaircir. La première étape a consisté à clarifier les contours de ces musiques entêtantes, désormais qualifiées d'« imageries musicales involontaires » qu'on peut définir comme « l'expérience d'une musique imaginée qui jaillit dans la conscience éveillée, sans effort délibéré de l'initier ou de la maintenir »[17]. Le caractère répétitif et « visqueux » de l'extrait musical en question le situe à mon avis dans le registre des persévérations et intrusions de la pensée, et donne tout son sens à l'expression d'Hughlings Jackson de « syndrome d'orgue de barbarie ».

Étant donné l'aspect capricieux de ces irruptions, par définition imprévisibles, il n'est pas facile de les étudier scientifiquement, et la plupart des recherches se font essentiellement par sondage ou en demandant à des gens de noter au quotidien quand et comment ça leur arrive. Première observation, dans le monde occidental en tout cas, le phénomène est très répandu. À vrai dire, la totalité des individus a déjà vécu ce calvaire, ce qui suggère tout de même qu'on aurait pu s'y intéresser plus tôt. Un tiers des personnes interrogées rapporte avoir une musique coincée dans la tête une fois par semaine, un autre tiers une fois par jour, et un peu moins du tiers restant plusieurs fois par jour. La durée des épisodes varie beaucoup et il est probable qu'elle tende à être exagérée. Ainsi, la réponse typique est qu'une chanson reste coincée dans la tête pendant « quelques heures », mais différentes études varient de « moins d'une minute » à une moyenne de trente-six minutes, tandis que certaines personnes rapportent avoir eu la même mélodie non-stop (ou presque) pendant plusieurs jours de suite. Les airs les plus efficaces pour vous pourrir la vie comportent des paroles, sauf pour les musiciens, qui ont d'ailleurs plus fréquemment l'esprit occupé par ces ritournelles rabâcheuses, qui peuvent être de leur propre cru. Mais difficile de trouver un point commun, une chanson « collante » peut relever du registre pop, jazz, classique, de comptines et berceuses, de musiques de films ou de séries, ou encore de slogans publicitaires. Personnellement j'ai souvent la musique du *Muppet Show* et de *Columbo* dans la tête, allez savoir pourquoi.

Les chercheurs ont cependant trouvé des pistes intéressantes. Malgré leur variété et leur caractère idiosyncratique (chacun a ses propres *earworms*), les mélodies en question tendent à être très familières (c'est rarement un air qu'on ne connaît pas, qu'on ne parvient pas à identifier ou qu'on a entendu juste une fois), il semble aussi, assez curieusement à mon avis, que les gens les *aiment*, et le fragment qu'on se passe en boucle concerne généralement le refrain d'une chanson, le plus souvent avec les paroles. Ces résultats suggèrent qu'une musique qui reste dans la tête provient directement de notre mémoire à long terme musicale et verbale (il s'agit d'airs et de paroles qui ont été durablement encodés), et il me semble qu'on peut postuler que les airs les plus déplaisants, incongrus ou ridicules sont ceux que l'on remarque le plus facilement, puisqu'ils nous agacent, tandis que nous avons à peine conscience de l'expérience bien plus fréquente d'avoir un air *plaisant* coincé dans la tête. Le fait de ne pas pouvoir identifier l'origine d'un *earworm* rend en effet l'expérience plus négative (« mais d'où sort cette ritournelle insupportable ? »). Quoi qu'il en soit, pour 66 % de leurs manifestations, les « musiques coincées dans la tête » n'interfèrent pas avec nos activités.

Lorsqu'on les attrape à l'état sauvage, nous parvenons dans 56 % à 72 % des cas, selon les études, à plus ou moins identifier la source des *earworms* (ce qui est beaucoup plus que les souvenirs sémantiques involontaires examinés plus haut, dont on ne sait généralement pas d'où ils sortent). Les gens indiquent que c'est un air qu'ils ont entendu récemment, ou qui « passe » beaucoup en ce moment, donc un stimulus récent ou répétitif (ou les deux). Pour autant, l'activation de notre juke-box portatif est parfois purement personnelle : elle se produit dans un contexte donné et prévisible, par exemple un lieu ou une activité. Parfois, même la simple vue d'une personne peut nous mettre une musique particulière dans la tête.

Les intuitions relevées par ce genre de recherche font désormais l'objet d'études plus approfondies en laboratoire. On cherche à « induire » des vers d'oreille par différents procédés, le plus simple étant de faire écouter des fragments de chansons ou de faire lire (ou compléter) des paroles célèbres, et de voir ensuite si c'est plus ou moins facile de s'en débarrasser. Certes, la question de savoir s'il est éthiquement justifié de mettre *Le petit bonhomme en mousse* ou *Cotton Eye Joe* (désolé) dans la tête de cobayes innocents mériterait d'être un jour abordée, mais pour le moment les labos ont les mains libres. Et cela marche plutôt bien : on parvient ainsi à activer une mélodie dans la tête des gens dans les minutes ou heures qui suivent l'induction, presque à tous les coups. Une étude s'est par exemple servie de *Oh, Pretty Woman* (la version originale de Roy Orbison, pas celle de Van Halen), à la suite de quoi les sujets devaient effectuer des tâches d'attention plus ou moins pénibles[18]. Il en ressort que le tube en question tendait à disparaître, y compris vingt-quatre heures plus tard, en fonction de la difficulté de la tâche à accomplir immédiatement après son écoute. Ce qui indique qu'avoir un esprit libre et inoccupé favorise l'intrusion indésirable et répétée d'une mélodie. Et suggère même une astuce pour s'en débarrasser : se concentrer sur autre chose. D'autres études proposaient de lire ou d'écrire, de remplir des grilles de sudoku, de mâcher du chewing-gum ou même d'écouter la fichue chanson pour de vrai afin de se défaire des vers importuns.

À cet égard, je me permets de partager une anecdote qui me trouble encore. Il m'est arrivé une fois d'*entendre* littéralement la musique que j'avais « dans la tête » à ce moment précis. Il s'agissait du tube insupportable de José Feliciano *Feliz Navidad*, comme on pouvait certes s'y attendre en période de fêtes, et j'avais donc cette maudite chanson dans la tête depuis un bon moment lorsque je me suis rendu dans un supermarché pour faire quelques courses. J'ai mis un moment à m'apercevoir que cette ritournelle était précisément celle qui *passait* à ce moment dans le magasin. J'ai envie de dire « par hasard », mais à la réflexion cette chanson passe tellement souvent dans ce magasin pendant les fêtes que c'est probablement là que je l'avais « attrapée » en premier lieu, peut-être quelques jours avant. Quoi qu'il en soit, je peux donc attester du fait que dans le cas improbable où vous entendriez par hasard, pour de vrai, la chanson qui vous trotte en ce moment même dans la tête, vous n'en seriez pas débarrassé pour autant. Au contraire, pour moi, c'était corvée de *Feliz Navidad* au moins jusqu'à la rentrée de janvier.

C'était aussi le cas, hélas, pendant mon sommeil. Il se trouve que ces intrusions musicales font leur nid durablement, et ne s'activent pas uniquement pendant la journée. Ceux qui écoutent beaucoup de musique au quotidien tendent à se réveiller plus souvent, au milieu de la nuit, avec une mélodie dans la tête, ce qui diminue la qualité de leur repos. De fait, l'idée d'écouter un peu de musique relaxante juste avant d'aller au lit n'est pas aussi bonne qu'on le croit souvent : cela augmente de beaucoup les chances de se voir réveillé avec la musique en question (une expérience assez diabolique a utilisé *Don't Stop Believin'* du groupe Journey, et *Shake It Off* de Taylor

Swift), que notre cerveau décide soudain de « rejouer », parfois plusieurs heures plus tard[19].

Mais quelle est la nature exacte de ces mélopées intempestives ? On sait en tout cas que ces vers de tête sont assez fidèles à la musique originale dont ils sont issus. Les gens les décrivent spontanément comme une réplique tout à fait comparable au fait d'écouter de la musique « pour de vrai », bien que dans un format généralement simplifié et raccourci (on a rarement une chanson ou une symphonie *entière* dans la tête, du début à la fin). De façon plus impressionnante, si on demande aux gens de taper le rythme d'une chanson qu'ils ont dans la tête, on obtient un tempo remarquablement proche de la chanson originale, avec une marge d'erreur de 15 % en moyenne, ce qui ne diffère pas de la situation où on fredonne *volontairement* le même air. À cet égard, une anecdote intéressante a été rapportée par le vulgarisateur de neurosciences qui se fait appeler Neuroskeptic : après avoir eu une chanson dans la tête pendant un moment, il a eu la sensation que ses pensées « ordinaires » suivaient le même tempo que la chanson en question. Il y a donc une possibilité que ce phénomène persévératif des musiques intrusives et répétitives induise à son tour d'autres phénomènes de persévération.

La recherche des caractéristiques musicales des *earworms* suscite beaucoup de convoitises, car certains y voient la recette idéale pour fabriquer des tubes inoubliables, et donc rentables. Pour l'heure, les résultats sont assez maigres. La « viscosité » d'un air musical semble dépendre, on s'en serait douté, de sa familiarité, des goûts personnels, de la présence de paroles identifiables et d'une certaine convergence vers les refrains. De fait, ce sont souvent bien des chansons qui

« marchent » commercialement qui semblent s'incruster dans nos têtes, et quand on les compare à d'autres succès qui n'ont pas cette propriété intrusive, on trouve que les *earworms* combinent un profil mélodique global relativement banal (et donc facile à retenir) avec cependant des intervalles peu communs (qui donc nous « interpellent »). De plus, les *earworms* semblent un poil plus rapides que les chansons qui restent moins dans la tête. La formule secrète du tube planétaire reste donc encore largement à découvrir, en attendant peut-être le jour où l'intelligence artificielle parviendra à loger dans nos cerveaux une mélodie dont rien ne pourra plus nous débarrasser. Il est toutefois assez fascinant d'envisager que les cerveaux humains, dans leur infinie variété, tendent à être victimes de certaines mélodies spécifiques. Comme pour les phénomènes de mémoire et d'oubli collectifs, et comme l'effet Mandela examiné au chapitre précédent, notre imagerie musicale spontanée pourrait ainsi être subordonnée à des facteurs sociaux, culturels et économiques. Imaginez une foule, ou même une ville, où chacun se passe en boucle, dans la tête, le même refrain, générique ou slogan, y compris pendant la nuit…

La recherche poursuit donc son cours, avec l'espoir que ce phénomène intrigant et agaçant pourrait fournir des pistes sur les origines de l'imagination, de la mémoire, des hallucinations et de notre étrange passion pour la musique. D'ici là, bon courage avec votre petit bonhomme en mousse…

SOMMES-NOUS VRAIMENT DES « CRÉTINS DIGITAUX » ?

Il est probable que l'omniprésence de la musique dans nos mondes bruyants et hyperconnectés favorise l'apparition de vers musicaux, aussi bien diurnes que nocturnes. De fait, si nos lobes frontaux font déjà tout ce qu'ils peuvent pour inhiber notre penchant naturel pour la répétition, les intrusions et le mélange des genres, ils ne font guère le poids contre les assauts continus d'un mode de vie axé sur le spectacle, la nouveauté, la surabondance d'informations et de divertissements, la consommation et l'avancement technologique. C'est même un miracle si nous parvenons encore à retrouver nos propres cogitations et à formuler quelques décisions rationnelles dans ce fatras de gadgets, de nouvelles tendances, de notifications et de polémiques qui nous assaillent de façon permanente.

C'est un syndrome contemporain relevé par de nombreux observateurs : nous aurions désormais l'attention d'un poisson rouge, nous serions des « crétins digitaux », nous aurions échangé nos cerveaux pour des likes, des slides et des buzz, nos sociétés seraient au bord de l'abrutissement global, etc. Il ne s'agit pas ici de se lancer dans une énième diatribe sur les dangers cognitifs de notre monde contemporain, surtout que je suis loin d'être aussi alarmiste que certains de mes collègues. Il y a certes de nombreuses raisons de s'inquiéter, mais pour ce qui est de notre assujettissement présumé aux nouvelles technologies, j'y vois davantage un motif d'amusement et une occasion de mieux comprendre comment fonctionne notre psyché.

Nous avons toujours commis des bourdes, des erreurs, des bévues et des gaffes, je pense qu'il est à présent assez clair que cela fait partie de notre nature. Je trouve donc rafraîchissant que les évolutions sociales et techniques nous offrent l'occasion d'en inventer de nouvelles. Et celles-ci sont en perpétuel développement, si bien qu'il n'existe à ce jour, à ma connaissance, aucun catalogue et encore moins d'études sur ces nouvelles bourdes du quotidien. J'en donne ici un bref panorama, en espérant qu'un jour ce sujet donne lieu à un recensement plus systématique et des analyses plus sérieuses.

J'ai par exemple récemment tenté de « scroller » la page d'un livre. Un vrai livre, en papier. Un moment d'inattention, certes : je le tenais d'une seule main et arrivé en bas de page, voilà que mon autre main s'est approchée et, au lieu de tourner la page, mon index s'est simplement tendu et a tenté de faire « glisser » les dernières lignes vers le haut… Je me sentirais moins seul s'il existait un sondage sur ce genre de choses, mais je n'en ai malheureusement pas trouvé. À une autre occasion, j'ai tenté de vapoter ma boisson tandis que je buvais ma vapote. Une curieuse double substitution, qui heureusement ne s'est jamais produite du temps où je fumais des cigarettes.

Mon épouse, victime elle aussi des évolutions économiques et technologiques, s'est retrouvée à attendre longuement devant une caisse dans un magasin de vêtement, avant qu'on ne lui fasse remarquer que personne ne viendrait s'occuper d'elle puisqu'il s'agissait désormais d'une caisse automatique. Voilà qui expliquait pourquoi elle voyait tant de gens aller et venir avec leurs achats à ses côtés pendant près de quinze minutes, sans qu'aucun vendeur apparaisse jamais…

Plus répandues sont les anecdotes de personnes qui se sont surprises à tenter de « zoomer » un plan en papier en écartant leurs doigts, une variante de ma tentative de « scroller » un livre traditionnel. Dans un registre assez attendrissant, quoiqu'un peu terrifiant à certains égards, on trouve aussi de nombreuses vidéos d'enfants tentant d'interagir tactilement avec l'écran de consoles portables d'ancienne génération. On peut voir par exemple une petite fille s'énerver sur une bonne vieille Game Boy, manifestement très frustrée que rien ne se passe quand on touche les icônes et personnages sur l'écran (un internaute commente en disant « C'est pénible à regarder », et effectivement, il y a quelque chose d'assez dérangeant dans ce désespoir face à des objets qui refusent de se plier à la volonté et aux habitudes d'une enfant).

Ces erreurs engagent au moins, pourrait-on dire, un certain type d'action, une action ridicule et parfaitement vaine, mais une action tout de même. Mais que penser de l'effort purement mental de « sauvegarder » un Post-it ? Cela m'est en fait arrivé à plusieurs reprises, et je ne sais toujours pas comment caractériser cette « erreur » qui n'a aucune manifestation réelle, mais qui reste comme à l'état d'effluve mental précipité dans le vide à peine est-il apparu. Je ne sais même pas exactement comment raconter ça. À la suite de nombreuses déconvenues avec mes anciens ordinateurs, j'ai pris pour habitude de sauvegarder systématiquement et continuellement tout ce que je fais. En prêtant attention à la façon dont j'écris ce paragraphe, par exemple, je peux dire que j'effectue une sauvegarde quasiment pour chaque phrase, souvent tous les cinq ou six mots. C'est un rapide mouvement de la main gauche qui m'est devenu instinctif, le raccourci clavier pour enregistrer. Il m'est donc arrivé, après avoir écrit une note sur un Post-it, de ressentir comme une impulsion, une envie de le « sauvegarder », qui instantanément se transforme en une sorte de sensation de manque, une déception presque, et même une vague inquiétude de ne pas pouvoir le faire, de n'avoir rien d'autre à faire, en somme, que de conserver ce bout de papier à l'état matériel.

C'est très étrange et je suppose que cela va de pair avec l'étrange désir occasionnel de « liker » un email plutôt que d'y répondre. Là encore, une sorte d'impulsion naît quelque part aux sources de votre système moteur, mais constate immédiatement qu'il n'y a aucune suite à donner à cette intention mort-née, et on reste un peu confus pendant quelques secondes. Un collègue m'a confié être arrivé un matin un peu endormi au travail, et avoir passé quelques secondes devant son ordinateur à se demander comment le « démarrer » avec la clé de son bureau... Plus étonnant peut-être, le psychologue Jesse Bering a confié sur Twitter en 2018 avoir été victime d'une drôle d'illusion alors qu'il prenait sa douche : « Vous savez que vous passez trop de temps devant les écrans quand vous vous demandez l'heure qu'il est sous la douche, et que vous regardez instinctivement en haut à droite. »

On peut penser que la prolifération d'interfaces si intuitives et pratiques qui nous entourent, avec leur lot d'actions-types permettant d'ouvrir, fermer, déplacer, zoomer, guigner, « aimer », partager, effacer, bloquer et bien d'autres encore, continuera à induire nombre de persévérations et intrusions dans des domaines où elles sont inapplicables. Il y a bien longtemps, je me rappelle un professeur qui semblait découvrir le prodige du « rétroprojecteur », ce dispositif qui permettait de projeter sur un grand écran des feuilles transparentes préparées à cet effet. Quelle n'était pas sa frustration quand, à plusieurs reprises pendant le semestre, il tentait de nous « projeter » des pages d'un livre normal, pour constater à chaque fois qu'il ne faisait ainsi qu'agrandir... une ombre. Mais une grande nouveauté est sans aucun doute le caractère multifonction de nos nouveaux appareils, qui brouille d'autant plus nos compartiments cognitifs ordinaires.

Un internaute confie ainsi une expérience déroutante : alors qu'il écoutait de la musique sur son téléphone tout en compulsant son fil Twitter, il a soudain été pris de panique en se demandant où il avait bien pu laisser son... téléphone. D'autres ont également avoué avoir déjà cherché leur téléphone dans le noir en utilisant la lampe-torche... de leur téléphone. Et nous sommes nombreux à avoir cherché notre téléphone en plein appel pour consulter l'heure ou nous livrer à toute autre opération. Il s'agit là d'une variante moderne de ce classique moment d'absence où l'on recherche les lunettes que l'on porte sur le nez, sauf qu'avec un smartphone, bien évidemment, on peut se retrouver à chercher la calculatrice, le jeu vidéo, la montre, l'album photo, le courrier, la boussole, la carte routière, la liste des courses et quantité d'autres choses, que l'on tient déjà dans la main. La multiplication des interactions sociales et professionnelles par écrans interposés appelle aussi son lot de confusions. Un chercheur m'a avoué avoir une fois « salué » de la main un personnage qui lui faisait le même geste à l'écran, dans ce qui ressemble fort aux comportements d'imitation décrits par François Lhermitte. À cet égard, la porosité toujours plus grande entre vie privée et vie professionnelle ne manque pas de produire des gaffes croustillantes. Ainsi, j'ai relevé de nombreuses anecdotes d'employés qui quittaient une réunion Zoom ou signaient leurs emails d'un très intime « Je t'aime ».

Nous n'en sommes sans doute qu'au début de ces bévues persévératives liées aux nouvelles technologies. Nul doute qu'elles deviendront de plus en plus étranges et créatives, à mesure que notre monde et nos modes de vie changent à une vitesse qui semble supérieure aux capacités de nos lobes frontaux. De fait, certaines de ces erreurs pourraient bien disparaître aussi rapidement qu'elles sont apparues, puisque nous finissons par très bien nous accommoder de ces bouleversements. Après tout, plus personne ne tente aujourd'hui de « ramener » le chariot d'une machine à écrire mécanique en début de ligne lorsqu'il tape à l'ordinateur, si tant est que quelqu'un ait déjà été victime de cette persévération.

Un exemple frappant de la rapidité de ces évolutions est celui des « vibrations fantômes ». La génération qui n'a connu que le smartphone n'en a sans doute aucun souvenir, mais il fut une époque, pas si lointaine, où les gens se plaignaient de sentir leur téléphone vibrer, et même sonner, lorsque ce n'était pas le cas. Le phénomène a probablement atteint un pic lorsque la communication par SMS était une nouveauté très populaire, et que l'usage du téléphone portable s'était très largement démocratisé. Ainsi, on trouve dès 2006-2007 des articles dans la grande presse s'alarmant de notre dépendance croissante à la téléphonie mobile, avec pour illustration emblématique que les gens commençaient à halluciner des appels et des messages. Quelques modestes études ont par la suite tenté de documenter le phénomène, et il en ressort principalement que les vibrations fantômes sont beaucoup plus fréquentes que les sonneries fantômes, bien que les deux soient assez répandues dans la population. Ou plutôt dans les petits échantillons étudiés, principalement des étudiants en médecine. Jusqu'à 80 % des utilisateurs rapportaient ainsi avoir senti leur téléphone « vibrer » dans leur poche ou à proximité, pour découvrir, un peu déçus, qu'ils avaient été victimes d'une illusion[20].

Ou peut-être s'agit-il d'une hallucination ? Il est souvent difficile de trancher, surtout qu'on ne sait presque rien des mécanismes impliqués. Certains chercheurs penchaient pour une hypothèse plutôt somatique : puisque notre cerveau reçoit constamment des informations tactiles généralement insignifiantes, comme des frottements, des bourdonnements lointains, des picotements passagers, notre accoutumance aux signaux vibratoires du téléphone conduisait simplement à des mauvaises interprétations de ces sensations bien réelles. On aurait alors une illusion, une interprétation fautive d'un stimulus existant. D'autres chercheurs y voyaient plutôt une sorte d'hallucination sociale : puisque nous étions devenus en très peu de temps hyperconnectés et joignables en tout temps, notre cerveau commençait à fabriquer de toute pièce des tentatives de contacts sociaux, peut-être en fonction de nos attentes, du stress ou d'un excès de sociabilité. D'où un terme proposé initialement, « *ringxiety* » (l'anxiété liée aux sonneries de téléphone), qui présupposait donc un mécanisme psychologique sous-jacent. Difficile de trancher avec le peu de données dont on dispose, surtout que ces approches ne sont pas mutuellement exclusives.

Le point important est que les chercheurs, et la presse, semblent s'être désintéressés de ce phénomène inquiétant aux alentours de 2016. S'il m'arrive encore de temps à autre, comme mon entourage, de confondre les notifications d'autrui avec les miennes (ce fichu « ding ! » dans le métro qui force tout le monde à farfouiller dans ses poches, quand on n'a pas l'engin déjà sous les yeux), je n'ai presque plus jamais ces sensations de vibration fantôme, et les proches à qui j'ai posé la question non plus. C'est peut-être que nous nous y sommes habitués, mais probablement que nos usages ont tellement changé, ainsi que les smartphones eux-mêmes et nos préoccupations en général, que c'est tout notre environnement sociotechnologique qui a conduit à mettre un terme au spectre de ces vibrations fantômes et anxiogènes.

Où est passé mon GPS ?

L'exemple de l'émergence des « vibrations fantômes » et de leur disparition progressive (ou soudaine ?) illustre à quel point les innovations et évolutions technologiques modifient nos sensations et expériences cognitives, nous induisant en erreur par intrusion, transfert ou persévération. Deux autres nouveautés soulèvent de nombreuses inquiétudes quant aux transformations qu'elles induisent dans nos façons de vivre et de penser : la géolocalisation et l'accès immédiat à l'enregistrement photographique ou vidéo.

La chercheuse Angelica Ortiz de Gortari, dont on évoquera plus tard les travaux sur les effets des jeux vidéo, rapporte le cas d'un joueur qui s'est perdu en allant chez un ami parce qu'il ne disposait pas du « compas » qui l'accompagnait dans son jeu vidéo préféré. Cet exemple assez extrême pourrait s'appliquer plus largement à ce que l'omniprésence de la géolocalisation est en train de faire à notre sens de l'orientation. On parle volontiers de « sur-dépendance » (*overreliance*) ou de « perte des capacités » (*de-skilling*) dans ce contexte : puisqu'il est désormais si facile de trouver son chemin grâce à ces béquilles technologiques, nous perdons progressivement notre capacité naturelle à nous orienter, et les générations suivantes seront probablement tout à fait incapables de s'y retrouver spatialement sans un GPS. À ce moment, on ne parlera même plus d'« erreur » lorsque quelqu'un se trompera de direction ou se perdra, puisqu'il ne disposera tout simplement plus des compétences pour faire autrement.

Et c'est vrai qu'on se demande aujourd'hui souvent « mais comment faisait-on avant ? », tant ces dispositifs sont devenus fiables et nous facilitent la vie. On peut bien sûr rire de ces faits divers occasionnels où des malheureux conducteurs se retrouvent coincés entre deux murs ou dans un trou, quand ils ne coulent pas dans un lac ou se dirigent vers une ville ou rue erronée, portant le même nom que leur destination réelle (et se retrouvent parfois dans un pays étranger). Ceux-là auraient certainement mieux fait de se fier à leur bon sens plutôt que de suivre aveuglément les indications de leur GPS… Mais est-ce vrai que nous devenons tous aussi nuls en orientation spatiale ?

Une étude de 2015 portant sur des étudiants pourrait le laisser penser[21]. Le concept d'« illettrisme pour les cartes géographiques » y est introduit, à savoir que cette génération ne saurait tout simplement pas comment utiliser ces vestiges du passé. Beaucoup d'entre eux n'ont jamais dessiné un plan quelconque, ou même ne serait-ce que consulté une carte ou un atlas pour se rendre quelque part. Ils n'en ont certes pas eu besoin grâce au GPS et autres systèmes informatiques comme Google Earth, mais certains ne semblent même pas saisir le *principe* de ces cartes en papier. Le principal écueil est qu'elles n'indiquent évidemment pas où l'utilisateur se trouve en ce moment et, à cause de cela, ils ne savent pas comment les utiliser. L'autrice de l'étude s'inquiète des possibles conséquences de cette nouvelle forme d'illettrisme. Le caractère égocentré du GPS, où l'on s'oriente en fonction de sa propre position dans l'espace, ne risque-t-il pas de réduire notre capacité d'envisager l'espace de façon globale et décentrée, et donc de favoriser une vision du monde étroite et subjective, au détriment d'une conscience plus élevée et abstraite du monde géographique en tant que tel ?

Une telle conclusion semble exagérée, mais elle est soutenue par des données récentes, qui montrent qu'effectivement l'usage du GPS se fait au détriment de notre mémoire spatiale. Notre capacité à nous orienter dans l'espace repose sur deux systèmes distincts. Le premier est un processus d'apprentissage basé sur des associations entre stimulus et réponse. Vous pouvez facilement retrouver votre chemin si quelqu'un vous explique qu'il faut tourner à droite après la fontaine, puis continuer tout droit jusqu'au Starbucks, et ensuite marcher vingt mètres le long du parking. En somme, vous suivez simplement des instructions, sans trop vous soucier de votre parcours exact. On aura reconnu le principe même du GPS. Mais comme beaucoup d'autres espèces, nous disposons également d'un système bien plus sophistiqué, logé dans nos hippocampes, qui nous oriente à la façon d'une bonne vieille carte. Ici, les indices visuels ne nous fournissent pas simplement une instruction sur ce qu'il faut faire, ils forment entre eux un tout global et cohérent qui donne beaucoup plus de flexibilité. Ayant formé une carte mentale qui reste stockée en mémoire, elle est susceptible de servir pour faire des parcours différents, pour trouver des raccourcis, et pourra même survivre à des changements de décor (par exemple, si la fontaine et le parking deviennent deux autres Starbucks).

Dans une étude sur soixante conducteurs canadiens, des chercheuses de l'université McGill, Louisa Dahmani et Véronique Bohbot, ont ainsi montré que l'usage fréquent du GPS était associé à une moins bonne mémoire spatiale et à une dépendance accrue au système stimulus-réponse d'orientation, et ce même quand les participants étaient privés de GPS[22]. De plus, un suivi longitudinal trois ans plus tard montrait que plus les sujets utilisaient le GPS, plus leur mémoire spatiale se détériorait. L'effet semble donc bien causal : ce n'est pas que les personnes qui ont une moins bonne orientation spatiale dépendent davantage du GPS, c'est que leur usage répété du GPS réduit leur orientation spatiale.

Il semble que le GPS nous rende inattentifs à notre entourage, et nous dispense d'avoir à mémoriser la structure séquentielle et globale des lieux. Dans notre voiture ou en balade dans une ville inconnue, le GPS nous conduit (presque) toujours à bon port, mais nous ne voyons pas grand-chose autour de nous et nous n'en conservons quasiment rien en mémoire. Pire, au moment où nous devons nous débrouiller sans GPS, nous nous sentons impuissants et perdus, comme si nos hippocampes nous avaient abandonnés. Reste à savoir quelle est l'étendue de cette perte de mémoire spatiale. Est-elle définitive ou réversible ? Puisque le système hippocampal semble affecté, est-ce que le GPS détériore aussi d'autres fonctions sous-tendues par cette région du cerveau, comme la mémoire épisodique ? Et est-ce que le GPS ne nous rend pas tout simplement plus serviles, inattentifs et égocentrés, inconscients de la réalité et de la complexité de notre monde extérieur ? Une clé assez inquiétante, à cet égard, est le fait que les participants à cette étude n'avaient pas conscience du tout de perdre leurs capacités de mémoire spatiale et leur sens de l'orientation, au contraire, ils avaient même tendance à les surestimer…

C'est dans la boîte !

Non seulement nous avons à présent chacun une carte du monde dans la poche, mais nous avons également un appareil photo prêt à l'emploi à tout instant. Est-ce que ce simple fait, à l'image des dégâts produits par le GPS sur notre mémoire spatiale, n'aurait pas des incidences sur nos capacités cognitives ?

Nous postons quotidiennement des millions de photos sur Internet, et cette masse continue de visages, de paysages, de lieux et d'objets pourrait se concevoir comme une projection de la mémoire humaine sur des circuits artificiels. Au lieu de vivre et de retenir des expériences, nous les photographions et les filmons. C'est une lamentation fréquente que l'on est effectivement en droit de se faire lorsque nous visitons des lieux touristiques et des musées, ou assistons à un concert : pourquoi tous ces gens sont-ils obsédés à tout enregistrer en brandissant leur téléphone, souvent d'ailleurs dos au spectacle ? Ne peuvent-ils pas simplement profiter du moment présent ? Et ne vont-ils pas l'oublier, ce moment, sitôt que, clic-clac, il a été mis dans la boîte ?

La question s'avère plus compliquée qu'il n'y paraît. Des études initiales, dès 2014, ont en effet suggéré que la prise de photos induisait un handicap mnésique. Des personnes invitées à visiter un musée ou une église se rappelaient mieux l'expérience générale et les détails quand elles n'avaient pas pris de photos que quand elles avaient mitraillé les lieux. Cependant, des variations méthodologiques ont vite suggéré que l'effet dépendait beaucoup du contexte et des instructions (par exemple, si on est libre de prendre les photos que l'on veut, plutôt qu'obligé de le faire, l'effet diminue), ainsi que des motivations pour prendre une photo et du soin qu'on y porte[23].

Par ailleurs, c'est aller vite en besogne que de juger les mordus du cliché intempestif comme incapables de profiter de ce qu'ils ont sous les yeux. Leur a-t-on seulement demandé leur avis, à ces touristes ? Sont-ils vraiment stupides au point de ruiner leurs vacances chèrement payées juste pour en faire des souvenirs ? Et ne *pas* prendre de photos permet-il vraiment de profiter davantage du moment présent ? Une étude apporte quelques nuances intéressantes[24]. Dans une série d'expériences, quelque 2 000 personnes devaient prendre part à diverses activités : visite d'un musée, balade touristique dans un bus, safari virtuel, dîner dans un restaurant… À chaque fois, un groupe était autorisé, et même encouragé, à prendre des photos, tandis qu'un autre groupe était privé de cette possibilité. Au terme de ces bons moments, on demandait aux participants d'évaluer à quel point ils les avaient appréciés. De manière systématique, et contrairement à ce que croient les esprits chagrins, prendre des photos rendait les expériences plus plaisantes.

Mais pourquoi ? Les auteurs de l'étude expliquent que prendre des photos n'est pas un acte séparé de l'appréciation du moment présent. Au contraire, la photographie permet de se sentir plus impliqué et actif, en un mot davantage *immergé*, dans l'expérience vécue. Le seul fait d'envisager de prendre des photos rend plus attentif aux détails et à la beauté du décor, et permet du coup de mieux les apprécier. Mais ces résultats sont à double tranchant : s'il faut prendre des photos pour augmenter son immersion dans telle ou telle expérience, c'est probablement qu'on s'ennuie quand même un peu à la base. De fait, quand une expérience était suffisamment passionnante en tant que telle, prendre des photos ne changeait rien aux résultats. D'autre part, prendre des photos lors d'expériences négatives (un décor laid, un resto mauvais, une rue infecte) les rendait encore moins plaisantes que si on n'en prenait pas…

Bref, ne soyons pas si sévères avec les touristes. Finalement, s'ils prennent toutes ces photos, c'est simplement pour rendre leurs vacances un peu moins barbantes… Ce qui nous amène à la question délicate des selfies.

Elle a ceci de particulier qu'il s'agit d'un phénomène beaucoup moins agaçant que les tentatives de l'expliquer. Oui, il est assez pénible de se farcir sans arrêt la famille bidule sur fond de mas de Provence, trucmuche hilare au Grand Canyon, ou machine jouant la star avec ses copines à la piscine, mais la déferlante d'analyses socio-psychanalysantes de ce simple geste somme toute inoffensif est tout de même surprenant. De quoi le selfie est-il le nom ? Que font les selfies à nos adolescents ? La perche à selfie est-elle le symptôme de la fin de l'humanité ? Que raconte le selfie sur notre société ? Sur quoi débouchera cette incroyable mutation culturelle dans le futur de l'humanité ?

Lorsque le terme a été intronisé dans le prestigieux *Oxford English Dictionary* en 2013, le moment semblait apparemment venu d'analyser à merci les tenants et aboutissants de ce phénomène si narcissique, disgracieux et dangereux. Et ce fut naturellement la ronde des experts et pseudo-experts sur tous les plateaux pour « décoder » ce « phénomène de société ». La science n'a malheureusement pas été en reste, comme en témoigne une étude chinoise de 2015[25]. Des scientifiques ont cherché à savoir ce que les selfies disaient de la personnalité de ceux qui les font. Pour ce faire, ils ont analysé les photos de profil d'environ 600 utilisateurs de Weibo, le Facebook chinois, et leur ont fait remplir un questionnaire de personnalité. Comment détermine-t-on qu'une photo de profil est un selfie ou pas ? Apparemment, à l'œil. Ils sont ainsi tombés sur 123 adeptes de la chose et les images ont ensuite été laborieusement codées. Oui, parce que l'originalité de l'étude n'était pas de simplement comparer les afficheurs de selfies et de non-selfies, mais d'examiner les propriétés particulières de ces autoportraits. La personne sourit-elle ? Regarde-t-elle l'objectif ? Le selfie est-il pris en hauteur ? Que voit-on dans le décor ? Etc. Treize critères ont ainsi été soigneusement scorés, ce qui permet aux auteurs d'annoncer qu'ils ont inventé « le premier système de codage de selfies ». Les résultats sont les suivants : la pratique du « duckface », ce réflexe bizarre qui consiste à faire la moue en se prenant en photo, est associée aux personnalités névrotiques, l'ouverture d'esprit est corrélée à une expression positive et souriante, les individus « agréables » ont tendance à prendre leur selfie depuis le bas, et les personnes consciencieuses se mettent en scène dans des espaces publics plutôt que privés. « Notre recherche a des implications pratiques importantes », concluent modestement les chercheurs : à savoir, améliorer les systèmes automatiques d'analyse de la personnalité qui vont égayer notre futur.

Décidément, le selfie est vraiment très révélateur : ceux qui les font croient se mettre en valeur, ceux qui en parlent pensent y trouver un intérêt…

On le voit, l'effet des nouvelles technologies sur nos capacités cognitives reste souvent assez insaisissable. Dans certains cas, peut-être qu'il n'y a pas d'effet du tout. Dans d'autres, on parvient à mesurer quelques déficits, mais il reste difficile d'évaluer leurs conséquences à long terme. Et dans tous les cas, il reste à mettre les aspects positifs dans la balance.

DE L'ÉCRAN À LA RÉALITÉ

Un autre domaine où les déclarations péremptoires et alarmistes abondent est celui des jeux vidéo. Il n'est pas question ici de refaire le débat sur les dangers supposés de cette pratique extraordinairement courante et répandue, ni de mettre en garde qui que ce soit contre le gaming, ni non plus, du reste, d'en vanter outrancièrement les mérites. Mais le sujet est particulièrement intéressant pour parler des persévérations et des phénomènes d'intrusion et de transfert.

En effet, si le succès des jeux vidéo s'explique avant tout par le plaisir qu'ils offrent à leurs utilisateurs, il faut aussi se demander en quoi consiste exactement cette pratique, et qu'est-ce qui, au juste, produit ce plaisir. La question n'est pas si simple, puisque le champ couvert par la notion de jeu vidéo est par essence évolutif et très divers, au même titre que le concept de « jeu » tout court. Disons que la fonction d'un jeu vidéo est d'offrir à ses utilisateurs une expérience plaisante d'agentivité multimodale (sensorimotrice donc) centrée sur la résolution séquentielle de problèmes dans un monde minimal. Ce monde minimal dispose de règles, d'un ordre, de lois et d'une atmosphère suffisante pour qu'il permette de mettre à l'épreuve certaines compétences cognitives et motrices, ce qui est généralement accompagné par un système de récompenses virtuelles (points, vie, énergie, munitions, argent) susceptible d'optimiser un sentiment d'immersion et de progression. Dans le meilleur des cas, un tel dispositif produit une impression d'*évasion*, concomitante d'une illusion de *présence* au sein du jeu.

Comme n'importe quel autre registre culturel et créatif, les jeux vidéo se déclinent en un certain nombre de genres, de styles et d'univers, qui témoignent des nombreuses possibilités de *capturer* nos capacités cognitives, perceptuelles, motrices et imaginatives, que ce soit dans des jeux d'action où priment les réflexes, la précision et la rapidité, ou des jeux stratégiques où seront sollicitées la patience, la réflexion et l'anticipation. D'où une question intéressante : si ces diverses facettes de notre esprit et de nos comportements parviennent à « s'injecter » avec succès dans un monde artificiel, que deviennent-elles une fois restituées au monde réel ?

Quasiment tous les joueurs ont fait cette expérience, le plus souvent fugace, de percevoir leur environnement, ou une partie de celui-ci, à travers le prisme d'un jeu vidéo, surtout s'ils viennent d'y jouer. On peut soudain avoir envie de « sauter » par-dessus un obstacle démesuré, « tirer » sur une cible lointaine, « quitter » une scène pénible ou inintéressante, « emboîter » correctement des objets mal ajustés, etc.

Ce type de persévération soulève des questions intéressantes sur les limites et les possibilités d'extension de nos habitudes mentales, et leur étude révèle qu'elles peuvent prendre des formes aussi variées que les jeux dont elles sont issues.

Depuis une dizaine d'années, la psychologue Angelica Ortiz de Gortari y consacre l'essentiel de ses travaux. À travers des entretiens et des sondages portant sur des milliers de joueurs, elle a établi une taxonomie de ce qu'elle appelle les « phénomènes de transfert des jeux vidéo » (*video game transfer phenomena*, ou GPT), et qu'elle définit comme « le transfert d'expériences du monde virtuel au monde physique, se manifestant comme des perceptions altérées, des sensations, des processus mentaux automatiques, des comportements et des actions avec un contenu propre au jeu vidéo[26] ». Ce type d'expériences a été décrit dès les années 1990 sous le terme d'« effet *Tetris* », du nom du célèbre jeu d'empilage de briques. Souvent qualifié d'hypnotique et d'addictif, ce jeu très simple est bien connu pour sa capacité à obséder les joueurs bien après qu'ils ont cessé d'y jouer. Une expérience célèbre publiée en 2000 montrait que jouer à *Tetris* pendant la journée activait une imagerie mentale correspondante avant l'endormissement. Quelque part entre l'éveil et le sommeil, les gens se mettaient à rejouer des parties mentalement, et cela arrivait même à des patients amnésiques qui n'avaient aucun souvenir d'avoir joué à ce jeu[27] !

Mais ces « transferts » peuvent prendre des formes beaucoup plus variées, et parfois élaborées, que de simples briques de couleurs qui tournent et qui tombent (parfois accompagnées d'une musique qui a toutes les chances de se transformer en *earworm*). Ortiz de Gortari elle-même explique avoir développé son intérêt pour le sujet à cause de l'anecdote suivante: voyant un panneau lointain dans un supermarché et peu motivée de se rapprocher pour parvenir à le lire, il lui est soudain venu à l'idée d'enclencher le mode « cible » typique des jeux de guerre auxquels elle s'adonnait, afin de « zoomer » en quelque sorte dans la vraie vie… Les expériences de transfert vécues par les gamers peuvent ainsi être très ponctuelles et spécifiques, provoquant un bref effet de surprise ou une confusion très passagère, mais elles peuvent aussi être plus durables et embarrassantes, et difficiles à décrire en mots. Les effets vont de la perception quasi hallucinatoire d'éléments du jeu (briques, monstres, points, sons) à des comportements stéréotypés (se cacher derrière un mur et se pencher pour regarder « derrière », se baisser quand un oiseau passe), en passant par des pensées automatiques, qu'elles soient vagues ou complexes (s'imaginer lancer un grappin sur un pont pour se projeter de l'autre côté, se voir démolir une caisse pour récolter ce qu'elle contient).

Les éléments transférés peuvent être issus du contenu proprement dit du jeu, mais aussi concerner le matériel utilisé (ressentir l'envie d'« appuyer sur un bouton » pour réaliser une action, sentir des vibrations fantômes) ou même l'ambiance et la narration de tel ou tel univers de jeu (soudain voir les passants comme des « figurants », comprendre un événement d'actualité comme une « quête » à accomplir). Certains effets sont purement perceptifs, comme l'illusion de voir flotter et monter les objets après s'être longuement immergé dans un scrolling vertical (type *Guitar Hero*), et d'autres peuvent engager une partie du corps (sentir ses doigts ou son bras bouger) ou le corps entier (avoir l'impression de tomber, de voler, d'accélérer). La perception du temps peut également être perturbée, donnant l'impression que tout va trop vite ou trop lentement selon le jeu que l'on a pratiqué, et dans des cas plus extrêmes, certains joueurs rapportent même un sentiment d'irréalité et de dépersonnalisation qui évoque certains états pathologiques.

Lorsqu'on les interrompt pendant leur partie, par exemple, certains joueurs racontent percevoir cette intrusion dans leur monde virtuel comme faisant partie du jeu, et même voir ces importuns comme des personnages du jeu, avec des informations qui flottent au-dessus de leur tête. D'autres gamers assidus ont décrit l'impression d'entrer dans une autre dimension, quand par exemple ils se rendent simplement aux toilettes au milieu d'une longue partie.

Certains joueurs se sont même retrouvés dans des situations gênantes à cause de ces transferts. Ainsi, un jeune homme raconte s'être retrouvé dans un magasin sans se rappeler ce qu'il venait y faire. Il a ensuite compris qu'il avait besoin d'acheter une ampoule, mais dans son jeu vidéo ! Et pour les jeux engageant des formes de sociabilité, où des personnages sont créés et interagissent entre eux, il arrive parfois que des informations et des souvenirs soient confondus avec des personnes réelles. Une joueuse a ainsi pu confondre une activité réalisée avec un de ses personnages dans le jeu avec quelque chose qu'elle pensait avoir fait avec sa véritable amie. Pour freiner sur son vélo, un joueur raconte avoir « cherché » le bouton R1 de sa manette, qui lui sert ordinairement à ralentir sa voiture dans un jeu d'action…

Ces phénomènes peuvent se produire directement après avoir joué, mais aussi quelques heures ou même des semaines plus tard, de jour comme de nuit, et même *pendant* une séance de jeu, comme ce joueur qui s'est soudain senti « bloqué », ne sachant comment attraper la véritable boisson qui se tenait devant lui en utilisant les commandes du jeu... Sous une forme ou une autre, plus de 90 % des joueurs de jeux vidéo, quels que soient leur niveau et leur assiduité, ont vécu ce type d'expériences de transfert. Dans l'immense majorité des cas, il n'y a pas de quoi s'inquiéter, même si le nombre et l'intensité des transferts semblent corréler avec l'impression subjective de jouer excessivement. Mais il est clair que les jeux vidéo sont un moyen particulièrement puissant d'induire ce type de transferts, qui sont beaucoup plus rares lorsqu'on lit ou qu'on regarde des films. Le seul exemple qui me vienne à l'esprit, hormis évidemment les petits enfants qui veulent jouer à être Superman ou Batman, c'est qu'après la lecture de *La Disparition* de Georges Perec, j'ai eu quelques difficultés à me remettre à lire la lettre « e », et je me sentais même capable de parler sans utiliser cette lettre.

Le jeu vidéo semble le dispositif idéal pour produire des persévérations variées, probablement, selon l'analyse de Ortiz de Gortari et Griffiths[28], grâce à la conjonction de quatre éléments. D'abord, la surstimulation sensorielle et répétitive produite par l'interaction prolongée avec un environnement et des personnages virtuels, ensuite la grande charge cognitive exigée par cette activité, qui requiert une concentration maximale de multiples registres mentaux et comportementaux, puis la présence d'un état quasi dissociatif lorsqu'on est pleinement immergé dans un monde alternatif, et enfin une grande implication affective, puisque les jeux sont riches en émotions (plaisir, excitation, déception, colère, peur...).

En réunissant avec talent ces quatre facteurs, les concepteurs de jeux vidéo parviennent non seulement à nous attirer dans des mondes virtuels, mais font également ressurgir des portions de ces univers dans notre vie courante. Mais pendant combien de temps encore serons-nous en mesure d'établir cette distinction ?

Entrer dans un autre monde

Si les contenus de jeux vidéo tendent à s'infiltrer dans la vie réelle, peut-on envisager l'inverse, faire entrer la vie réelle dans un jeu, ou dans un autre monde, de façon délibérée ? Dans un sens, c'est déjà ce que nous faisons tous spontanément, lors de nos rêveries diurnes et de nos vagabondages mentaux. Qui ne s'est pas laissé emporter par des cogitations libres nous plaçant au cœur d'actes héroïques divers, de vengeances implacables, d'exploits inouïs, ou rejouant des épisodes embarrassants du quotidien, mais à notre avantage ?

Comme l'illustre le phénomène des transferts spontanés de jeux vidéo, mais aussi les intrusions involontaires de souvenirs et de musiques, notre esprit semble parfois mener sa propre vie. Aussi, il n'y a rien d'étonnant à ce que nous ayons, de tout temps, tenté de mettre cette effervescence mentale sous contrôle. À cet effet, notre espèce, à travers d'innombrables pratiques culturelles, a développé et utilisé des méthodes pour voyager mentalement dans des univers imaginaires. Jack London décrit ainsi, dans son roman *Le Vagabond des étoiles* (1915), l'histoire d'un condamné à mort qui, du fond du cachot où on l'a isolé, parvient à « s'évader » par l'esprit dans des mondes anciens et merveilleux, tandis que son corps physique gît comme mort sur la pierre froide.

Le dernier avatar de cette propension à découpler les sensations et le vécu corporel en influençant les pouvoirs de l'imagination se nomme « *reality shifting* » (« glissement d'une réalité à l'autre ») et touche surtout des adolescents qui l'ont découvert, et le partagent, sur les réseaux sociaux[29].

Oubliez Netflix, YouTube et Instagram, aujourd'hui, les jeunes semblent avoir décidé de se distraire… dans leur tête. Après tout, quel plus beau spectacle que celui de notre propre imagination ? Ainsi, si vous trouvez votre adolescent allongé sur son lit et totalement inerte, ne lui criez pas tout de suite dessus. Si ça se trouve, il est en train de libérer un village d'un dragon, ou de sauver une planète de sa destruction. Attendez qu'il reprenne un peu ses esprits, et demandez-lui si son « shift » s'est bien passé.

Le phénomène semble être apparu pendant les premiers confinements de 2020, et a explosé en 2021 sur le réseau social TikTok. On trouve alors des vidéos et des instructions à quelques *milliards* de vues sur le thème du *reality shifting* (ou RS), une pratique qui consiste donc à… changer de réalité. Ça se comprend, il faut bien reconnaître que *notre* réalité, appelée « *current reality* » (ou CR) dans ce milieu, est non seulement barbante, mais franchement assez désespérante. Pourquoi ne pas s'offrir un petit tour sur une « réalité désirée » (ou DR), un monde que l'on aura choisi, soigneusement préparé, et où on pourra enfin faire ce qu'on veut avec des gens sympas ? Voilà qui donne envie, mais ça demande tout de même un peu de travail.

Les ados et jeunes adultes qui s'adonnent au *reality shifting* prennent la chose très au sérieux. Il y a plusieurs écoles, mais généralement la pratique ressemble à une sorte de méditation ou d'autohypnose. Avant d'entrer dans un monde parallèle, il faut d'abord se relaxer et libérer son esprit pendant cinq à dix minutes. Mais avant cela, il faut avoir élaboré un script assez détaillé de ce qu'on compte faire dans l'au-delà : qui on sera, comment on sera habillé, qui seront nos amis et notre famille, à quoi va ressembler le décor, quelle langue on va parler, qu'est-ce qu'on risque et comment on va revenir dans la CR. Ces notes sont prises à la main ou sur un smartphone, que l'on peut ensuite glisser sous l'oreiller. L'induction s'accompagne souvent d'« affirmations subliminales », des sortes de mantras où l'on va répéter des choses comme : « Je peux déplacer ma conscience dans une autre réalité », « je peux ressentir ma réalité désirée », « je dois suivre mon script », etc. On peut aussi écouter en même temps une musique relaxante, chose que recommandent les « *shifters* » les plus influents. Ensuite, pour entrer à proprement parler dans la réalité désirée, on a le choix : compter jusqu'à 100, attendre qu'un personnage vienne nous chercher, prendre un ascenseur ou un train virtuels, ou même utiliser une application imaginaire, que l'on aura « conçue » à cet effet.

Quand ça marche, les *shifters* affirment visiter leurs mondes favoris et y faire toutes sortes de choses, parfois aussi banales qu'une promenade, d'autres fois dignes d'une intrigue complexe d'heroic fantasy. La durée semble varier de plusieurs minutes à des heures d'affilées. Si, en principe, chacun est libre d'aller où il veut, les univers les plus populaires restent ceux d'*Harry Potter*, de *Star Wars* et de divers mangas, animes ou jeux vidéo. À ce jour, le pic d'activité le mieux documenté concerne le scénario d'une romance avec le personnage Drago Malefoy (l'ennemi d'Harry Potter) : il semblerait que des milliers de jeunes filles à travers le monde soient devenues sa petite amie à peu près en même temps. Mais certains s'imaginent simplement passer une soirée dans une famille alternative (avec ou sans loups-garous).

Comme pour l'effet Mandela, il existe des « interprétations » du *reality shifting* en termes d'univers multiples et de plans de réalités parallèles, auquel cas les personnes affirment avoir *réellement* visité un autre monde et donc quitté la réalité courante. Mais pour l'essentiel, les *shifters* semblent conscients d'avoir simplement passé un moment plaisant et relaxant dans ce qui ressemble à une forme de méditation, peut-être quelque part entre le rêve lucide, la rêverie éveillée, l'autohypnose et l'hallucination hypnagogique (ce moment entre la veille et le sommeil propice aux parties de *Tetris* impromptues). Il n'existe à ce jour aucune recherche permettant d'en savoir plus, mais de nombreux témoignages évoquent des états classiques d'altération de la conscience, du type que l'on rencontre par exemple dans les expériences mystiques. Une praticienne étatsunienne de 18 ans décrit ainsi son entrée dans sa réalité désirée : « Je vois de vives lumières blanches scintiller et mon corps se met à vibrer et devenir comme engourdi. Mes jambes tressautent et je commence à sentir que mes pensées deviennent "légères". J'entends aussi parler des personnes de ma réalité désirée – généralement Drago. »

On a là une description assez ordinaire d'une transe hypnotique, qui peut aussi évoquer certains épisodes dissociatifs. Même si on en sait encore assez peu sur cette mode récente, il semble peu indiqué de l'interpréter à l'aune d'une pathologie quelconque, cela ressemble plutôt à une tentative de contrôler des états transliminaux très répandus, semblables au fait de se laisser absorber par une œuvre de fiction ou de la capacité à « faire semblant » typique des jeux d'enfants. De plus, le *shifting* contemporain s'inscrit dans les cultures communautaires en ligne propres à la fanfiction, où l'on extrapole et se réapproprie des univers fictifs hors des canaux commerciaux et institutionnels, et où l'on noue des contacts forts avec des personnes qui nous ressemblent, guidés par des figures d'influence que l'on admire, souvent dans une atmosphère ouverte et bienveillante. À ce titre, l'idée que l'essor du *reality shifting* ait été favorisé par des facteurs environnementaux particulièrement lourds pour les adolescents et jeunes adultes semble plus que plausible. Les difficultés matérielles et sociales liées à la pandémie de Covid-19 et aux épisodes de confinement, mais aussi des perspectives d'avenir très sombres en général, concernant par exemple l'urgence climatique, la polarisation politique, et une conscience aiguë des inégalités et discriminations, ont de quoi rendre séduisante la possibilité de s'évader dans un lieu plus désirable.

Rien de bien méchant ou dangereux donc, si ce n'est qu'on dénombre déjà des problèmes à travers quelques témoignages : certains ados sont en effet convaincus que les mondes où ils shiftent sont réels, et d'autres souhaiteraient ne plus revenir dans la réalité ordinaire. Dans ces niches plus confidentielles, on parle ouvertement de « *respawning* », c'est-à-dire le projet de quitter définitivement le monde réel pour rester dans sa réalité désirée. Pour y parvenir, d'aucuns préconisent tout simplement de mourir, et d'autres, moins extrêmes, invoquent la création d'un « clone » qui prendrait « notre place » dans notre corps réel, tandis que notre « vrai moi » évoluerait en permanence dans d'autres mondes... Certains *shifters* enthousiastes au début, qui usaient de la pratique à des fins thérapeutiques dans un contexte de dépression, d'idées suicidaires et de difficultés à définir leur identité, en sont revenus après avoir constaté que le *reality shifting* occasionnait chez eux des difficultés à distinguer le réel et l'imaginaire, ou une très grande frustration de ne pas parvenir, malgré leurs efforts répétés, à véritablement entrer dans un autre monde.

Affaire à suivre donc, mais le *reality shifting* est un exemple très actuel de la façon dont on peut exploiter certaines fragilités et inconstances de notre architecture cognitive. C'est comme si une tendance universelle de l'esprit humain, et de la capacité d'en altérer volontairement le fonctionnement, réapparaissait régulièrement sous des formes et dans des buts variés, sans que les individus concernés réalisent qu'ils ont mis le doigt sur une constante anthropologique.

« MAIS NE VOUS DONNEZ PAS LA MAIN, C'EST TRÈS DANGEREUX ! »

Peut-être ressentez-vous une impression étrange quand vous voyez que les gens fument sur un plateau de télévision, dans des images d'archives ? C'est tout de même assez choquant de réaliser que tout le monde semblait trouver cela normal, et même convivial. Il me semble que les débuts de la pandémie de Covid-19 ont donné lieu à un phénomène semblable, mais à une échelle de temps beaucoup plus rapide.

Il semble que le coronavirus se soit alors doublé d'une sorte de virus mental qui nous rendait extraordinairement sensibles à la vue de personnes réunies en groupe. Là encore, il n'existe à ma connaissance pas d'étude scientifique sur la question, mais j'en ai recueilli nombre d'exemples sur les réseaux sociaux et dans la presse. Le phénomène ressemblait à quelque chose comme ça : vous regardiez tranquillement un film ou une série, et soudain les protagonistes, horreur, se *serraient la main*, ou alors rejoignaient un *groupe de personnes*. Brrr ! Sont-ils donc complètement inconscients ? Ou pire, on voyait parfois le héros, un policier par exemple, *entrer chez des gens*, et *toucher à tout*, sans même se *laver les mains* après ! Totalement irresponsable !

En Suisse, le conseiller fédéral Alain Berset, alors en charge de la santé et de la mise en place des nouvelles mesures sanitaires, confiait en août 2020 : « J'étais dans la rue tout à l'heure et je voyais des gens s'embrasser. J'avais envie de les séparer. » Le dessinateur espagnol Rubén Fernández s'est fendu le 18 mars 2020, dans le journal graphique de pandémie qu'il tenait sur Twitter, d'un dessin représentant un homme regardant la télévision et s'exclamant : « Mais ne vous donnez pas la main, idiots, c'est très dangereux ! Et gardez un mètre de dist... Oh bien sûr, promenez-vous dans le parc, irresponsables ! »

Vers la même date, d'autres internautes s'interrogeaient plus directement, par exemple : « Vous trouvez ça dérangeant vous aussi maintenant quand vous regardez un film où les gens ont des interactions sociales dites "normales" ? », accompagné du hashtag #JeNeSuisPasFolleVousSavez. D'autres encore, par humour et provocation, organisaient des « événements » fictifs sur Facebook, avec des intitulés tels que « Énorme rassemblement contre le coronavirus », l'ironie du propos soulignant bien à quel point certains comportements sociaux nous étaient vite apparus choquants et même incongrus.

J'ai récolté ainsi des dizaines de réactions, principalement sur le mode de l'humour ou de la surprise, et parfois des interprétations en termes de « réaction traumatique », tournant autour de ce que, faute de mieux, on peut qualifier de sensation désagréable, entraînant la désapprobation, à la vue d'images représentant des groupements et des contacts humains fictifs. En d'autres termes, il s'agit de l'extension automatique et non pertinente de jugements moraux à des interactions sociales fictives, en l'occurrence la perception illusoire de l'irrespect des normes de sécurité recommandées pour ralentir la propagation du Covid-19. Évidemment, dans le monde des *Peppa Pig*, *Peaky Blinders*, *Columbo* ou autres séries, il n'y a pas eu de pandémie, et donc pas de règles de distanciation sociale. Par conséquent, c'est une sorte d'illusion, ou de bug de l'esprit, que d'avoir l'impression qu'elles n'y sont pas respectées.

Mais est-ce une sensation si répandue que cela ? En l'absence d'étude à grande échelle sur la question, c'est difficile à dire. Malgré les témoignages de ce genre que j'ai relevés sur les réseaux sociaux, avec une distribution géographique incluant la Suisse, la France, l'Espagne et l'Angleterre, quelques personnes que j'ai directement interrogées ne ressentaient pas du tout cela, ou parfois juste un peu. De nombreuses questions restent donc ouvertes. Quelle proportion de la population a eu cette impression, depuis quel instant, et pendant combien de temps ? Quelles étaient sa nature et son intensité ? Était-ce une simple impression d'étrangeté, un vague malaise passager, une sensation désagréable, une anxiété plus durable, un début de colère ? Est-elle restée stable pendant la durée de l'épidémie, ou a-t-elle varié en fonction des diverses vagues et changements de mesures sanitaires ? A-t-elle disparu avec la résolution progressive des pics importants de contamination et l'introduction des vaccins ? Cette intrusion des normes d'hygiène se vérifiait-elle pour tous les types de fiction et images d'archive ? Était-on véritablement autant choqué de voir des personnages de *Peppa Pig* se faire une bise que de voir des centaines de personnes dans un rassemblement religieux ou une scène de boîte de nuit dans un film ? Enfin, cette illusion est-elle liée à certains traits de personnalité, à des biais cognitifs, au statut social, à la peur ou à d'autres variables, et qu'implique-t-elle sur le plan du comportement personnel ?

Quand les psychologues s'intéressent aux liens entre médias et comportement, c'est généralement pour s'interroger sur l'influence de la presse, des réseaux sociaux, de la violence et du sexe dans les films, ou encore de l'impact des jeux vidéo sur nos croyances, nos intentions, nos goûts ou nos interactions sociales. Mais si les œuvres et les images influencent notre perception de la réalité, l'inverse n'est-il pas tout aussi vrai? Curieusement, cette question a beaucoup moins intéressé les chercheurs. Il est cependant possible que la pandémie de Covid-19 nous fournisse une excellente illustration de la puissance des normes sociales sur la manière dont nous percevons les fictions[30]. Bien plus, cette influence souvent invisible pourrait en fait nous être révélée à la faveur d'un tel événement, et ce d'une manière pour le moins inattendue: le coronavirus influencerait jusqu'à notre manière de percevoir le comportement de personnages fictifs!

On peut au moins dire que le phénomène existe chez un certain nombre d'individus qui ont jugé utile d'en témoigner, et pour ceux-là on ne peut qu'être frappé par la rapidité avec laquelle il se serait installé. De fait, alors qu'un bon tiers de la population mondiale, au cours du mois de mars 2020, s'était retrouvé plus ou moins confiné pour assurer une distanciation fiable et suffisante entre les individus, d'innombrables humains ont été contraints de respecter de nouvelles normes de comportement à une échelle et rapidité totalement inédites. Il est toujours possible de déplorer rétrospectivement que les autorités aient pris un certain retard à imposer des mesures strictes, mais il est tout de même assez remarquable que celles-ci, malgré d'inévitables réfractaires, se soient si largement répandues dans la population, souvent en moins de deux semaines, en tout cas pour la plupart des pays européens.

Face à une menace abstraite, invisible et dormante, la population a donc pu se laisser convaincre du bien-fondé de quelques mesures clés : se laver les mains, éviter de se toucher le visage, garder ses distances avec autrui. Que cela produise l'illusion que les personnages de fiction « ne jouent pas le jeu » serait-il si étonnant ? Au contraire, mesurer adéquatement ce phénomène fournirait sans doute un très bon indice du degré de pénétration mentale des nouvelles injonctions sanitaires. Ainsi, plus Columbo, Bob l'Éponge ou Harry Potter nous paraissent insupportablement proches d'autres personnages et ne semblent pas prendre garde à tout ce qu'ils touchent, plus nous serions parés pour restreindre l'étendue du coronavirus ! En un mot, si les personnages de fiction nous paraissent soudain irresponsables, ce serait que nous sommes devenus responsables nous-mêmes.

On sait que les humains sont très sensibles aux normes sociales, mais on connaît encore mal comment celles-ci naissent et se transmettent[31]. Le concept même de « norme sociale » est considéré comme trop vague par beaucoup de chercheurs, qui y voient un fourre-tout assez difficile à définir. Il s'agirait de l'ensemble des règles, procédures et valeurs qui régissent nos interactions sociales et fondent une partie de ce qu'on appelle la « culture ». Les normes sociales déterminent par exemple ce qu'on a le droit de faire et comment il faut le faire, et bien sûr ce qu'il est interdit ou mal vu de faire, mais le plus souvent elles ne sont pas explicitées, et c'est d'ailleurs une grande partie du rôle des sciences sociales que de les découvrir et de les mettre en évidence. Les sociologues parlent de « socialisation » et d'« habitus » pour désigner comment ces normes sont intégrées inconsciemment via l'éducation, les rapports quotidiens, les médias, etc., jusqu'à « faire partie de nous » et déterminer nos préférences, nos tendances et nos décisions sans que nous nous en rendions compte. Car ce processus est généralement considéré comme long, invisible et automatique, une formation lente et insidieuse de notre système cognitif. En témoigne le temps qu'il aura fallu pour que le tabagisme, le sexisme, l'homophobie et le racisme déclenchent en nous, de façon quasi automatique, des réactions de rejet. Et on sait combien ce processus reste fragile et incomplet !

Or le Covid-19 pourrait bien fournir un exemple inédit de la formation en temps accéléré et parfaitement consciente, à l'échelle internationale en plus, d'un nouvel « habitus », et même une réorganisation fondamentale de nombre de nos concepts touchant au corps, à la socialité et aux émotions[32]. Et si le fait que nous sommes véritablement nombreux à « reprocher » spontanément aux personnages de fiction de ne pas se comporter « comme il faut » en pleine épidémie se vérifiait, ce serait peut-être aussi le signe que certaines normes sont plus faciles à intégrer que d'autres. En l'occurrence, il faut noter que les règles dont il s'agit touchent essentiellement à notre intégrité corporelle et à nos rapports avec de potentiels porteurs de maladie, c'est-à-dire des règles dont la moralisation permettrait de détecter et mettre à l'écart ceux qui sont susceptibles de nous contaminer. Ces comportements font partie d'un répertoire appelé « système immunitaire comportemental », et certains chercheurs théorisent qu'ils pourraient même être à l'origine des comportements de repli et de rejet que l'on associe aujourd'hui au nationalisme, à l'autoritarisme, au racisme et au chauvinisme, attitudes qui seraient exacerbées par la présence de pathogènes dans l'environnement et qui expliqueraient par ailleurs les métaphores « parasitaires » des rhétoriques extrémistes. C'est sans doute triste à dire, mais le fait que nous soyons si prompts à détecter l'irresponsabilité de personnages de fiction, aussi absurde que cela puisse paraître, en dit sans doute long sur notre propension à dénoncer et punir ceux qui « ne font pas comme nous » et « ne jouent pas le jeu ». Après tout, jamais un petit cochon parlant n'a contaminé qui que ce soit, n'en déplaise aux détracteurs de *Peppa Pig*…

Et pour ceux qui pensaient échapper à ces préoccupations pandémiques grâce à une bonne nuit de sommeil, ils ont été nombreux à s'apercevoir que la hantise des contacts, foules, embrassades et éternuements les accompagnait jusque dans leurs songes. La spécialiste en santé publique Lucie Guimier tweetait ainsi, le 1er janvier 2022 : « Cauchemarder d'être dans le métro sans masque dans une rame pleine de gens non masqués [check] Mon subconscient me souhaite bonne année à sa manière. »

Cela n'a pas échappé à l'attention des spécialistes du sommeil : dès le début de l'épidémie, au moins quinze groupes de chercheurs dans le monde ont commencé à étudier les rêves de pandémie ou de confinement. Une aubaine ! Voici en effet un changement social et culturel qui n'épargne absolument personne, et qui permet donc d'étudier à grande échelle une des plus vieilles questions que se pose l'humanité : les rêves sont-ils purement aléatoires ou sont-ils un reflet de la réalité ? La question n'est pas si facile à trancher, puisque chacun, d'ordinaire, mène sa propre vie, et qu'il faut donc conduire des expériences assez compliquées pour savoir dans quelle mesure le quotidien du réel se manifeste dans le monde onirique. Au début du XXe siècle, pendant que Freud inventait de toutes pièces ses théories, un autre médecin viennois, Otto Pötzl, avait réussi à en avoir le cœur net. En montrant des images subliminales pendant la journée ou en berçant lentement ses participants pendant leur sommeil, il avait prouvé la thèse dite « continuiste » : ce qui se passe pendant un rêve incorpore, de manière certes un peu bizarre, les choses qui se sont passées pendant la journée (ou qui se passent autour de nous pendant que nous dormons).

Mais alors, s'il se passe à peu près la même chose pour tout le monde jour après jour, se peut-il que tout le monde se mette à rêver de la même chose ? En 2020, la revue *Dreaming* publiait les quatre premières études indépendantes sur les rêves de Covid-19[33]. Réalisées sur des échantillons internationaux à diverses phases de la pandémie depuis le mois de février jusqu'en mai 2020, elles révélaient en effet une influence généralisée sur nos rêves. Comparés aux analyses de rêve d'avant la pandémie, ceux-ci étaient alors plus négatifs et anxiogènes, avec une prédominance de thèmes comme la tristesse, la colère, la santé, la mort et bien sûr les virus. Nos rêves se passaient davantage à l'extérieur, avec plus de changements, d'animaux et de bizarreries que d'habitude, et on s'en souvenait mieux. De manière intéressante, l'effet était d'autant plus fort que l'on était directement touché sur les plans économique, social et médical. Et ces quatre études révélaient en outre que c'étaient les rêves des femmes qui étaient le plus influencés, ce qui suggère qu'elles souffraient objectivement davantage de la crise.

Et il ne s'agit pas là d'interprétations sauvages effectuées sur un divan de fortune, mais simplement d'analyses statistiques sur le contenu même des rêves, tels que les gens les rapportaient. Le virus ne signifie ici rien d'autre que le virus.

Et de fait, puisque tant de rêves étaient marqués, à la même période, de manière si homogène par un phénomène, on aurait du mal à expliquer pourquoi tout le monde se mettrait soudain à exprimer un désir inconscient quelconque sur le plan personnel. C'est sans doute malheureux, mais nos rêves sont parfois simplement aussi barbants que nos vies.

6
LES GAFFES : QUAND LES ERREURS BROUILLENT LE LIEN SOCIAL

De tous nos bugs, ce sont certainement les plus saillants et les plus embarrassants, parce que le plus souvent effectués publiquement : les bugs sociaux. Certes, nombre d'actes manqués comportent déjà une composante sociale, un lapsus n'en serait pas vraiment un s'il n'était perçu par personne, et avoir un mot « sur le bout de la langue » ne serait pas aussi irritant s'il n'entravait pas notre expression publique. Les oublis, ainsi que les comportements d'imitation et les persévérations s'inscrivent généralement dans un contexte social : nous manquons à nos obligations et engagements envers les autres, ou nous sommes excessivement influencés par eux. De même, nos erreurs perceptives, comme les confusions ou défauts de reconnaissance de visages, ainsi que la cécité normale, qui nous conduit à négliger des choses parfaitement visibles, ne gagnent véritablement leur statut d'erreurs, ou de désastres, que lorsqu'elles impliquent d'autres personnes que nous.

Certaines erreurs ont un caractère social dans un autre sens : elles sont acquises et partagées en vertu de facteurs collectifs et culturels, indépendamment de leurs conséquences pour autrui. C'est le cas de l'effet Mandela, de l'effet escalator en panne, de l'amnésie pour les objets communs, ou des persévérations et intrusions induites par des phénomènes globaux, comme les jeux vidéo ou une pandémie.

Mais il existe des erreurs *spécifiquement* sociales, qui relèvent de manquements propres à nos processus cognitifs d'interaction et de communication. Dans le meilleur des cas, il s'agit de ce qu'on appelle des « gaffes » : non pas seulement des erreurs au niveau individuel, mais des erreurs qui entravent la fluidité ordinaire de nos rapports sociaux et engagent notre image de soi.

Nous sommes une espèce sociale, et nous vivons en permanence au contact des autres. À ce titre, nous disposons de compétences sociales, et devons respecter des règles et des normes d'interaction. Nous avons des attentes vis-à-vis des autres, et nous sommes très sensibles aux moindres déviations à l'égard de ce cadre mutuel qui nous est imposé à la fois par notre architecture cognitive et par les sociétés et cultures dans lesquelles nous avons appris à évoluer. Ce cadre normatif est toutefois relativement flexible, dans la mesure où il implique un nombre infini de facteurs qu'il est impossible de respecter en toutes circonstances, d'autant plus qu'ils sont le plus souvent tacites et inconscients, et tendent à varier d'un individu à l'autre. Les notions de politesse, de tact, d'empathie, de prévenance, les capacités d'interprétation, d'anticipation, de vigilance, les motivations pour écouter, partager et comprendre ne sont pas les mêmes chez tout le monde, dépendent du contexte d'interaction et de notre humeur du moment, et sont sujettes à d'innombrables influences internes et externes.

La possibilité du *malentendu* est donc omniprésente dans chaque échange, et ce d'autant plus si nous avons affaire à des inconnus. Lorsque nous interagissons, nous avons déjà fort à faire pour mobiliser correctement nos facultés comme le langage, la perception et la mémoire, et nous ne pouvons pas toujours garder, en même temps, un œil surplombant sur la mécanique de l'interaction elle-même. Mais nous ne sommes pas si mal lotis à cet égard : nous avons une étonnante capacité à nous représenter les états mentaux d'autrui et à détecter d'infimes nuances de comportement et d'attitude en quelques millisecondes, nous permettant ainsi d'ajuster et de corriger en cours de route nos propres pensées, intentions, paroles et comportements en fonction de ceux des autres.

Hélas, nous ne savons jamais vraiment ce que ces « autres » ont exactement en tête, ce qu'ils pensent de nous, comment ils nous perçoivent, s'ils partagent une même vision que la nôtre de l'interaction qui prend place. Nos moyens sont limités et laissent une immense marge de manœuvre aux bévues, bourdes et gaffes.

LES AUTRES, CET ENFER

L'un des principaux défis auquel doit faire face notre cerveau, c'est l'existence d'autres personnes. Comment, en effet, savoir ce qu'elles font, où elles vont, ce qu'elles pensent ? Nos interactions sociales sont un lieu privilégié pour l'expression de nombreuses erreurs et bugs.

En général, pourtant, les choses ne se passent pas si mal. Sans doute parce que, précisément, nous prenons grand soin d'éviter et, le cas échéant, de réparer toutes sortes d'erreurs, ce qui fait de nous tous (ou presque) des grands experts en lien social. Nous évaluons, nous anticipons, nous interprétons et nous imaginons le comportement et les pensées d'autrui afin de mieux calibrer nos propres actions et décisions, et les autres font pareil (en principe), ce qui permet d'aboutir à une sorte d'équilibre relativement précaire, mais fonctionnel, qui est notre monde social apparent. Mais derrière ces apparences, que de calculs, de combines, d'approximations et de catastrophes potentielles, souvent évitées *in extremis* !

Regarde un peu où je vais !

À en croire l'actualité, tout ne serait que violence et haine dans ce monde. Pourtant, à chaque instant et partout, il se produit un petit miracle : les gens ne se rentrent que très rarement dedans. C'est tout à fait remarquable, quand on y pense : malgré des foules composées d'individus motivés par des buts totalement différents et se mouvant de façons infiniment variables, les collisions restent exceptionnellement rares. N'est-ce pas un motif de réjouissance ?

Certes, il n'existe malheureusement pas, à ma connaissance, de chiffres sur le nombre de piétons qui trouvent tout de même le moyen de s'entrechoquer. Mais si c'était un phénomène fréquent, chacune de nos sorties serait une aventure, nous porterions en permanence un matériel de protection, et il existerait des règles, des lois et des pénalités plus claires pour régir la circulation entre piétons. Mais comment font les gens pour s'éviter avec autant d'aisance ?

Pour le savoir, un groupe de chercheurs de l'université de Munich travaille sur la question depuis quelques années[1]. Leur approche est expérimentale : ils placent deux sujets chacun au bord d'un espace limité, leur donnent un but à atteindre et les font marcher droit devant eux. Bardés de capteurs, leurs trajectoire et vitesse peuvent ensuite être analysées, avec un intérêt tout particulier pour ce qui se produit à l'endroit où ils doivent fatalement se croiser. Après moult analyses, il en ressort que tout se passe de manière assez subtile : quelques mètres avant le « point de distance minimale », également appelé « point de collision potentielle », les deux individus sont en mesure de calculer leurs angles et vitesses de déplacement respectifs, et ainsi d'ajuster l'un ou l'autre. Il semble que ces ajustements sont immédiatement perçus et acceptés par chacun, de sorte que le croisement s'effectue harmonieusement avec une distance de 66,7 à 82,3 centimètres, selon l'angle de départ. Du grand art.

Nos chercheurs se sont également demandé si la personnalité des piétons pouvait jouer un rôle dans cette valse. On pourrait effectivement penser que les grands timides ont tendance à céder le passage aux cuistres arrogants. Apparemment, il n'en est rien, l'analyse des profils psychologiques n'aboutissant à aucun résultat probant dans ces études. Cela suggère que l'absence de collisions entre piétons est due à une analyse purement géométrique de la situation de croisement, qui permet ensuite à chacun de rapidement calibrer sa trajectoire et son rôle en fonction d'une évaluation réciproque ultra-rapide. À croire que notre cerveau, dans le fond, est spécialisé pour éviter les conflits…

Cependant, il faut bien parfois décider de qui cédera le chemin à l'autre. Dans ces cas, environ la moitié des personnes semblent adopter un rôle préférentiel : il y a ceux qui passent et ceux qui laissent passer. Encore une fois, rien n'indique que ce soit une question de caractère, ni même une affaire de taille ou de poids. Il semble plutôt que les individus se fondent sur une analyse inconsciente de ce type de situation, qui tient compte de qui a démarré le premier et de qui se déplace le plus rapidement. Certains considèrent d'emblée qu'ils tendent généralement à partir avant et plus vite, ou après et plus lentement que les autres, et se tiennent à ce rôle. Mais pour l'autre moitié des participants, cette attribution des rôles est plutôt flexible, et dépend davantage de la situation objective. Les deux stratégies ont leurs avantages : se tenir à un seul et même rôle permet de s'épargner une attention constante aux mouvements d'autrui, ajuster son rôle à la situation permet de mieux tenir compte des trajectoires et obstacles potentiels plus inhabituels, le cas échéant.

De fait, un problème fondamental émerge lorsque les individus se méprennent sur ce que les autres ont l'intention de faire, ce qu'ils pensent que les autres pensent que nous avons l'intention de faire, ce que les autres pensent que nous pensons qu'ils pensent que nous comptons faire, etc. On a alors une régression métacognitive à l'infini qui risque bien de finir en collision effective, ou pire, sous forme de ce cas de figure particulièrement embarrassant où on se retrouve face à face comme des idiots sans savoir quoi faire… Mais cela se produit justement parce que, dans cette situation, nos anticipations coïncident avec celles de l'autre.

Comme bien souvent, Freud, dans sa *Psychopathologie de la vie quotidienne*, avait une explication toute prête :

« À l'occasion, j'ai aussi été obligé de me dire que le fait de chercher, de façon agaçante et maladroite, à s'éviter mutuellement lorsqu'on est dans la rue, situation pendant laquelle, durant quelques secondes, on fait des pas de-ci de-là, mais toujours en se dirigeant du même côté que l'autre, homme ou femme, jusqu'à ce qu'enfin on reste tous deux face à face, que, donc, ce "barrage de chemin" est lui aussi la répétition d'un comportement provocant par son inconvenance, comportement qui remonte aux années passées, et qu'il poursuit des intentions à caractère sexuel sous le masque de la maladresse[2]. »

Si deux personnes se trouvent « coincées » l'une en face de l'autre, c'est donc par provocation sexuelle. Mais laquelle cherche à provoquer l'autre ? Freud ne le précise pas et la question ne semble même pas lui avoir traversé l'esprit. Serait-ce possible que l'inconscient de deux personnes différentes, pendant que celles-ci se promènent tranquillement dans la rue, saute spontanément, et en même temps, sur l'occasion de se provoquer mutuellement en profitant de dissimuler cette double agression « sous le masque de la maladresse » ? Qui plus est, si ces situations peuvent bien être agaçantes et embarrassantes, les gens tendent le plus souvent à s'en amuser, parce « qu'ils ont bien compris, sauf, bien sûr, s'ils sont freudiens, que c'est en cherchant à s'éviter qu'ils se sont retrouvés nez à nez[3] ». Il semble en effet plus plausible que cette situation témoigne simplement d'une faille dans l'architecture mentale complexe requise pour la création d'un espace comportemental commun, permettant l'émergence d'actions collaboratives où l'attention, la perception et la motricité des différents participants sont momentanément « jointes ». Du reste, une grande partie de cette harmonie locomotrice dérive précisément du fait que nous nous efforçons, la plupart du temps, d'*éviter* le regard d'autrui, spécialement lorsque nous nous croisons, tout en nous guidant par le suivi des personnes qui marchent *devant* nous et nous tournent donc le dos[4].

Faute de temps, de place et de ressources mentales, il arrive donc que deux personnes aient exactement la même stratégie, et se méprennent en même temps sur la stratégie de l'une et de l'autre, grippant ainsi une machine qui fonctionne d'ordinaire remarquablement bien. Sortons donc dans la rue et émerveillons-nous de cette bienveillance invisible qui permet généralement aux humains de s'éviter soigneusement, sans y voir d'infinies possibilités d'agressions sexuelles inconscientes dérivées d'une multitude de passés honteux et refoulés.

Tenir ou ne pas tenir la porte ?

Si l'on parvient la plupart du temps à ne pas se bousculer ou se retrouver bêtement face à face avec un inconnu dans la rue, les choses se compliquent lorsqu'il s'agit d'utiliser des passages communs, comme des portes ou des ascenseurs. Pour illustrer le problème, je me permets de reproduire ci-dessous une vignette humoristique que j'ai écrite il y a quelques années pour le journal satirique suisse-romand *Vigousse* :

« Une scène étrange s'est déroulée jeudi matin à Penthalaz, dans le Gros-de-Vaud. Sur le point d'entrer sur son lieu de travail, à 8 h 27, Lucien Buridan, 32 ans, assistant géomètre, aperçoit une personne se dirigeant visiblement au même endroit. Problème, cette inconnue, regardant dans sa direction, a clairement vu qu'il l'avait vue. Dès lors, malgré la distance excessive qui les sépare – selon Lucien environ 14 mètres –, il se sent obligé de lui tenir la porte. Réflexe idiot, se dit-il immédiatement, elle est vraiment trop loin ! Mais impossible à ce stade de changer d'avis, car de son côté, Josette Zénon, la femme en question, se sent désormais obligée de presser le pas. Quatre longues secondes s'ensuivent, à sourire nerveusement et se maudire mutuellement, jusqu'à ce que tous deux puissent enfin pénétrer dans le bâtiment. Les protagonistes n'étaient cependant pas encore au bout de leurs souffrances : l'ambiance était lourde quand ils se sont aperçus qu'ils se dirigeaient tous deux vers l'ascenseur, et qu'il était trop tard pour faire semblant d'aller ailleurs afin d'éviter un silence embarrassant sur Dieu sait combien d'étages. "*J'aimerais simplement qu'on me dise une fois pour toutes à partir de quelle distance il est raisonnable de tenir la porte à quelqu'un*", a sangloté Lucien quelques heures après les faits, toujours en état de choc mais soulagé de partager son témoignage[5]. »

Ce genre de situation est loin d'être totalement fantaisiste, comme en témoigne un fil Twitter sur le sujet, initié par un certain @necrobranson le 1er juin 2022 : « Un vieil homme a tenu la porte pour moi alors que j'étais à une distance absurdement grande (10 mètres), et j'ai pensé "les vieux utilisent la politesse comme une arme." »

Aussitôt, les réponses ont afflué : « Quand les gens font ça, je me sens souvent obligé de me dépêcher et je me mets à courir au lieu de prendre mon temps [...], du coup je ressens de la rancune. » D'autres racontent s'être trouvés à la place du vieil homme, pour ainsi dire par erreur : « Dans mon cas c'était une erreur de calcul, je pensais [que l'autre personne était] bien plus près, mais une fois que j'ai tenu la porte ouverte et établi un contact oculaire, je ne peux pas juste ARRÊTER de tenir la porte, non ? »

Le sentiment général est celui d'une irritation envers les gens qui prétendent rendre service dans le seul but qu'on les en remercie, alors qu'on se serait très bien passé de leur geste. À cela s'ajoute une certaine anxiété quant aux normes de politesse, qui exigent dans le cas présent que l'on tienne compte de facteurs multiples comme l'âge, le sexe, la distance, la direction et la vitesse de déplacement des individus afin de déterminer si oui ou non, et pendant combien de temps, il convient de leur tenir la porte, sans pour cela qu'ils se sentent obligés de presser le pas…

La recherche sur cette question épineuse n'en est qu'à ses débuts, mais elle pourrait révéler des choses intéressantes sur la nature de nos interactions sociales, et spécialement sur ce qu'on appelle « l'étiquette ». Généralement conçue comme une marque symbolique de respect, l'étiquette, ou l'ensemble des normes culturelles relatives à la politesse et aux comportements dits « civilisés », pourrait en effet avoir une valeur plus pragmatique si l'on considère ses effets globaux. Des chercheurs de l'université de Pennsylvanie ont ainsi étudié, en filmant l'entrée d'un bâtiment du campus, comment les gens s'y prenaient pour décider de tenir la porte ou non[6]. Ils ont recueilli 148 situations de ce genre, et ont analysé image par image la durée pendant laquelle la porte était tenue, la distance de la ou des personnes qui s'en approchaient et leur vitesse de déplacement.

Il en ressort qu'il existe une fonction linéaire entre la distance et la probabilité de tenir la porte. Celle-ci est proche de zéro quand les gens se tiennent à six mètres ou davantage de la porte, et atteint évidemment son maximum pour les distances de zéro à trois mètres, où on n'a pas d'autre choix que de « tenir la porte », dans la mesure où l'autre y passe quasiment en même temps que nous. Pour autant, la distance ne fait pas tout, car la probabilité de tenir la porte et la durée de cette faveur augmentent lorsqu'on est suivi par deux personnes plutôt qu'une. En outre, le fait de tenir la porte influence le comportement des suiveurs d'une façon systématique : plus on est près de la porte qu'on nous tient, plus on va presser le pas pour libérer rapidement la personne qui nous rend service.

Difficile de généraliser les résultats d'une unique étude portant manifestement sur des étudiants assez jeunes, sur un campus américain probablement très marqué par des normes sociales et culturelles spécifiques. Mais il ressort de cette étude que les gens ont raison de s'agacer de ceux qui usent incorrectement de ce geste de politesse. Apparemment, l'étiquette n'est pas uniquement une marque symbolique de respect, mais un moyen de réduire collectivement l'effort physique. L'énergie dépensée pour l'acte de tenir la porte semble optimisée pour réduire la dépense d'énergie totale des individus impliqués. En d'autres termes, tenir la porte à quelqu'un devrait être moins coûteux, au total, que si tout le monde ouvre soi-même la porte. C'est pour cela qu'il est plus avantageux de tenir la porte pour une personne proche, encore plus si c'est un groupe de personnes, et davantage encore si ces individus facilitent le travail du teneur de porte en pressant le pas. Si une personne doit tenir la porte trop longtemps et une autre se mettre à courir de trop loin pour y parvenir, alors tout le monde aura dépensé plus d'énergie que si chacun s'était occupé indépendamment d'ouvrir cette fichue porte soi-même… D'où une aigreur bien légitime à l'égard de ces comportements peu fonctionnels, et pour lesquels on doit en plus faire preuve de gratitude sous peine de passer pour des cuistres !

Mais ce n'est pas tout. Comme si cette affaire n'était pas déjà assez compliquée, il faut encore y intégrer la composante *genrée* de l'étiquette, ce qu'on appelle la galanterie donc. Il se trouve que beaucoup de gens, encore aujourd'hui, ont des schémas mentaux relativement stéréotypés sur qui doit tenir la porte à qui et dans quelles circonstances. Et de fait, selon une étude réalisée en Amérique du Nord, où la pratique du *dating* répond encore à des scripts très traditionnels, on s'attend à ce que l'homme tienne la porte à la femme, plutôt que l'inverse. Dans la vie de tous les jours, en tout cas dans un campus universitaire, il apparaît en effet que les hommes ont en moyenne moins de chances que les femmes d'avoir quelqu'un pour leur tenir une porte ouverte. C'est le cas dans la version « chevaleresque » de cette pratique, qui consiste non seulement à tenir la porte, mais à ostensiblement laisser passer l'autre personne en premier. De fait, quand un homme tient la porte à un autre homme de cette façon, cela semble porter un coup à l'amour propre du second. Un « vrai homme » n'a pas besoin qu'on lui tienne la porte ! Dans le contexte d'une rencontre à caractère romantique (un *date*), les hommes qui ne répondent pas à ce stéréotype, c'est-à-dire ceux qui se laissent tenir la porte par la femme, sont d'ailleurs perçus comme peu chaleureux, inadéquats et incompétents[7].

On le voit, une pratique aussi anodine que l'ouverture d'une porte peut avoir des ramifications culturelles et sociales importantes. La sensation d'étrangeté ressentie dans certaines circonstances révèle l'infrastructure des normes tacitement acceptées par les membres de notre communauté.

Quand quelqu'un vous rend un service, quand et comment est-il approprié de lui rendre la pareille ? Ce problème engendre bien des malentendus, surtout quand les gens se méprennent sur leurs attentes réciproques. Certaines personnes ne veulent pas de retour de faveur : cela laisserait penser que leur geste était intéressé et le moindre remerciement serait interprété comme une offense. Mais si vous prenez l'initiative de *ne pas* remercier celui qui vous a rendu service, ou pas assez chaleureusement, vous passerez pour un ingrat, voire un malotru.

Prenons un exemple extrême. Rappelez-vous, Jean-Paul vous a, il y a bien longtemps, prêté sa perceuse. À l'époque, c'était votre voisin pendant trois semaines, à la suite de quoi vous ne l'avez plus jamais revu. D'ailleurs, c'était peut-être Jean-Louis ? Peu importe, il se trouve que Jean-Paul/Louis a aujourd'hui retrouvé votre trace. Comme il vous a jadis rendu un fier service – qu'auriez-vous fait sans sa perceuse ? –, il revient pour réclamer la faveur que vous lui devez en retour : le cacher chez vous parce qu'il est recherché par la police.

Ce petit scénario absurde nous apprend plusieurs choses. D'abord, il ne faut jamais rien demander à ses voisins, c'est toujours le début des ennuis. Mais surtout, quand il s'agit de retourner une faveur, nous sommes sensibles au *temps* écoulé, ainsi qu'à la *proportionnalité* des faveurs en jeu.

Quelle est la durée de vie de la gratitude, en somme ? Une équipe de chercheurs a testé cette question en examinant le registre des dons reçus par un hôpital. C'est très américain : là-bas, quand vous passez un séjour à l'hôpital, vous recevez plus tard une demande de don. On vous a aidé, peut-être même sauvé la vie, alors ne manquez pas l'occasion d'exprimer concrètement votre gratitude à l'égard de notre institution. C'est pareil pour les écoles, les universités, les églises, les clubs de sport et d'autres établissements. Comme certains hôpitaux envoient leurs demandes de dons à leurs anciens pensionnaires en vrac le même jour, il suffit d'examiner si le temps écoulé entre l'entrée ou la sortie de l'hôpital et la demande de don influence la probabilité de donner de l'argent. C'est le cas : chaque jour écoulé diminue les chances d'obtenir un don, jusqu'à -36 % après un mois. Et il y a bien un effet de proportionnalité, mais il est contre-intuitif : les patients qui ont le plus de raisons d'exprimer leur gratitude – ceux qui étaient hospitalisés dans l'état le plus grave – donnent moins et beaucoup plus tôt. Comme si une fois sauvés, ils n'en oubliaient que plus rapidement de se montrer reconnaissants[8].

Voilà qui nous oriente vers une théorie de la gratitude qui, selon nos chercheurs, serait une expérience émotionnelle « chaude » : intense sur le moment, elle se refroidit très rapidement. Implication pratique : si vous avez rendu service à quelqu'un, il faut lui demander quelque chose en retour le plus rapidement possible.

Pour une poignée de main

Examinons à présent une autre situation ordinaire où la notion de réciprocité joue également un rôle clé. Il s'agit de la pratique culturelle consistant à se serrer la main pour se saluer. On pensait ses jours comptés quand la pandémie de Covid-19 en a fait un geste diabolique et inacceptable, lui préférant d'amusants substituts tels que le « check » du bout du poing, ou des brefs contacts du coude ou du pied. Si j'en juge par mon entourage, il semble bien que la bonne vieille poignée de main soit de retour, sans que personne s'en émeuve outre mesure.

C'est à mon avis dommage, on avait trouvé le moyen d'éliminer un des plus redoutables vecteurs de bactéries et de virus… Mais on ne se débarrasse apparemment pas si facilement d'une tradition qui remonte, selon la paléoanthropologue Ella Al-Shamahi, à la civilisation mésopotamienne, neuf siècles avant notre ère[9]. On en trouve également des traces chez Homère et dans la Rome antique, coupant court à l'idée répandue qu'il s'agirait d'une coutume du Moyen Âge destinée à s'assurer mutuellement que l'on ne porte pas de couteau (une idée qui m'a d'ailleurs toujours paru étrange : si l'on porte un couteau avec de mauvaises intentions, la poignée de main est le plus sûr moyen de blesser son adversaire, et si l'on prépare un assassinat plus subtil, on ne portera pas un couteau à la main…).

Admettons donc que deux personnes se serrent la main sans intention de s'assassiner. Qu'est-ce qui se joue dans cette banale pratique ? La fameuse, et étrange, poignée de main de trente secondes entre Donald Trump et Emmanuel Macron suggère déjà que derrière ses apparences inoffensives, elle est un enjeu de pouvoir. C'est sans doute le moindre de ses défauts, mais Trump est en effet renommé pour sa poigne. Il faut voir ses « homologues » ployer sous cette véritable machine à compresser digitale, bringuebalés en tous sens par un vaste mouvement d'épaule, longuement emprisonnés entre les mains du mâle alpha, et leur tête quand ils sont enfin libérés, comme si le coach les renvoyait magnanimement au vestiaire après une interminable séance de pompes ! Il se dit que Justin Trudeau est le seul à avoir brillamment remporté cette épreuve, fruit, sans aucun doute, d'une savante préparation.

N'empêche, la question reste posée : que signifie cette poignée de main barbare, surhumaine, quasi chtonienne ? On peut spéculer. Dans l'univers et la tradition du business anglo-saxon que Trump prétend représenter, la poignée de main a pris des proportions mythiques. C'est un *art*, enseigné dans les *business schools* et par des coachs, détaillé dans les guides et les manuels, consigné dans la mémoire des colonnes marbrées qui ornent les *lounges* des plus grands buildings. *Tout* est dans la poignée de main, un homme honnête se reconnaît à la franchise de sa poignée de main, un bon *deal* se règle toujours sur la base d'une poignée de main. Bref, ayant parfaitement intégré et prenant tout à fait au sérieux ce genre de bêtises, Trump s'est dit, sans doute inconsciemment (mais peut-être pas), que sa poignée de main se devait de lancer un message (non verbal) à son interlocuteur. Par exemple : « Tu es à moi ; tu es ma chose ; je suis maintenant entré dans ta vie et tu ne pourras plus jamais te passer de moi ; s'il te plaît aime-moi, admire-moi, comprends-moi ! Je vais te détruire. »

Mais est-ce le cas ? Une simple poignée de main permet-elle de transmettre un message ? Et si oui, lequel ? Curieusement, malgré les innombrables « experts » en poignée de main qui donnent volontiers des conseils pour garantir le succès d'une transaction, on en sait très peu sur ce mode de salutation ubiquitaire. À vrai dire, il n'existe qu'une… poignée de véritables études sur la question. Des chercheurs tentent par exemple, le plus sérieusement du monde, de décortiquer la structure mécanique de la poignée de main afin d'apprendre à des robots à serrer une pogne humaine correctement. Il en ressort qu'il y aurait quatre phases dans une poignée de main : approche, contact, synchronisation et relâchement. La robotique fait vraiment des progrès foudroyants.

Du côté de la psychologie, il n'existe que deux études, et elles semblent donner raison à Trump ! Le dispositif expérimental consiste à convoquer un sujet, à l'accueillir à quatre ou cinq personnes qui toutes lui serrent la main, et à lui faire ensuite remplir quelques questionnaires de personnalité, pendant que ses hôtes notent la qualité de la poignée de main. Il faut un entraînement pour ça : apprendre à estimer la grandeur de la prise, la force, la durée, la vigueur et le contact oculaire. Résultat : la « fermeté » générale du serrage de pince est liée positivement à l'extraversion, et négativement à la timidité. Dans une autre étude, ce lien entre fermeté de la poignée de main et extraversion prédisait même des jugements favorables lors d'un entretien d'embauche factice[10].

Comme souvent, la science ne ferait sans doute que confirmer ce que tout le monde sait déjà. Et infirmer, à mon avis, la fameuse théorie du désarmement médiéval : pourquoi accorder une importance aussi démesurée à ce rituel s'il consistait vraiment à indiquer que l'on ne porte pas d'arme et que l'on n'envisage pas, en tout cas pour le moment, de s'anéantir les uns les autres précisément pour une stupide question d'ego ?

D'autant plus que c'est typiquement le genre de situation qui donne lieu à une escalade dans l'usage de la force. Si chacun des deux participants tente d'appliquer à sa poigne une force égale à celle qu'il reçoit de l'autre, il en résulte mécaniquement que les deux vont y consacrer plus d'effort, et en retirer plus de souffrance que nécessaire[11]. Si on y ajoute la transmission inévitable des quelque 70 millions de bactéries que contient en moyenne chaque centimètre carré de peau de la main, sans compter les virus, on ne peut que regretter qu'une pandémie n'ait pas suffi à éradiquer cette tradition absurde.

On peut vous tutoyer ?

Terminons ce tour d'horizon des rapports de force du quotidien avec une autre pratique particulièrement tordue, cette fois verbale. Tu trouves l'ambiance cool au boulot parce que tout le monde se tutoie ? Alors ce qui va suivre te concerne directement ! Peu d'expériences, à vrai dire, sont aussi pénibles que d'avoir une conversation avec quelqu'un dont on ne sait pas s'il faut le tutoyer ou le vouvoyer. L'essentiel de l'échange se résume à une série d'habiles esquives afin de ne jamais avoir à prononcer les mots « tu » ou « vous »... Un reste du système féodal qui imposait aux gueux de donner du pluriel aux seigneurs, comme si les uns valaient plus que les autres... Mais au moins, les règles étaient claires à l'époque.

Aujourd'hui, difficile de s'y retrouver. On se fait tutoyer par de parfaits inconnus et certains en arrivent même à s'autotutoyer (appelons ça le « tu Federer » : « Quand tu gagnes un match, tu te sens bien »). Tu m'étonnes que le français soit compliqué à apprendre… N'empêche, ce système absurde est riche d'enseignements sur nos rapports sociaux : le choix du « tu » ou du « vous » est en effet révélateur de certaines tendances qui restent invisibles si on s'en tient au niveau individuel.

C'est ce que montre l'analyse des données d'une vaste étude française réalisée dans le monde du travail, de 1997 à 2006, concernant près de 17 000 personnes, 7 000 entreprises et 380 directions d'administration[12]. D'abord, le tutoiement est devenu la norme au travail : 63 % des salariés tutoient leur chef. Mon supérieur, c'est comme un pote ! Enfin, surtout si vous êtes un homme et votre chef aussi. Tandis que 70 % des hommes tutoient leur chef, seules 49 % des femmes le font. Si le chef est un homme, 72 % des hommes le tutoient contre 42 % des femmes ; et si c'est une femme, 65 % des hommes contre 60 % des femmes. Bien sûr, il existe toutes sortes de nuances en fonction du secteur d'activité, du niveau hiérarchique et de l'âge, mais le résultat dévoile un système de copinage entre mâles et une posture défensive des femmes, qui préfèrent garder leurs distances au travail.

Le détail des analyses révèle aussi une importante différence entre fonction publique et secteur privé : 43 % contre 65 % de tutoiement, respectivement. Alex Alber, de l'université de Tours, l'auteur de ces analyses, y voit le reflet d'une tendance néomanagériale qui vise à instaurer l'illusion d'une horizontalité des rapports professionnels. On tombe la cravate, on se tutoie, on est cool : l'autorité ne vient plus directement du boss, mais des objectifs chiffrés qu'il faut atteindre et d'autres critères d'évaluation plus insidieux…

Malheureusement, l'étude ne permet pas d'examiner des hypothèses plus précises, et ne renseigne pas sur l'usage du « tu » et du « vous » par le chef à l'adresse de ses subordonnés (pardon, « collaborateurs »). Elle ne dit rien non plus du profil psychologique de ces bons gaillards (ce sont toujours des hommes) qui tutoient de toute façon tout le monde en toutes circonstances, un phénomène qu'il faudra bien élucider un jour. En attendant, cher lecteur, chère lectrice, tu fais comme tu veux, mais tu sauras que le tutoiement cache souvent quelque chose d'un peu suspect…

L'ART SECRET DE LA CONVERSATION

Le philosophe Paul Grice a laissé un testament capital pour l'espèce humaine. C'est lui qui le premier a songé à établir une « logique de la conversation ». Celle-ci incarnerait un « principe de coopération » sans lequel il serait impossible, ou du moins très compliqué, de se faire comprendre[13]. Toute conversation est ainsi une sorte de contrat passé entre les interlocuteurs : on *sait* en général que l'on prend part à une interaction verbale destinée à partager des informations diverses, et on sait que les autres participants le savent. Dans ce cadre, chacun est censé respecter certains principes, que Grice appelait « maximes ». Si vous avez quelque chose à dire, on attend de vous que vous ne fassiez ni trop long ni trop court (dites simplement ce que vous avez à dire), que vous soyez sincère et ne disiez pas n'importe quoi, que votre contribution ait un rapport avec la discussion en cours, et que vous soyez donc informatif, c'est-à-dire ni obscur, ni ambigu, ni désordonné. Avec cela, on devrait pouvoir s'en sortir.

Évidemment, les choses se passent rarement comme cela. Dans une conversation ordinaire, on se laisse parfois emporter, il nous arrive de mentir ou d'asséner des choses que l'on ne connaît pas vraiment, parfois on refuse d'en dire plus ou on ne parvient pas à s'exprimer correctement, et on doit souvent clarifier ou développer son propos parce que personne n'a compris. Bref, une conversation normale est un processus assez fragile et incertain qui mène rarement à un but clair et prédéterminé. Les maximes de Grice sont pour ainsi dire conçues pour être flouées, ce qui crée nombre de problèmes, mais autorise aussi une grande flexibilité et laisse de la place pour la créativité, la surprise, l'ironie, l'allusion, le baratin et même la poésie.

C'est cela qui fait de la conversation un art subtil et délicat, à la fois redoutable et plaisant. En effet, nos attentes sur ce qu'est une conversation ne correspondent parfois pas à ce qu'elles sont réellement, et nous nous méprenons souvent sur ce qu'il est possible d'en retirer. C'est notre image de nous-mêmes qui est en jeu lorsque nous nous offrons à ces échanges, tantôt sérieux, tantôt anodins. Du *small talk* au terrible « il faut qu'on parle », les conversations sont au cœur de nos engagements, de nos décisions, de notre réputation et de notre bien-être. Aussi, la menace constante du malentendu plane au-dessus de chacun de nos échanges, et il est probable que nos capacités de communication se soient ajustées à ce risque.

Mon exemple préféré de malentendus est celui des commandes de gâteaux. Il existe des sites recensant de savoureuses collections de cakes, tartes et gâteaux portant des inscriptions assez surprenantes. À la place des classiques « Joyeux anniversaire Sophie ! » ou des dessins de super-héros ou de ballons de football que l'on peut sans difficulté commander à son pâtissier, par téléphone ou par Internet, on trouve ainsi de somptueux « Récupérer avant 11 heures » en glaçage rose, ou ces gâteaux colorés où l'on peut lire « Juste le texte joyeux anniversaire », « Nancy en majuscules », « Je t'aime (en violet) ». Mes préférés restent ces deux gâteaux identiques portant tous deux la mention « Joyeux anniversaire sur les deux », et ce grand cake arborant fièrement le texte « ("Les anneaux olympiques") » (parenthèses et guillemets inclus).

La grande beauté de ces bévues est que l'on peut facilement en tracer l'origine. Celui qui passe la commande compte bien entendu sur les compétences interprétatives et l'expérience du pâtissier pour décoder ce qu'il souhaite, et de son côté le pâtissier n'a pas l'intention de consacrer trop d'efforts à reconstituer les véritables désirs de ses clients, ou n'en a pas le temps ou la capacité. Passé la surprise et les éclats de rire, on espère au moins que ces gâteaux étaient bons.

Il est donc plutôt risqué de s'en tenir à nos présuppositions sur ce que nous pensons avoir compris, et ce que nous pensons que les autres ont compris, dans une conversation. Ce qu'illustrent nos exemples de gâteaux, c'est que la communication implique bien davantage que la transmission sémantique d'informations verbales. *Comment* et *quand* on transmet ces informations est au moins aussi important, et c'est dans d'infimes détails, longtemps considérés comme de simples imperfections du langage, que se trouve le secret d'une conversation réussie.

Pourquoi tu ne réponds pas (assez vite) ?

Partout on se cause à peu près de la même façon en suivant le même tempo. On échange des informations liées à un sujet particulier, on pose des questions, on demande des précisions, on corrige des erreurs, on rebondit sur quelque chose, on se contredit, on témoigne de la surprise, de l'incrédulité, de l'impatience, on hésite, on se répète, etc.

La mécanique conversationnelle, à ce titre, obéit à une remarquable dynamique : il y a une façon optimale, ou disons « normale », d'enchaîner les interventions de chacun. La règle est simple, il faut être rapide mais pas trop. En moyenne, en effet, on retrouve des « blancs » d'environ 200 millisecondes entre la fin d'une intervention et le début d'une autre. Ce laps de temps correspond probablement à une constante de notre cognition sociale, c'est un silence au moins aussi important que les mots qui s'ensuivent, et qui en déterminent d'ailleurs le sens, ainsi que la qualité générale de l'échange.

Par exemple, à la suite d'une requête, le temps que l'on met à répondre devient un indicateur très sensible de notre état d'esprit ou même de notre sincérité. Si on vous demande « Je peux t'emprunter ta perceuse ? » et que vous répondez « Bien sûr, avec plaisir », votre interlocuteur sera capable d'interpréter une différence infime de 50 à 100 millisecondes comme la manifestation, ou l'absence, de votre générosité. À 200 millisecondes pile après la fin de la question, votre réponse prompte et précise ressemblera à un accord cordial et désintéressé. Un poil au-delà de 250 millisecondes, les mêmes termes seront déjà perçus comme une hésitation : apparemment, vous préféreriez ne pas confier votre perceuse à cette personne[14].

Dans un échange plus long, y compris entre inconnus, le minutage des tours de parole est un signal plus général de la qualité de la « connexion » ressentie entre les interlocuteurs. Une moyenne inférieure à 250 millisecondes pour chaque pause entre tours de parole semble être un indice très fiable que les deux personnes sont bien « dans » la conversation, qu'elles s'écoutent l'une l'autre avec attention, et bien sûr qu'elles ne s'interrompent pas constamment. Lorsque les pauses tendent à s'allonger, c'est le signe que la conversation tend à s'épuiser et sa qualité s'en ressent immédiatement[15].

Pour autant, la longueur des pauses fournit aussi des indications sur le statut social des interlocuteurs. Ainsi, la linguiste Danielle Duez avait étudié dans les années 1990 la durée et la fréquence des pauses dans les prises de paroles d'hommes politiques[16]. Elle avait observé que le silence était un luxe que seul le pouvoir pouvait se permettre. Celui qui est en minorité ou dans l'opposition a peu de temps pour convaincre, et il doit remplir tous les espaces sonores mis à sa disposition. Celui qui est en position d'autorité, en revanche, peut souligner l'importance de ses paroles par des respirations solennelles, signalant au passage qu'il ne craint pas d'être interrompu ou de perdre son tour de parole, et qu'il n'attend d'ailleurs pas de réponse à ses propos péremptoires et définitifs.

On voit ici comment la structure temporelle de nos conversations donne une place considérable à la stratégie et l'interprétation, une flexibilité qui s'offre aussi très naturellement à pléthore de gaffes, indélicatesses et faux pas au détour de quelques malheureuses millisecondes mal calibrées.

Euh…

Pour se faire entendre, et si possible comprendre, il faut donc être en permanence aux aguets, et jouer nos meilleures cartes quand c'est (enfin) notre tour de parler. Le défi est considérable : on doit trouver le bon moment pour « en placer une » et presque immédiatement trouver quelque chose d'intéressant à dire, puis le faire convenablement. Marquer une pause de plus de 200 millisecondes pourrait laisser entendre que vous avez fini, or ce temps minuscule est largement insuffisant pour réfléchir et former un plan élaboré. Il en faut le triple simplement pour nommer un objet, alors bonne chance pour trouver la vanne du siècle…

Une conversation est donc structurée comme un compromis permanent entre la pression temporelle qui exige de s'exprimer suffisamment rapidement, de sorte à laisser entendre à notre interlocuteur que nous participons activement au dialogue en « rebondissant » harmonieusement sur ce qu'il vient de nous dire, et le temps nécessaire pour développer des idées et des points de vue qui permettent de faire progresser et relancer le dialogue dans une direction fructueuse pour toutes les parties impliquées. Il n'est guère étonnant qu'un tel système donne lieu à des défaillances occasionnelles : on ne sait plus quoi dire, on se répète, on s'entrecoupe la parole, un ange passe, on se contredit, on se méprend et bien sûr on est victime de lapsus et de mots sur le bout de la langue.

Dans ce contexte, les « disfluences » jouent un rôle intéressant. Il s'agit de ces « euh », « mmmh » et autres semblables interjections, qui ont si mauvaise réputation. Les disfluences signalent ordinairement un problème de communication : souvent, le « euh » indique la correction immédiate d'une erreur, en particulier d'un lapsus. « J'ai croisé Antoine, euh Étienne, ce matin. » À ce compte, les linguistes ont souvent considéré ces termes comme des « symptômes », l'expression d'une sorte de maladie sous-jacente du langage, que nous devrions apprendre à soigner autant que possible pour être de bons orateurs.

Pour autant, les disfluences sont tellement fréquentes dans nos usages qu'on pourrait aussi bien considérer qu'elles font partie du langage. Selon les études, les « euh » apparaissent quatre à dix fois tous les cent mots, ou au moins une fois tous les cinquante à quatre-vingts mots. Le linguiste Nick Enfield, de l'université de Sydney, les qualifie de « panneaux de signalisation » de la conversation : plutôt qu'une entrave, une erreur, une impureté ou une faiblesse, nos « euh » seraient des indications non seulement utiles mais nécessaires dans nos dialogues[17]. Par exemple, un « euh » bien placé signale à notre interlocuteur qu'une pause va suivre mais que nous ne cédons pas la parole pour autant. Bien plus, cette disfluence est riche d'information : elle transmet l'idée que le locuteur est en train de réfléchir à la meilleure manière de formuler une idée afin de se faire comprendre. Le « euh » indique ici l'existence d'un véritable problème de langage à régler, et du même geste le fait que sa résolution est imminente. Il appelle notre interlocuteur à faire preuve d'un peu de patience, sachant que cela contribuera d'autant plus à la qualité de l'échange.

Dans d'autres cas, cependant, le « euh » ne fait même plus référence à un véritable problème de langage, comme lorsque nous cherchons un mot ou indiquons que nous corrigeons une erreur, mais devient une sorte d'avertissement parfaitement maîtrisé. En début de phrase, le « euh » est généralement utilisé, et compris comme tel, comme l'indication que ce qui va suivre n'est pas exactement ce que nous aurions souhaité dire. Il introduit un délai dans une réplique qui *impose* quelque chose d'inattendu ou de désagréable dans un échange. « Tu seras là à 17 heures ? – Euh, j'ai mon cours de yoga. » Nous redoublons de « euh » lorsque nous avons un message difficile à faire passer et, dans ces cas, nous les utilisons délibérément pour signaler ou mentionner un problème, nous *exprimons* ainsi notre difficulté à nous exprimer, ou notre embarras.

Il y a donc une leçon importante à retirer de ces disfluences apparemment inélégantes et importunes : ce ne sont pas des erreurs à proprement parler, ce sont des outils de gestion de nos erreurs. Nous avons tous appris à domestiquer les limites de nos propres capacités verbales en plaçant des « euh » et des pauses à bon escient, et nous savons même exploiter ces dispositifs dans notre intérêt. De fait, des études récentes montrent que les « euh », les blancs et les répétitions permettent d'orienter l'attention des auditeurs[18]. Plutôt que d'encombrer, de parasiter et de ralentir nos échanges, ils contribuent à les solidifier, notamment en laissant présager qu'une nouvelle information ou une partie importante du message est sur le point d'apparaître. Ces disfluences orientent donc l'attention de notre auditoire et augmentent même la mémoire pour les mots qui les suivent. De façon intéressante, cet effet est très bref et rapide, si bien que la plupart du temps nous ne nous apercevons même pas de la présence de ces « euh » intempestifs. Du fait de leur caractère stéréotypé, répétitif et très bref, les disfluences évitent la capture attentionnelle : on ne s'attarde pas sur le « euh » lui-même, mais sur ce qui le suit.

Les difficultés rencontrées lors de la planification du discours deviennent donc une aide à sa bonne réception. Nous détectons quand quelqu'un peine à s'exprimer et cette capacité vient appuyer notre compréhension. Un bon orateur peut même placer des « euh » sans nécessité de le faire, en faisant par exemple exprès d'hésiter sur un terme qu'il souhaite mettre en relief. Cela montre comment notre nature imparfaite peut être exploitée à des fins inconscientes de collaboration sociale, et comment nous nous coordonnons en tenant compte de nos imperfections respectives.

Hein ?

Cette thématique de la *domestication* de nos productions sonores *a priori* incongrues et malséantes comme « euh » s'étend aujourd'hui à bien d'autres sons. Les linguistes parlent par exemple de « signes liminaux » pour désigner ces innombrables petits bruits qui parsèment nos discours : il s'agit de sifflements, claquements de langue, soupirs, reniflements, geignements, grognements, toux, inspirations ostensives, que l'on peut d'ailleurs étendre, dans la sphère visuelle, à nombre de petites mimiques comme des clignements, des poses particulières, haussements de sourcils, moues diverses… Ces manifestations sont dites liminales parce que leur statut est par nature ambigu : entre l'expression involontaire et la production délibérée[19].

Un « hum ! » bien placé peut signifier un désaccord plus ou moins sarcastique, mais il peut tout aussi bien être mis sur le compte d'un mal de gorge passager. Dans *La Promesse de l'aube*, Romain Gary décrit à plusieurs reprises un certain tic de sa mère, que l'on pourrait qualifier de « reniflement de satisfaction ». Je connais quelqu'un qui pratique souvent un reniflement stratégique de ce genre, mais dans un tout autre but : il sert ici à ponctuer une blague ou une remarque qui pourraient « déranger » (mais d'une certaine façon, ce reniflement indique aussi une certaine satisfaction, sans doute celle d'avoir osé dire quelque chose de prétendument « subversif », ou de se distancier ironiquement de ses propos). Ce qui ressemble à des déviations de nos normes ordinaires d'interaction est souvent lourd de signification, et peut même parfois faire intégralement partie de nos codes usuels de conversation.

C'est particulièrement le cas des *interjections*[20], ces expressions qui tiennent en un seul mot, dont la signification est donnée par convention et modulée par le contexte. On peut citer « Beurk ! », « Oups ! », « Hein ? », « Ah ! », « Waouw ! », « Mmmh », « Chhh ! », et nombre de grossièretés diverses.

Si l'étymologie suggère que ces interjections sont des bribes sonores *jetées* de façon dérisoire *entre* les mots d'une phrase et donc comptent beaucoup moins que ceux-ci, les spécialistes y trouvent un intérêt croissant, car elles constituent souvent des opérateurs cruciaux sans lesquels une conversation ne pourrait tout simplement pas avoir lieu. De fait, les interjections ont ce pouvoir psychologique de nous rendre mutuellement conscients de la nature et de l'efficacité de nos échanges linguistiques. Nous dialoguons, avec des mots ordinaires, pour échanger, partager, désigner, préparer et quantité d'autres choses importantes pour nous. Le rôle des interjections, dans ce cadre, est d'échanger, partager, désigner et préparer des choses concernant la conversation *en tant que telle*, ce sont des références métalinguistiques relatives à l'acte même de converser.

Le meilleur exemple de la mécanique des interjections est sans doute notre usage intempestif, et souvent décrié, du « hein ? ». D'aucuns préféreraient privilégier des formules de politesse du style « Je vous demande pardon ? », ou « Excusez-moi, je vous ai mal compris, auriez-vous l'obligeance de bien vouloir répéter votre dernière phrase, de sorte que notre conversation puisse se poursuivre sans malentendu ? », mais on voit bien à quel point cela peut être parfois encombrant. Si un simple « hein ? » peut faire le même travail, pourquoi s'en priver ?

Curieusement, dire « hein ? » reste perçu comme vulgaire et impoli, une interjection à peine humaine classée quelque part entre le geignement et le braiment, le signe d'une inculture manifeste et d'une paresse locutoire incontestable. Mais n'en déplaise aux ayatollahs de la bienséance linguistique, un groupe de psycholinguistes de l'Institut Max Planck aux Pays-Bas a récemment contribué à réhabiliter ce mot étonnant[21]. Ces chercheurs ont en effet remarqué que partout où ils allaient, les gens utilisaient quelque chose qui ressemble beaucoup à notre « hein ? » francophone. À partir d'un corpus de conversations réelles et analyses acoustiques à l'appui, ils l'ont recensé sous diverses nuances dans trente et une langues dispersées sur les cinq continents, signalant toujours à un interlocuteur que quelque chose qu'il vient de dire n'a pas été compris, et qu'il lui faut répéter son énoncé ou alors s'exprimer plus clairement. Le « hein ? » vient donc remettre le dialogue sur les rails, indiquant au locuteur qu'il y a un problème à réparer avant d'aller plus loin, sans préciser la nature exacte du problème (techniquement, on parle de « réparation ouverte initiée par autrui »).

Au Ghana et en Chine, on dit « han ? », en espagnol, japonais et coréen, c'est « hé ? », en russe « ah ? », en anglais « euh ? ». Partout, remplissant la même fonction, on retrouve une monosyllabe aux propriétés articulatoires très proches, prononcée sur un ton interrogatif. C'est un mot extraordinairement fréquent, on estime qu'une forme ou l'autre de demande de clarification (« qui ? », « quoi », « pardon ? », « hein ? ») apparaît toutes les quatre-vingt-quatre secondes en moyenne dans une conversation. Notre « hein ? » et ses équivalents internationaux requièrent un passage de l'air par une faible ouverture de la bouche, non arrondie, avec la langue en avant et légèrement surélevée. C'est en fait partout le même son, à ceci près qu'il épouse localement les propriétés phonémiques propres à chaque langue. Comparé à des mots fonctionnellement équivalents, comme « quoi ? » ou « comment ? », la similarité entre les langues est tout simplement stupéfiante.

Puisque tout le monde semble utiliser le mot « hein ? », on pourrait se demander qui l'a inventé ou qui l'a piqué à qui. Mais nos chercheurs néerlandais privilégient une autre piste : « hein ? » serait apparu spontanément et indépendamment dans chaque langue, à chaque fois comme la solution la plus simple pour régler un problème particulier qu'elles ont toutes en commun. Comme les difficultés de communication sont partout les mêmes, la nécessité de réparer rapidement des incompréhensions sans trop empiéter sur la conversation aurait fait converger les locuteurs du monde entier vers une solution simple, économique et efficace, celle d'émettre un son relativement neutre, facile et rapide à effectuer (et à identifier), sans trop de contraintes articulatoires ou mentales : quelque chose comme « hein ? » donc.

Si cette théorie est exacte, le mot « hein ? » serait donc un patrimoine commun à l'humanité. Et c'est tout de même assez ironique que le seul mot universel soit précisément celui qui exprime l'incompréhension… Mais pour notre propos, ce qui me semble particulièrement instructif est que nos usages conversationnels, et le langage, aient évolué de sorte à tenir compte de nos imperfections verbales. Comme si pour compenser notre propension aux lapsus et autres maladresses d'expression, il nous fallait des outils prêts à l'emploi pour y remédier aussitôt que possible, comme le « euh » quand nous nous trompons, et le « hein ? » quand l'autre semble s'être trompé.

On parle de quoi ?

Nous sommes des créatures sociales qui aimons bavarder, et c'est quelque chose de tellement naturel que personne n'a jamais eu à nous apprendre comment faire. Nous avons un instinct social, et par conséquent nous sommes tous des experts nés dans l'art de la conversation. Mais savons-nous vraiment parler aux autres ? Certaines études récentes remettent cette idée en question. Malgré notre habitude pour le badinage et le débat à bâtons rompus de fin de repas, nous ne saurions pas ce que nous attendons d'une conversation. Plus grave : nous sommes incapables d'y mettre un terme correctement. Nous l'avons tous vécu : quelqu'un vous bassine depuis quinze minutes sur les mérites respectifs des différents *Star Wars*, et vous avez beau lui dire que vous n'en avez vu aucun, et multiplier lourdement vos allusions sur l'opportunité imminente d'aller se resservir un verre au buffet, voire pencher votre corps à l'opposé de son insatiable flot d'inepties, mais rien à faire, il continue tout de même à pontifier sur les vertus méconnues de Jar Jar Binks. De toute évidence, *lui* veut poursuivre la « conversation », tandis que *vous* préféreriez en finir le plus vite possible : d'où vient ce prodigieux mystère ?

Pour en savoir plus, des chercheurs des universités Harvard, de Pennsylvanie et de Virginie ont étudié près d'un millier de conversations[22]. Pour simplifier, ils se sont limités à des dialogues entre deux personnes, et leur ont posé deux questions claires : quand auriez-vous souhaité que la conversation se termine, et quand pensez-vous que votre interlocuteur aurait souhaité que la conversation se termine ? Résultat : seules 2 % des conversations s'achevaient pile poil quand les deux personnes le souhaitaient, et pas plus de 30 % quand au moins *une* des deux le voulait. En fait, près de 70 % auraient préféré en finir plus tôt. Combien de temps plus tôt ? En moyenne, la moitié de la durée réelle de ladite conversation…

Cela signifie donc qu'en matière de durée, la grande majorité des conversations ne donne *pas* satisfaction aux gens. L'explication avancée est que la clôture d'un dialogue constitue un sérieux problème de coordination. Les gens ne savent tout simplement pas quand leur interlocuteur souhaite arrêter de causer, et cela est vrai dans les deux sens : plus précisément, chacun se trompe de 64 % quand il s'agit d'estimer quand l'autre veut en finir. Voilà où mène la politesse. Comme il est socialement assez délicat de communiquer à notre interlocuteur qu'on a assez entendu ses âneries et qu'on aimerait faire quelque chose de plus intéressant, tout le monde se retrouve pris en otage deux fois plus longtemps que chacun ne le souhaiterait en son for intérieur.

Cependant, dans cette étude, on trouve tout de même 30 % de gens qui auraient aimé discuter *plus* longtemps. Il arrive, et c'est heureux, qu'on soit insatisfaits d'une conversation trop brève. Mais si on considère que la majorité des conversations, avec des proches comme avec des inconnus, durent le double de temps qu'il faudrait, on comprend mieux l'origine des nombreuses tensions qui traversent notre société.

Notre difficulté à estimer mutuellement le moment idéal pour cesser une conversation viendrait également de certaines croyances erronées sur les bénéfices des interactions. Pour une espèce hypersociale, il semble que beaucoup d'entre nous se fassent une idée assez cynique de ce qu'un échange avec autrui peut nous apporter.

Nous pensons par exemple qu'il faut nécessairement choisir entre *être aimé* et *être intéressant*. Pour accomplir le premier but, il faudrait occuper moins de la moitié de la totalité du temps de parole d'une conversation (c'est-à-dire laisser l'autre tenir le crachoir), et pour accomplir le second, il faudrait causer beaucoup plus. Ces attentes sont très répandues, mais quand on examine les gens en condition réelle, elles se révèlent complètement fausses. On est jugé comme un partenaire à la fois plus plaisant et plus intéressant quand on parle beaucoup[23]. Une autre fausse croyance que nous sommes beaucoup à partager est que le plaisir d'une conversation décroît à mesure qu'elle s'allonge, surtout lorsqu'elle s'engage avec un inconnu. Là encore, cela semble être faux. Même chez les participants qui pensent apprécier davantage le temps passé seul plutôt que la parlotte avec son voisin de métro (par exemple), une conversation réelle, quel qu'en soit le contenu, apporte finalement beaucoup plus de plaisir qu'ils ne l'avaient anticipé[24].

En fait, nous semblons souffrir collectivement d'un problème de « sous-socialité », c'est-à-dire que nous sous-estimons à quel point les autres personnes sont motivées pour avoir des interactions sociales. Nous sommes excessivement prévenants, d'une certaine manière, nous pensons que notre compagnie n'est pas spécialement intéressante pour autrui. Mais nous sommes aussi inutilement cyniques : nous pensons que les *autres* ne sont pas très intéressants, ou qu'ils n'ont rien à nous apporter. D'après une série de recherches portant sur des conversations en conditions de laboratoire ou en milieu naturel, il semblerait que ce manque de calibrage entre nos attentes et le comportement réel d'autrui concerne beaucoup de situations sociales : nous sous-estimons massivement le nombre de choses que nous pouvons apprendre dans une simple conversation, mais également la bonne volonté d'autrui quand il s'agit de nous rendre service, la profondeur potentielle d'un échange avec un inconnu et le bonheur que l'on peut offrir grâce à un compliment[25].

En somme, c'est comme si une conversation relevait d'un mystère insondable, alors que c'est une chose toute simple qui généralement se passe très bien pour tout le monde. Il y a plusieurs explications à ce bug étonnant. Nos pensées personnelles sont généralement orientées vers la réalisation de buts plus ou moins spécifiques, et par conséquent nous tendons à concevoir nos comportements comme le reflet de notre *compétence* à accomplir ces buts. Nous sommes moins sévères envers autrui, nous concevons plutôt les comportements des autres en termes de *chaleur* humaine. Nous ne nous demandons pas si les autres sont des communicateurs compétents, mais simplement s'ils sont « sympas » ou « cools ». Cette asymétrie crée une situation étrange : deux interlocuteurs conçoivent tour à tour leur interaction sur des bases totalement différentes. Celui qui parle est concentré sur sa propre performance, il pense notamment que la qualité de l'échange dépendra de sa compétence, tandis que celui qui écoute est plutôt intéressé par le caractère cordial et amical de l'interaction en général. Cette asymétrie crée donc des attentes démesurées, et une impression de surprise à la suite d'une conversation réelle : c'était finalement beaucoup moins pénible et compliqué que prévu !

Mais si cette approche est correcte, elle induit *de facto* une barrière à la possibilité de mieux calibrer cette asymétrie de croyance entre interlocuteurs. Nous tendrons en effet à éviter des situations que nous anticipons comme laborieuses et inutiles, alors que notre seule chance de constater que nous nous trompons serait précisément de nous y engager. Nous semblons par conséquent condamnés à nous déclarer agréablement surpris lorsqu'une conversation se passe bien, alors que c'est plutôt le contraire qui est inhabituel…

TROP LA GÊNANCE !

Venons-en aux choses qui dérangent vraiment. Nous avons exploré jusqu'à présent, dans notre échantillon des pathologies microscopiques du social, des situations irritantes mais relativement inoffensives : comment se croiser dans la rue, combien de temps il faut tenir une porte, quand et comment il convient de se serrer la main ou de se tutoyer, et quelques obstacles à nos pratiques ordinaires de conversation. Tout cela serait bien aimable s'il n'y avait cette plaie qui ronge nos existences et qui nous menace à tout instant : la « gênance ». J'emprunte le terme à la fille d'une amie, apparemment l'expression est en vogue chez les adolescents et elle me plaît beaucoup.

Qu'est-ce que la gênance ? Chacun saura y reconnaître quelques-uns des moments les moins glorieux ou les plus pénibles de sa vie. La gênance se manifeste à travers des *malentendus*, des *quiproquos*, lorsque nous *mettons les pieds dans le plat*, quand nous nous *tapons la honte*, lorsque nous nous *prenons un bide*, quand nous vivons un *moment de solitude*, lors d'un *râteau* ou quand nos remarques *tombent à plat*. On retrouve aussi des expériences de gênance par procuration, c'est-à-dire quand ces choses arrivent à d'autres personnes. Les *dérapages*, *bad buz* ou *vexations* subies laissent rarement indifférent, même si nous en sommes personnellement épargnés. Le terme « gênance » renvoie, de façon très générale, à un sentiment désagréable associé à une forme d'embarras social. Ce sentiment pénible est la signature, pour ainsi dire, d'un échec à un niveau ou l'autre de nos interactions, et indique de façon assez insistante l'urgence de s'en éloigner, ou si c'est encore possible de corriger la situation.

Nous cherchons tous, en général, à donner une bonne image de nous-mêmes. Malheureusement, il n'existe pas de méthode infaillible pour y parvenir en toutes circonstances, et nos stratégies à cet égard sont vouées à souvent taper à côté de la plaque : nous en faisons trop ou pas assez, et parfois nous ne faisons pas du tout ce qu'il aurait fallu faire. Une situation sociale, même parfaitement anodine, peut rapidement se transformer en cauchemar à cause d'un mot de travers, d'un geste déplacé, d'un tic malvenu, ou de n'importe quelle tentative d'être drôle, « cool », prévenant, subversif, « rock'n roll », serviable ou séduisant. Les réactions physiologiques ne trompent pas, les multiples nuances de l'embarras et de la honte s'accompagnent de changements massifs du rythme cardiaque et de la pression sanguine, des altérations du système nerveux autonome qui se manifestent également par une dilatation de la pupille, un excès de sudation et une rougeur caractéristique du visage.

Sur le plan psychologique, la gênance prend parfois la forme d'une sensation mal définie qu'on désigne en anglais sous le terme « *creepy* » (comme dans la fameuse chanson de Radiohead « *Creep* »). On peut traduire ce concept peu spécifique par une interaction perçue comme glauque, lourde, dégoûtante, avec un individu jugé bizarre, flippant, menaçant, peut-être un raté, un pervers, ou simplement quelqu'un qui ne dispose pas des codes sociaux appropriés à une situation. D'après une étude, certaines occupations se prêtent particulièrement à ce sentiment : la figure du clown arrive en tête du classement des profils susceptibles d'activer cet inconfort, mais c'est également le cas des taxidermistes, des propriétaires de sex shops, du personnel d'institutions funéraires, et de personnes d'autorité particulièrement intrusives. En général, la *creepiness* s'explique par une certaine ambiguïté et une difficulté de lire les intentions de l'individu en question, notamment lorsqu'il s'agit de sexualité et de relation avec les enfants[26]. Nous aurions ainsi un détecteur de *creeps* pour identifier des personnes, lors de certaines interactions sociales, qui sont potentiellement menaçantes parce qu'elles semblent dissimuler quelque chose de pas très net, ou parce que leur comportement ne cadre pas avec leur fonction.

Mais certains individus, loin d'être des pervers potentiels ou des complets losers, sont tout simplement ineptes lorsqu'il s'agit de socialiser, soit qu'ils n'en aient pas les compétences, soit que les mondanités les rebutent. Comme on l'a vu, on se fait souvent une idée très anxiogène de la façon dont on va être jugé sur la base d'un simple échange, et nous portons sans doute tous des jugements très sévères sur nos modestes gaffes. De simples malentendus générés par l'impression que quelqu'un nous regarde, ou lorsque nous saluons par erreur la mauvaise personne, ou pire, répondons à un salut qui ne nous est pas adressé, peuvent nous hanter pendant une journée entière, alors qu'ils sont immédiatement oubliés par l'autre personne.

Surtout que nous sommes bien maladroits quand il s'agit de nous mettre en scène. Le sociologue Erving Goffman avait magistralement documenté les multiples stratégies que nous utilisons à cet effet, dans son célèbre livre *La Mise en scène de la vie quotidienne* (1959). La métaphore théâtrale traverse cette œuvre : sous l'apparente banalité de la vie quotidienne, nous essayons en permanence de présenter une image, de garder la face, de jouer un rôle. Nous sommes presque tout le temps en représentation. Mais curieusement, si Goffman relevait bien çà et là quelques plantages de cette mascarade de tous les jours, il considérait plutôt que cette affaire marchait comme sur des roulettes, et que toute incartade à la comédie humaine relevait de l'exception qui confirmait la règle.

Il est possible qu'il en ait été ainsi pendant longtemps, mais pour des raisons qui restent à élucider, il semble bien que notre aimable vaudeville journalier ne prenne plus aussi facilement. Les gens sont devenus de piètres interprètes de leur propre rôle, comme s'ils ne savaient plus se (re)présenter correctement. Les chercheurs commencent seulement à prendre la mesure du phénomène et se penchent désormais sur la « mauvaise gestion des impressions », c'est-à-dire la « présentation de soi inepte ». En cherchant à faire bonne impression, en sollicitant le respect et l'admiration de leurs interlocuteurs, ces handicapés du social ruinent la relation et passent pour le contraire de l'image qu'ils pensent projeter.

Ces désastres interactionnels peuvent se classer en diverses catégories : se comparer, l'air de rien, favorablement à d'autres (arrogance) ; crâner en se figurant ne jamais être démasqué (hypocrisie) ; se vanter au travers de plaintes et d'étalage de ses échecs (fausse modestie ou autodénigrement bidon) ; se la jouer en félicitant chaleureusement quelqu'un, comme si un compliment venant de *notre* part était un honneur (compliments équivoques). Dans tous ces cas, le sujet pense « bien présenter » mais échoue totalement : il passe immanquablement pour quelqu'un de prétentieux, d'arrogant, de hautain. D'après les chercheurs, c'est le narcissisme et l'incapacité de se mettre à la place d'autrui qui expliquent ces attitudes[27].

Tout cela est déjà riche en gênance, mais que dire alors du *cringe* ? Le terme, désignant littéralement un mouvement de recul, l'acte de se rétracter, de s'abaisser ou de se faire petit, est aujourd'hui incontournable dans la culture numérique. Il s'agit du sentiment de malaise accompagnant l'observation d'une attitude ringarde, maladroite ou ridicule, en particulier quand la personne concernée semble ignorante de sa propre balourdise. Est *cringe* le père qui cherche à amuser les amis de son ado avec ses blagues éculées, le gros lourd qui pense séduire avec des compliments graveleux et totalement inappropriés, l'ignorant qui débite des âneries sur un sujet qui le dépasse complètement, etc.

De fait, le sentiment est tellement répandu qu'il existe même un segment important de l'industrie du divertissement se consacrant quasiment exclusivement à son exploitation. L'humour *cringe* est par exemple omniprésent dans la série *The Office* et dans les films *Mary à tout prix* ou *American Pie*, et nombre d'émissions de téléréalité capitalisent sur des personnages qui ne manquent jamais une occasion de produire du *cringe*. Mais Flaubert déjà prenait lui-même beaucoup de plaisir à utiliser ce procédé, notamment avec ses inénarrables Bouvard et Pécuchet, qui sont les rois du bide. Lorsqu'ils font fièrement visiter leur jardin à leurs convives, par exemple, « Bouvard pour étonner son monde avec l'écho, cria de toutes ses forces : “Serviteur ! Mesdames !” ». Résultat : « Rien ! pas d'écho. »

Pour ce qui me concerne, cela n'est rien comparé au fameux discours de Sophie Marceau au Festival de Cannes en 1999 : essoufflée, confuse, elle avait entamé un propos décousu, incohérent et un brin exalté qui, à ce jour, reste extrêmement pénible à voir, et même à imaginer.

Pourquoi souffrons-nous autant des errements d'autres personnes, qui souvent nous sont très distantes, que nous ne risquons même pas de rencontrer un jour, et dont nous avons peu de chances de partager le sort ? Après tout, je ne connais pas Sophie Marceau, je ne m'intéresse pas spécialement à son œuvre, je ne nourris aucune sympathie ou antipathie à son égard, je n'ai aucun lien avec le monde du cinéma et je ne me retrouverai probablement jamais dans la position d'avoir à livrer un discours avant la remise de la Palme d'Or. Et pourtant, près de vingt-cinq ans après les faits, je continue à frémir à chaque fois que je repense à son invraisemblable intervention.

Je propose dans ce qui suit d'explorer ce sentiment étrange qu'est la honte, et ses dérivés « par procuration », à travers une œuvre de l'écrivaine Annie Ernaux.

La honte des innocents

« Tu n'as pas honte ! » Pris les doigts dans le pot de confiture, le petit enfant est immédiatement exhorté à ressentir ce sentiment particulier et pénible, qui le fait rougir, baisser la tête et bredouiller. Oui, il devrait avoir honte, puisqu'il a désobéi ; et cette honte, que personne n'aime ressentir, devrait idéalement le dissuader de traîner trop près de l'armoire à confiseries, à l'avenir.

Hélas, avec la honte, rien n'est si simple. Si ce n'était que les enfants désobéissants qui faisaient l'expérience de cette émotion négative, la honte ne serait pas un problème existentiel qui hante les penseurs depuis l'Antiquité. Pourquoi y a-t-il des personnes plus « honteuses » que d'autres ? Pourquoi a-t-on parfois honte quand on n'a rien fait de mal, ou quand on a réussi quelque chose et devenons ainsi le centre de l'attention, ou même lorsque quelqu'un d'autre se ridiculise ? Pourquoi a-t-on honte de son pays, de son équipe de football, ou de sa famille ? Et comment se fait-il que la honte puisse parfois nous poursuivre toute notre vie et se réactiver si douloureusement à chaque fois que l'on repense à un épisode honteux ?

Ce sentiment inavouable, cette tourmente de l'esprit qui peut nous torturer jusqu'à l'agonie, l'écrivaine Annie Ernaux en a fait la matière principale de son œuvre. En publiant en 1997 *La Honte*, elle choisit pour la première fois d'explorer de front les sources de ce sentiment qui ne l'a jamais quittée, et de s'exposer ainsi plus qu'elle ne l'avait jamais fait[28]. Si la démarche d'Annie Ernaux est de dire toute la vérité sur sa vie, dans une approche qu'elle qualifie souvent d'ethnographique, dont sa fameuse « écriture plate » – sèche, directe, objective, sans fioritures et implacable – est la signature, elle a néanmoins maintes fois retardé ce moment de regarder la honte en face et de tenter de la comprendre. Comme si la honte elle-même, plus que toute autre expérience, se dérobait à l'analyse, et nous dominait par le silence qu'elle nous impose.

« Mon père a voulu tuer ma mère un dimanche de juin, au début de l'après-midi. » Ainsi commence ce récit, par la description rapide d'une scène qui a eu lieu le dimanche 15 juin 1952, lorsque l'écrivaine avait 12 ans. Comme un sparadrap qu'on arrache d'un coup sec, Annie Ernaux rapporte d'emblée une dispute entre ses parents. L'appel au secours de sa mère – « Ma fille ! » – l'a fait descendre à la cave, où elle surprend alors son père la menaçant d'une serpe à couper le bois.

À partir de ce jour, écrit-elle plus loin, elle et sa famille ont « cessé d'appartenir à la catégorie des gens corrects [...] je ne ressemblais plus aux autres filles de ma classe. J'avais vu ce qu'il ne fallait pas voir [...] Je suis devenue indigne de l'école privée, de son excellence et de sa perfection. Je suis entrée dans la honte ».

Annie Ernaux est issue d'un milieu modeste. Ses parents tenaient une épicerie-bistrot à Yvetot, en Normandie, mais très rapidement, elle s'est sentie tiraillée entre ses origines populaires et les classes aisées qu'elle fréquentait dans son école privée, un pensionnat religieux, ainsi que ses aspirations intellectuelles. Quelques jours après la dispute traumatique, elle se retrouve dans une autre « scène » qui, cette fois, la confronte directement au regard de cet autre monde. De retour, tard dans la nuit, d'une sortie de classe, ses camarades et sa maîtresse constatent, en la déposant chez elle, le dénuement dans lequel vit la petite Annie.

C'est ce double caractère public et privé, et la manière globale dont elle envahit l'individu, qui fait toute la spécificité et la subtilité de la honte. Elle se distingue ainsi d'autres émotions sociales et négatives comme le dégoût, qui marque plus simplement le rejet, et la culpabilité, davantage tournée vers le souci des autres, et concernant nos actes plutôt que notre personne. Le regret et le remords sont quant à eux plus centrés vers le passé et le désir de réparation, et nous soumettent moins aux affres de l'indignité que la honte.

Comme le montre le récit d'Annie Ernaux, la personne honteuse se trouve souvent entre deux mondes, celui de ses idéaux et celui de la réalité, dont le choc peut engendrer un sentiment profond de dévaluation de soi qui peut remettre en cause jusqu'au sens de notre existence. Nous voudrions nous « faire tout petits », disparaître dans un trou, nous cacher, fuir, nous évaporer ou même mourir.

Mais si la honte pousse au secret, à la dissimulation et à l'isolement, elle n'en persiste pas moins. Alors que la plupart des émotions sont fugitives et transitoires, la honte peut durer toute une vie, quoi que l'on fasse. Chez bien des individus, elle est même irréparable. Dans *La Honte*, Annie Ernaux cherche les traces de cette malédiction dans cette année 1952, elle lit les journaux de l'époque, elle examine longuement ses photos de jeune fille, elle reconfigure la géographie du village – scindé entre gens « de la haute » et milieux populaires –, elle se revoit jeune écolière, douée et appliquée, déjà attirée par un monde des idées qui n'est pas celui des siens, elle explore les codes et les mœurs familiaux, les règles tacites de sa classe sociale, elle envisage les conséquences d'une forte éducation religieuse…

Ces traces matérielles objectivent à la fois son infériorité sociale et les puissants déterminants moraux qui guidaient son existence : la peur du « qu'en-dira-t-on », la nécessité de ne pas se faire remarquer, celle de faire « comme tout le monde », l'impératif de toujours « bien faire ». La honte émerge alors dans toute sa richesse et sa complexité. Elle est psychologique et corporelle, mais elle s'inscrit aussi historiquement, sociologiquement, culturellement et même géographiquement. Toujours, elle trouve de quoi s'exprimer, partout elle a matière à se réactiver. Comme l'écrit Annie Ernaux : « Il y a ceci dans la honte : l'impression que tout maintenant peut vous arriver, qu'il n'y aura jamais d'arrêt, qu'à la honte il faut plus de honte encore. »

À quoi sert la honte ?

On peut s'interroger sur les fonctions de la honte. Est-elle simplement une dérive pathologique de notre estime de soi, ou sert-elle un but pour notre espèce ? Selon une approche très générale, il semblerait que la honte permette d'anticiper des transgressions morales qui risqueraient de nous exclure de notre communauté. Les humains sont des êtres profondément sociaux qui ont besoin les uns des autres, et dont la réputation constitue une monnaie d'échange capitale pour bénéficier des avantages de la coopération. Si vous ne valez rien, si vous êtes passif, soumis, incompétent, immoral et peu fiable, personne ne voudra vous aider ou vous inclure dans des projets. Le sentiment de honte permettrait précisément de prendre conscience d'un tel danger et de chercher à l'éviter à tout prix.

À l'appui de cette théorie, il semble bien que les jugements moraux corrèlent avec le sentiment de honte. Daniel Sznycer, de l'université de Montréal, a par exemple montré, dans une collaboration avec un consortium de chercheurs internationaux, que cette association se retrouve dans nombre de cultures et de communautés à travers le monde[29]. Lorsque les gens doivent juger de la gravité de certains faits, comme voler, briser une promesse, ne pas savoir se défendre, ou simplement être laid, leurs appréciations correspondent de près aux jugements d'autres personnes qui, elles, doivent évaluer à quel point elles auraient honte d'être associées à ces choses.

Voilà qui semble indiquer que la honte est fondamentalement liée aux normes de notre communauté, et constitue donc une sorte de police interne visant à nous garder dans le droit chemin. Pour autant, Daniel Sznycer a également découvert, dans une autre étude, que la honte est indépendante de la *réalité* de ces transgressions[30]. On peut avoir honte même si on n'est coupable de rien, et même honte à proportion de la gravité des faits qu'on nous impute. La honte n'épargne donc pas les innocents, ce qui suggère qu'elle sert à signaler une dévaluation sociale plutôt que des transgressions en tant que telles.

Cette calibration de la honte pour les relations sociales explique pourquoi on peut avoir honte de choses *a priori* dérisoires, comme, chez les enfants et les adolescents, le seul fait d'être vu en présence de ses parents. Dans des cas comme ceux-là, c'est notre *image* sociale qui est remise en question, nous perdons la face, c'est-à-dire l'impression favorable de nous-mêmes que nous voudrions transmettre, par la révélation d'éléments qui ne devraient pas en faire partie. Cela pourrait aussi expliquer, en partie, pourquoi nous pouvons aussi avoir honte de nos succès, comme d'avoir réussi des examens trop facilement ou d'avoir battu un adversaire trop rapidement : nous nous distinguons alors trop de nos semblables et nous ne souhaitons pas être le centre de leur attention pour cette raison. De même, si nous avons parfois honte pour autrui, par exemple pour un inconnu qui se ridiculise à la télévision, c'est peut-être parce que la honte nous rend excessivement sensibles à la moindre déviation sociale, et que nous comprenons trop facilement ce que cela induit.

L'écriture contre la honte

C'est seulement plus de quarante ans après les faits qu'elle décrit qu'Annie Ernaux a pu parler des origines de sa honte sociale. Ce sont d'ailleurs ces scènes douloureuses d'un autre temps qui ont fait d'elle une écrivaine. À la fin de *La Honte*, elle confie : « J'ai toujours eu envie d'écrire des livres dont il me soit impossible de parler, qui rendent le regard d'autrui insoutenable. » Comme elle l'explique dans un entretien : « La honte est une hyper-conscience de soi, donc forcément source de connaissance sur soi et plus encore sur le monde, les rapports de domination. Mais je ne me suis jamais vraiment "introspectée" pour savoir ce que la honte apporte. Je la décris surtout, à partir de signes concrets, de scènes réelles, qui me font découvrir, au travers de la sensation que j'en ai encore, ses causes et ses mécanismes. »

C'est peut-être le meilleur sort que l'on puisse faire à la honte : lui faire dire ce qu'elle révèle, non pas de soi, mais du regard des autres que nous avons intériorisé.

7
ÉPILOGUE : ÉLOGE DE L'ERREUR

On aimerait pouvoir déterminer les lois définitives de l'erreur humaine, mettre au jour l'ultime secret de nos errements ordinaires et, partant, identifier et appliquer les moyens d'y remédier. Hélas, au terme de notre exploration des erreurs psychologiques du quotidien, on voit qu'il est difficile d'en dégager une théorie générale. Il faut bien le reconnaître, sur beaucoup des thématiques que nous avons explorées, les explications sont plutôt décevantes. Conflits entre différentes instances cognitives, erreurs d'aiguillage, blocages dans la transmission d'information, domination d'un schéma d'action sur des schémas parallèles ou subalternes, prédominance de croyances ou de biais cognitifs engageant des décisions erronées… Toutes ces approches théoriques en restent à un niveau purement descriptif, elles ne vont pas au cœur de nos erreurs, n'en dévoilent pas l'origine à proprement parler, et ne révèlent pas de mécanismes neurobiologiques susceptibles de les éclairer.

Beaucoup des modèles explicatifs restent sujets à controverse et font souvent débat parmi les chercheurs, et de fait, la plupart d'entre eux reconnaissent sans peine qu'on est encore loin de disposer du dernier mot concernant les mécanismes du lapsus, des erreurs de reconnaissance, ou des failles de notre mémoire, par exemple. C'est peut-être décevant, mais il me semble que cette déception même est illustrative du problème auquel nous sommes confrontés lorsque nous tentons d'élucider, une fois pour toutes, la nature de nos imperfections cognitives.

De fait, Freud et la psychanalyse fournissaient une telle réponse définitive et englobante à l'ensemble de nos actes manqués, qui seraient tous soumis à un seul et unique principe causal, celui d'une « puissance psychique inconnue », l'inconscient.

RETOUR SUR FREUD

Si la publication de *Psychopathologie de la vie quotidienne* a suscité un grand enthousiasme chez les adeptes de la psychanalyse, et reste à ce jour le plus grand succès de vente de Freud, dès le début, des critiques très féroces se sont élevées contre ses prétentions théoriques. L'auteur, en effet, ne cherchait pas simplement à cataloguer des errances de l'esprit potentiellement instructives et amusantes, il affirmait pouvoir les unifier dans un cadre global qui expliquerait exactement de la même façon le fait de renverser une lampe et d'oublier un mot, ainsi que n'importe quel rêve, trait d'esprit, obsession ou névrose, mythe et artefact culturel. Dans tous ces cas, c'est « l'inconscient », une étonnante force psychique universelle et secrète, qui perce à jour nos résistances et nos désirs inavouables afin d'exprimer notre véritable nature, contre notre gré. Pour le démontrer, il s'agissait de découvrir des associations profondes entre des mots, des significations, des sons, des souvenirs, des actes, des désirs, des projets ou n'importe quel autre matériel mental, au gré d'un travail d'analyse et d'interprétation qui prenait fin dès l'instant où un acte manqué quelconque, ou tout autre comportement, soit enfin « compris » à la satisfaction de l'analyste. Dès 1916, un an après la première traduction anglaise du livre, un lecteur relevait le caractère « primitif », « superstitieux » et « antiscientifique » de cette méthode, et déplorait « le caractère infondé et la complète absurdité de tant de proclamations générales, le relâchement du raisonnement, la faiblesse des conclusions, les erreurs évidentes et l'opposition à toute expérience individuelle et humaine » qu'on pouvait y trouver. « L'esprit qui accepte les conclusions de Freud comme vraies et l'esprit qui ne peut pas accepter ces vues, ajoutait ce critique, sont d'un genre différent. Ces esprits se tiennent à des pôles opposés et ne peuvent pas se retrouver sur un terrain commun concernant les sujets en question[1]. »

De nombreux autres auteurs ont depuis souligné les absurdités où mène l'acharnement à trouver une signification spéciale, et si possible à caractère sexuel, au moindre de nos lapsus, oublis et maladresses[2]. De fait, la lecture de *Psychopathologie de la vie quotidienne* est riche en effets comiques, souvent involontaires. Freud y fait par exemple mine de découvrir qu'il a tendance à oublier spécifiquement les visites de patients qui ne lui rapportent pas d'argent… Mais le summum de l'interprétation tirée par les cheveux est fournie par Ernest Jones, le biographe de Freud, qui, cherchant à démontrer la théorie de son maître selon laquelle « nos processus mentaux sont souvent plus rigoureusement déterminés qu'on ne le croit ordinairement, et que beaucoup d'entre eux qui semblent généralement dénués de toute cause ont en réalité une cause bien définie et identifiable », a mis au défi un de ses amis de dire n'importe quel nombre au hasard, à sa charge d'y trouver une signification. Je passe ici sur le raisonnement qui conduit donc du nombre « 986 » à un « puissant complexe de masturbation[3] », l'important n'étant pas la méthode (qui à mon avis peut se résumer à cette remarque innocente de Freud : « Pour la corrélation, je m'en chargerais[4] »), mais plutôt ce besoin frénétique de toujours trouver une cause unique au moindre de nos comportements, et surtout de nos travers.

Pour autant, comme je l'ai dit dans l'introduction, Freud n'a pas inventé grand-chose. Il n'a fait que matérialiser un échafaudage théorique, certes très sophistiqué en apparence, mais qui est pour ainsi dire déjà contenu par défaut dans l'esprit de tout un chacun. Croyant mettre au jour les rouages secrets de l'esprit humain par sa puissance d'analyse, Freud a en réalité simplement cédé aux contraintes cognitives qui contenaient déjà sa théorie en germe. Faire de la psychanalyse, c'est en quelque sorte déjà penser comme tout le monde. Et le fait que le psychanalyste pense comme tout le monde est précisément ce qui explique le succès de la psychanalyse, ce qui lui donne son cachet intuitif, séduisant et convaincant, mais néanmoins mystérieux. Comme le créationnisme et le géocentrisme, la psychanalyse est une théorie complètement fausse, qui a pour elle les attraits de l'évidence. En ce sens, nous sommes tous naturellement psychanalystes, mais il est vrai que nous le sommes sans doute d'autant plus depuis que Freud s'est donné la peine de formaliser cette tendance ordinaire et sans doute innée à débusquer des mobiles secrets au moindre de nos comportements.

LA PASSION POUR LE « DÉCRYPTAGE »

Pour utiliser un terme technique, il y a un impératif *téléologique* qui se cache derrière cette passion pour la surinterprétation. C'est du reste un biais semblable qui explique, en partie du moins, le succès du complotisme contemporain[5]. Le philosophe Paul Ricœur parlait d'« herméneutique du soupçon » pour désigner l'approche intellectuelle consistant à chercher des motifs secrets à même de fournir une explication causale à des phénomènes complexes, comme la religion chez Nietzsche, l'histoire chez Marx ou l'inconscient chez Freud. Selon cette approche, les choses ne sont jamais ce qu'elles semblent être, et ce qu'elles semblent être est précisément ce qu'elles ne sont pas et qu'elles cherchent à dissimuler.

La pensée téléologique consiste donc à envisager des causes finales pour expliquer la nature des êtres et des événements, et ces explications prennent souvent l'aspect de finalités distantes et déterministes, reflétant le sens profond des choses. Dans ses formes les plus naïves, le finalisme téléologique aboutit à des absurdités : nous avons un nez de sorte à pouvoir porter des lunettes, les arbres ont des feuilles afin de nous offrir de l'ombre, le train a été annulé dans le but de me faire manquer un rendez-vous déplaisant… Cette façon de penser est pour ainsi dire constitutive de nos raisonnements causaux les plus précoces, elle est même omniprésente jusqu'à l'âge de 4 ou 5 ans. « Tout arrive pour une raison » et « Rien ne se produit par hasard » sont des maximes extrêmement répandues, y compris chez les adultes, et en particulier pour ce qui relève de notre existence personnelle : notre vie nous semble ainsi orientée vers un but, qu'on peut appeler la fatalité ou le destin, et qui nous porte à penser que « cela devait arriver » ou que « c'était écrit »[6].

Nos erreurs du quotidien ne font ainsi pas exception à notre biais téléologique, surtout depuis que Freud en a fait un fonds de commerce. Un lapsus, un mot sur le bout de la langue, un ami que l'on peine à reconnaître, une coquille dans un texte, une sensation étrange sur un escalator en panne, tout cela, et bien d'autres curiosités qui avaient totalement échappé à Freud, serait *révélateur* de quelque chose. L'anormalité même de nos erreurs, en ce qu'elles s'écartent d'un résultat escompté ou prévisible, serait la signature d'une expression plus profonde d'*autre chose*, la *volonté*, en somme, d'une force dissimulée en nous, et qui trouve sa voix dans nos maladresses ordinaires.

Encore une fois, cette façon de voir les choses n'a rien d'original, à en croire certains chercheurs, elle serait même notre façon *par défaut* de raisonner lorsque nous cherchons à expliquer divers phénomènes. C'est d'ailleurs un biais journalistique omniprésent, puisque chaque jour on invite des experts sur les plateaux afin de *décrypter* tel ou tel sujet d'actualité, d'en *dévoiler* le sens profond, d'*éclairer* ce que cela dit de nos sociétés, comme si toute chose avait son double explicatif secret dans un monde inaccessible au profane. Et bien sûr, les chercheurs ne sont pas exempts de ce travers, puisqu'on les retrouve souvent à expliquer des particularités, des tendances, des mystères et des curiosités en invoquant des entités aussi vagues que « le cerveau », « les inégalités »,

« le wokisme », « l'évolution », « l'époque », « l'éducation » ou « l'Internet ».

AUX FRONTIÈRES DU MOI

C'est la grande ironie de nos erreurs du quotidien. En cherchant à tout prix à les expliquer, nous nous rendons coupables d'une erreur supplémentaire, illustrée par notre soif de fins ultimes et de causes définitives. Pourquoi est-ce si difficile d'admettre que, la plupart du temps, nos erreurs n'ont d'autre signification que la fragilité intrinsèque de nos mécanismes cognitifs, doublée des ressources insuffisantes dont nous disposons le plus souvent ? Par manque de temps, de volonté, d'énergie, de concentration, de détermination, d'attention, de réflexion, ou par simple habitude, nous nous plantons. Dans quelque domaine que ce soit, nos performances sont faillibles, tout simplement parce que la perfection n'est pas de ce monde.

Notre psychologie est ainsi conçue qu'elle offre une immense flexibilité pour faire face aux demandes infiniment variées et imprévisibles du monde physique et de notre environnement culturel et social : le prix à payer pour cette faculté d'adaptation est une marge considérable dans le calibrage de nos plans et l'exécution de nos intentions, marge au sein de laquelle vont se glisser des paroles, des sensations, des perceptions et des actions imparfaites, dont certaines seront complètement ratées.

Aussi, plutôt que de s'interroger sur une fantasmatique *cause* commune à toutes nos erreurs, il serait plus intéressant de se pencher sur leurs conséquences psychologiques et sociales. À ce titre, c'est vers un autre pionnier de la psychanalyse que nous devrions nous tourner. Il est vrai beaucoup moins célèbre que Freud, Paul Federn n'en fut pas moins l'un de ses disciples les plus loyaux. Sa réflexion sur les actes manqués, si elle reprend sans discuter les principes interprétatifs de son maître, se concentre plus largement sur la notion originale d'« investissement du moi »[7]. Le « moi », pour Federn, est un concept labile et flexible, qui incorpore en son sein, et se défait régulièrement, de différents « objets » et « représentants d'objets » selon ses besoins présents. Il en ressort qu'à tout moment nous sommes constitués d'une somme mouvante de « frontières du moi », au-delà desquelles certaines paroles, pensées ou actions ne sont plus perçues ou ressenties comme faisant partie de nous.

Il me semble effectivement qu'un point commun aux erreurs et actes manqués est leur caractère aliénant. Dans le lapsus, l'amnésie pour les objets communs, les persévérations face aux technologies numériques ou, encore plus nettement, les erreurs d'identification face au miroir, à chaque fois nous avons l'impression que ce n'est pas vraiment nous-mêmes qui sommes les responsables de l'erreur. Quelque chose s'est introduit dans notre agentivité et notre autonomie, et l'acte qui s'est ensuivi n'est pas tout à fait le reflet de notre personne. Federn insistait ainsi sur le caractère hautement social de nos actes manqués, une caractéristique que Freud évoquait parfois dans ses exemples, mais qu'il n'a pas perçue comme primordiale pour la compréhension des actes manqués.

Or il faudrait expliquer pourquoi ceux-ci évoquent de la honte et des moqueries, pourquoi ils nous amusent autant et semblent si ridicules. Pour Federn, « l'acte manqué est une irruption de la vie privée dans la vie sociale », et il résulte le plus souvent « d'un décalage entre la vie intérieure et les exigences du monde extérieur »[8]. Bien plus, il soulignait leur étonnante contagiosité : quand quelqu'un commet un impair, nous partageons souvent son embarras, et quand quelqu'un cherche un mot, nous interrompons tous la conversation séance tenante pour l'aider à remettre le doigt dessus aussi vite que possible. Selon Federn, cette solidarité spontanée indique même que « la meilleure protection contre les actes manqués est la bienveillance des interlocuteurs l'un envers l'autre[9] ». Et finalement, il y voyait un puissant « outil d'éducation[10] » : nous apprenons tous de nos erreurs, et nous apprendrions encore davantage si nous devenions experts à les identifier et à les assumer honnêtement.

C'est tout le paradoxe de notre tendance naturelle à l'erreur : elle est intensément humaine et sociale, et pourtant elle nous semble impersonnelle. Nos bévues ordinaires nous semblent étrangères, comme si l'erreur ou le bug étaient les signes d'une sorte de déconnexion temporaire avec nous-mêmes. Certes, nous réalisons, souvent à nos propres dépens, que nous sommes à l'origine de nos erreurs, mais nous les observons comme si elles étaient le fait de forces inconnues et extérieures à nous[11]. Et nous sommes d'autant plus frappés par la remarquable détermination et efficacité avec laquelle elles semblent s'accomplir, pour ainsi dire de leur propre chef. Nous sommes pourtant bien forcés d'admettre que quelque chose a déraillé *en nous*, et c'est peut-être précisément pour cela que nous préférons une explication freudienne : nous voulons savoir ce qui a causé l'erreur, de sorte à pouvoir accuser, presque par divination, le perpétrateur étranger qui se cache en nous.

Il nous faudrait, autrement, admettre que nous sommes des êtres parfois dysfonctionnels, des créatures situées quelque part entre l'animal et la machine, criblées de défauts de fabrication, et qui peuvent difficilement fonctionner sans perturbation sur le long terme. C'est ici une nouvelle observation importante de Federn : « Un acte manqué ne débouche pas uniquement sur un agacement anodin ; il est toujours mêlé d'une angoisse qui, même faible, provient de l'inquiétude face à ce trouble du moi[12]. » Le plus dérisoire des actes manqués se manifeste ainsi comme une « petite psychose[13] » va-t-il jusqu'à dire.

C'est sans doute cette proximité dérangeante avec notre fragilité, notre animalité, notre imperfection et notre angoisse face au spectre de la déraison, de la folie et de la perte d'autonomie, qui rend, paradoxalement, nos erreurs ordinaires à la fois si amusantes et si honteuses. Nous apparaissons alors comme des êtres ambigus, des humains soudain privés du contrôle et de la conscience de soi qui sont d'ordinaire la marque de leur grandeur, et de leur fiabilité en tant que conspécifiques. Quelqu'un qui bredouille, qui met les pieds dans le plat, qui confond les gens, qui néglige des choses importantes, qui ne voit pas ce qu'il a littéralement sous le nez, qui invente des souvenirs ou qui confond la réalité avec un jeu vidéo, est-il une personne avec laquelle vous souhaiteriez collaborer et lancer des projets importants ?

Au cœur de ces réflexions, on le voit, il y a la question du libre arbitre. Si nous ne sommes pas responsables de nos erreurs, alors qui exactement en est l'auteur, et qu'est-ce que cela dit de nos attributions et jugements sur les actions erronées des uns et des autres ?

L'occultisme des actes manqués

Au long de ce livre, nous sommes occasionnellement tombés sur des interprétations étranges de certaines de nos erreurs, notamment sous la forme d'une intrusion du paranormal. Voilà un sujet intéressant qui n'a, à ma connaissance, pas été suffisamment étudié.

Prenons le phénomène de « satiété sémantique » : la répétition exacerbée et continue de certaines pratiques ou certains mots a pour effet d'en réduire, ou même d'anéantir, le sens ordinaire, de sorte qu'on ferait alors apparaître sa véritable nature ou son sens caché. On l'a dit, c'est une composante très répandue des rituels, qu'ils soient religieux ou laïques : les actes ou les thèmes invoqués, à force de répétition mécanique, et dans une ambiance propice aux phénomènes de transe dissociative, en viennent à être imbus d'une aura mystérieuse et distante, comme détachée de la réalité ordinaire. On retrouve sans doute quelque chose de cet ordre chez les derviches tourneurs qui répètent inlassablement le même geste circulaire jusqu'à atteindre un état d'unité et d'harmonie avec le mouvement des astres et de l'Univers, imposant une discipline ardue au corps afin de mieux parvenir à s'en détacher. De même, la « glossolalie » consiste à produire des séries de phrases sans signification, ostensiblement parce que le Saint-Esprit s'exprime à travers nous. L'analyse de ces productions verbales révèle généralement des motifs très répétitifs, ce qui montre la difficulté à inhiber nos processus ordinaires de parole, comme si nous décidions de ne plus produire que des lapsus[14].

À un autre niveau, la pratique récente du *reality shifting* chez les adolescents et jeunes adultes, où il s'agit de visiter d'autres mondes par l'imagination, après quelques préparatifs succins et une mise en autohypnose, évoque d'anciennes techniques chamaniques ou prophétiques encourageant le floutage de la frontière entre réel et imaginaire. Certains adeptes, on l'a vu, n'hésitent d'ailleurs pas à revendiquer une capacité réelle à atteindre d'autres plans de réalité et à quitter ainsi le monde ordinaire.

Ce mélange entre différents univers est également au cœur du concept original d'effet Mandela, où des faux souvenirs sont attribués non pas à un déficit personnel de mémoire, mais à une réorganisation complète de la réalité elle-même. Quelque chose de semblable se produit également dans certains cas de *déjà-vu*, où l'impression de familiarité avec une scène ou une expérience nouvelle peut être interprétée comme l'expression fugace d'une vie antérieure, ou comme la capacité d'anticiper l'avenir, le « moment présent » ayant alors en quelque sorte déjà été anticipé par la personne qui le vit.

Enfin, plus anecdotique, l'invocation de sosies et d'« acteurs de crise » dans le complotisme contemporain, qui rappelle certains syndromes délirants de fausses reconnaissances[15].

On le voit, nos erreurs quotidiennes peuvent parfois être interprétées comme des dispositifs de falsification du réel, à usage plus ou moins volontaire. Je propose une explication en termes de perte d'agentivité. Comme nos erreurs ne semblent pas véritablement produites par *nous*, elles tendent à évoquer un sentiment d'étrangeté et d'inquiétude qui peut, chez certaines personnes et dans certains contextes, être rationalisé comme l'intrusion d'une force inconnue et extérieure. Nous n'avons pas commis d'erreur, c'est le réel qui a pris une apparence trompeuse et qui nous manipule.

Cette façon de penser est évidemment irrationnelle mais, de manière générale, elle montre comment nos sensations et actions les plus bizarres peuvent stimuler notre imagination et notre besoin de rationalisation. De fait, ce qu'on appelle l'inspiration, notamment chez les artistes et les scientifiques, est souvent ressenti comme quelque chose d'étranger qui s'impose à nous, et il est fréquent de l'interpréter comme un phénomène paranormal ou superstitieux.

ÉTHIQUE DE L'ERREUR

Ces considérations sur la nature de nos erreurs qui engagent spontanément une activité frénétique de « décryptage », soulèvent la question de notre responsabilité à leur égard. Quand nous versons du jus d'orange à la place du lait sur nos céréales, quand nous manquons de renverser un cycliste parce que nous ne l'avons « pas vu », quand nous envoyons un message personnel à l'ensemble des employés de notre entreprise, bref, quand nous gaffons, la réaction la plus naturelle et immédiate qui nous vient à l'esprit est d'affirmer : « Je ne l'ai pas fait exprès ! »

Mais est-ce vraiment une excuse ? Dans un sens, nombre de nos erreurs sont le fruit d'actions parfaitement délibérées et même parfois très sophistiquées. De plus, bien souvent, c'est précisément le fait qu'on ne les ait pas « faites exprès » qui nous est reproché : nous aurions *dû* faire plus attention, être davantage à notre affaire, anticiper notre erreur d'une manière ou d'une autre. Ce qui fait qu'une erreur est une erreur, c'est précisément qu'elle apparaît comme une action non seulement ordinaire, mais surtout évitable. Comme l'écrit la philosophe Kay Peabody : « Ce sont des performances quotidiennes qui n'impliquent rien de particulièrement étranger ou suspect. Nous n'avons aucune difficulté à en assumer la responsabilité ou à leur attribuer un responsable. Nous jugeons naturellement la personnalité des gens sur leur base. Elles sont largement évitables et, dans une certaine mesure, sous notre contrôle[16]. » Si une erreur était absolument inévitable et que nous n'avions aucun contrôle dessus, non seulement nous n'en serions pas du tout responsables, mais ce ne serait pas une erreur. Un somnambule n'est pas coupable des actes qu'il réalise dans un état d'inconscience.

D'où ce paradoxe : une erreur est par définition involontaire et indésirée, mais pour qu'elle puisse compter comme une erreur, il faut que nous puissions en être tenus responsable, au moins dans une certaine mesure. C'est là une difficulté qui a fait couler beaucoup d'encre, en particulier dans la littérature juridique et en philosophie morale.

Une première distinction à considérer est la différence entre l'erreur à proprement parler et ses conséquences. Qu'est-ce qui est reproché, au juste ? Nous avons vu dans le premier chapitre que de simples oublis ou méprises peuvent conduire à des catastrophes industrielles de grande ampleur, ainsi qu'à des erreurs médicales et judiciaires aux effets parfois irréparables. Ces cas de figure se révélant la plupart du temps, à l'analyse, beaucoup plus complexes qu'il n'y paraît, notamment parce qu'ils découlent de nombreuses petites erreurs ainsi que des facteurs structurels les ayant favorisées, je les mets ici de côté. Un exemple impliquant une seule et unique erreur sera plus simple à examiner.

Je suis tenté d'utiliser un épisode personnel pénible : la fois où j'ai oublié l'anniversaire de mon épouse. Je ne prétends pas minimiser cette négligence honteuse ni me trouver des excuses alambiquées, mais il me semble intéressant de comparer cet oubli à un cas de figure qui fait occasionnellement les gros titres des journaux : l'oubli d'un enfant dans une voiture, entraînant sa mort par hyperthermie. Dans le cas de l'anniversaire, c'est l'oubli en tant que tel qui peut m'être reproché, et non ses conséquences à proprement parler (qui ne concernent après tout que l'harmonie de notre couple). Dans le cas de la mort d'un enfant, naturellement, c'est bien l'issue catastrophique qui est consternante. L'oubli d'une boîte de pâtisseries dans une voiture garée en plein soleil peut être gênant, mais on voit bien que c'est l'impact de l'erreur qui détermine sa gravité.

Le 20 juillet 2022, en France, un bébé de 14 mois a été oublié par son père dans son siège-auto, sur le parking de son entreprise. L'homme d'une quarantaine d'années devait ce matin-là l'amener à la crèche, mais il a malheureusement sauté cette étape pour se rendre directement à son travail, suivant une routine quotidienne. À 16 h 30, la maman constatant que l'enfant n'était pas à la crèche, l'alerte a rapidement abouti à la découverte du corps inanimé dans la voiture surchauffée, hélas trop tard. Le drame a donné lieu, on s'en doute, à de nombreux commentaires sur les réseaux sociaux. Ceux-ci se divisent essentiellement en deux groupes : les dénonciations hargneuses (« Comment un parent peut-il oublier son enfant ? ») et les messages compatissants. Sur Twitter, certains ont ainsi admis avoir, de justesse, échappé à ce genre de méprise, se rendant compte au dernier moment, en descendant de la voiture, que le bébé y était encore.

On conçoit que des tragédies pareilles suscitent des réactions très fortes. Dans son livre sur le libre arbitre, le philosophe Daniel Dennett utilise même un exemple de ce genre pour illustrer notre vertige face à notre condition d'êtres faillibles, sujets à des aléas que nous ne pouvons pas toujours contrôler : « Si vous pouvez le supporter, mettez-vous à la place de cet homme. Quand je le fais, je frémis ; j'ai mal au cœur du seul fait de penser à l'indescriptible honte, le mépris de soi, le regret au-delà de tout regret que cet homme doit endurer à présent. Et en tant que personne particulièrement distraite, qui se perd facilement dans ses pensées, je trouve encore plus déstabilisant de me demander : est-ce que ça pourrait m'arriver[17] ? » Et de fait, les parents qui oublient leur bébé dans leur voiture étant généralement des personnes menant des vies parfaitement ordinaires, on voit mal qui pourrait affirmer avec assurance que cela, ou quelque chose de semblable, ne pourrait *jamais* lui arriver.

Ces épisodes sont en réalité tristement fréquents. Aux États-Unis, on estime qu'environ trente bébés meurent chaque été de cette façon. La justice intervient alors de façon relativement arbitraire : tout comme les réactions du public varient entre le blâme inconditionnel et la compassion, les parents en question peuvent se voir infliger de lourdes peines (y compris de prison) ou être entièrement innocentés. Les chercheurs sont pareillement empruntés pour expliquer de telles formes de négligence et le type de responsabilité morale qu'elles impliquent. Outre la distraction, la préoccupation excessive pour le travail, la routine quotidienne et le stress, les lois imposant les sièges-auto à l'arrière des voitures depuis les années 1990, et bien d'autres facteurs personnels et sociaux, il est difficile d'identifier un élément déclencheur qui puisse à lui seul expliquer ce genre de drame, et surtout suggérer des pistes pour les éviter, ou au moins en réduire la fréquence. Certains chercheurs relèvent un point intéressant : beaucoup de gens sont apparemment sûrs et certains qu'ils n'oublieraient jamais, *eux*, leur bébé dans leur voiture, ce qui les dispense évidemment… d'avoir à s'en souvenir[18].

A priori, dans la mesure où l'oubli peut être considéré comme un phénomène involontaire, dont nous n'avons pas conscience et que nous ne pouvons pas contrôler, nous ne devrions pas en être tenus pour responsable d'un point de vue moral. Or l'expérience ordinaire et de nombreuses recherches montrent clairement que nous nous reprochons très fréquemment et très facilement, parfois avec violence, nos oublis et erreurs respectifs. Cela indique que nos jugements moraux ne portent pas sur les oublis, erreurs ou méprises en tant que telles, mais sur leurs conséquences ou les conditions qui y ont conduit.

En d'autres termes, nous jugeons que chacun de nous a la responsabilité de ne pas être négligent, en particulier lorsque cela mène à des catastrophes. Si mon épouse pouvait me reprocher d'avoir oublié son anniversaire, c'est pour de toutes autres raisons que ma tendance ordinaire à la distraction. Un anniversaire est précisément l'occasion de signaler qu'on *s'en est souvenu*, de sorte à montrer notre attachement, notre souci, notre respect, notre amour et à quel point cette personne est *prioritaire* dans l'ordre des choses qui se bousculent dans notre esprit. Un oubli de ce genre tendra donc à être attribué, d'une façon qui n'a pas grand-chose à voir avec la théorie freudienne, à une forme de négligence ou de désintérêt. J'aurais dû *faire en sorte* de ne pas oublier.

Ce type de blâme renvoie à des théories juridiques et philosophiques parfois appelées « attributionnisme » ou « théorie de la trace ». Ce n'est pas l'acte (ou l'absence d'acte) en tant que tel qui est blâmable, c'est ce qu'il dit de l'individu qui le commet (ou le néglige). L'attributionnisme indique que même si on n'est pas directement responsable d'une erreur (par définition involontaire), on peut tout de même se la voir attribuer car c'est une erreur qui tend à se manifester chez un certain type de personnes, généralement quelqu'un d'irresponsable, de peu prévenant, d'égoïste, etc. Si l'erreur en question aboutit à des conséquences sévères, on est alors d'autant plus en droit de l'attribuer à quelqu'un d'inconscient, d'inconstant, de léger, de peu fiable, bref de dangereux. Et de ce fait, les théories dites de la trace ajoutent une clause de « prévisibilité » à ce type d'erreur. Si nous savons que nous sommes sujets à des méprises, des gaffes et des bévues, et que les conséquences peuvent être désastreuses, alors il devrait être en notre pouvoir, et de notre responsabilité, de tout faire pour les éviter, ou en tout cas en minimiser le risque[19].

Pour autant, ces approches semblent étrangement artificielles. Il semble qu'elles servent à rationaliser un jugement de responsabilité *après coup*, plutôt qu'à y aboutir. C'est toujours *après* qu'une erreur a été commise que nous pouvons en retracer l'origine, et donc le moment auquel on aurait dû songer à l'anticiper et l'éviter, et c'est toujours en connaissance de l'erreur en question que nous reconstituons le profil de personnalité de l'individu tenu pour responsable. Il existe une interprétation plus réaliste de notre tendance à blâmer les erreurs : cette pratique sociale servirait tout simplement à nous encourager à ne plus commettre de telles erreurs à l'avenir[20]. Il s'agirait d'une forme de discipline morale que nous avons appris à appliquer socialement. Même si nos erreurs sont involontaires et souvent incontrôlables, elles représentent une faille dans notre constitution d'agents autonomes. En ce sens, le fait qu'elles soient punies, blâmées ou simplement moquées pourrait nous aider à exercer un contrôle plus strict sur nos comportements à l'avenir, à mieux réguler nos pensées et nos affects, et à identifier les circonstances propices à la production d'erreurs.

ERREURS ET CRÉATIVITÉ

Il n'est donc pas question de simplement ignorer ou laisser couler nos erreurs, mais plutôt d'apprendre à mieux les connaître et tenter de les apprivoiser. C'est un projet qui exige une certaine forme de surveillance mutuelle, comme on vient de le voir, mais qui peut très bien aussi passer, comme l'écrivait Federn, par l'exercice de la bienveillance. Nous pouvons rire de nos erreurs respectives et nous aider les uns les autres à les corriger.

Bien sûr, certaines erreurs sont irréparables et peuvent parfois bouleverser l'existence de milliers de personnes, d'autres induisent des remords et une honte durable, et dans l'ensemble elles retardent l'exécution de nos projets, alourdissent nos relations sociales et sont souvent particulièrement irritantes. Mais un éloge de l'erreur doit nous faire prendre conscience du caractère inévitable de ces obstacles.

Et dans un sens, c'est notre existence même qui devrait être considérée comme une erreur. C'est certes un constat un brin nihiliste, mais il traverse l'histoire de l'humanité : notre nature d'êtres à la fois imparfaits et disposant d'une conscience de soi conduit inévitablement à une forme d'angoisse existentielle. Nos erreurs quotidiennes ne sont dans le fond que des rappels incessants de notre inexorable finitude. Chaque lapsus nous affirme que nous sommes des animaux qui allons mourir un jour. Mais je pense que c'est précisément en cela que nos erreurs sont salutaires. Songeons à ce que serait une personne absolument parfaite dont chaque acte serait minutieusement calibré à ses intentions, qui ne ferait donc jamais rien de travers, même de façon imperceptible. Il y a fort à parier qu'un tel être nous semblerait en tout point bizarre et susciterait rapidement une certaine angoisse. Notre perception et notre compréhension de l'humanité semblent plutôt avoir intégré la nécessité de bugs dans la machine humaine, et en particulier dans le fonctionnement de son esprit.

Notre propension à l'erreur fait non seulement partie de notre nature, mais elle est même probablement à la base de notre conception de la liberté et notre usage de l'imagination. Le fait que les choses ne se passent pas toujours « comme prévu » est la source de notre talent pour la créativité, la découverte, l'humour et l'art. Nous avons même trouvé de nombreux moyens pour domestiquer nos erreurs : nous pouvons en commettre volontairement dans un but didactique, nous pouvons décider de nous laisser battre à un jeu pour faire plaisir à notre adversaire, un bon conférencier peut produire délibérément des hésitations savamment choisies pour rediriger l'attention et la conversation à son avantage, on peut aussi faire semblant de ne pas reconnaître quelqu'un afin de l'offenser subtilement, et on peut « oublier » un objet chez quelqu'un dans le but de revoir cette personne…

Combien de « faux gestes » ont conduit à la découverte d'une meilleure méthode, combien de confusions ont permis d'améliorer des recettes de cuisine, combien de lapsus ont progressivement fait évoluer les langues et facilité leur acquisition ? Et combien d'amitiés ne se sont pas renforcées à travers la correction réciproque et bienveillante de nos innombrables erreurs et gaffes quotidiennes ? Tant qu'il y aura des humains, il y aura des erreurs, et même probablement de plus en plus à mesure que nos interactions et technologies évoluent. Il est grand temps d'apprendre à mieux les connaître, car nous ne pourrons jamais les éradiquer, dans la mesure où elles sont ce qui nous définit.

NOTES BIBLIOGRAPHIQUES

1. L'étrangeté du quotidien

1. Kohn L., Corrigan J. et Donaldson M., *To Err is Human. Committee on Quality of Healthcare in America Institute of Medicine*, Washington, National Academy Press, 1999.

2. Howard J., *Cognitive errors and diagnostic mistakes : a case-based guide to critical thinking in medicine*, Cham, Springer, 2019.

3. Inchauspé D., *L'Erreur judiciaire*, Paris, PUF, 2010.

4. Reason J., *Human Error*, Cambridge, Cambridge University Press, 1990.

5. Morel C., *Les Décisions absurdes*, t. I, Paris, Gallimard, 2002.

6. Reason J., *Human Error*, Cambridge, Cambridge University Press, 1990, p. 249.

7. Sellen A., « *Detection of everyday errors* », *Applied Psychology*, vol. 43, 1994, p. 478-479.

8. Reason J., *A Life in Error : from little slips to big disasters*, Burlington, Ashgate, 2013, p. 30.

9. La Bruyère J. de, *Les Caractères*, chap. XI : De l'homme, §7, 1688.

10. Mecacci L., Righi S. et Rocchetti G., « *Cognitive failures and circadian typology* », *Personality and Individual Differences*, vol. 37, 2004, p. 107-113.

11. Broadbent D. E., Cooper P. F., Fitzgerald P. et Parkes K. R., « *The Cognitive Failures Questionnaire (CFQ) and its correlates* », *British Journal of Clinical Psychology*, vol. 21, 1982, p. 1-16.

12. Sellen A. et Norman D., « *The psychology of slips* », dans Baars B., *Experimental slips and Human Error : exploring the architecture of volition*, New York, Springer, 1992, p. 330.

13. *Ibid.*, p. 329.

14. Jastrow J., *The Subconscious*, Boston, Houghton Mifflin Company, 1906.

15. Heckhausen H. et Beckmann J., « *Intentional action and action slips* », *Psychological Review*, vol. 97, 1990, p. 36-48. Voir aussi Norman D., « *Categorization of action slips* », *Psychological Review*, vol. 88, 1981, p. 1-15.

16. Comme l'a fait Reason J., « *Actions not as planned* », dans Underwood G. et Stevens R., *Aspects of consciousness*, Londres, Academic Press, 1979, p. 67-89, ici avec des exemples de Jónsdóttir M. K., Adólfsdóttir S., Dögg Cortez R., Gunnarsdóttir M. et Gústafsdóttir A. H., « *A Diary Study of Action Slips in Healthy Individuals* », *The Clinical Neuropsychologist*, vol. 21, n° 6, 2007, p. 875-883.

17. Clark A., « *The kludge in the machine* », *Mind & Language*, vol. 2, 1987, p. 277-300.

18. Lents N., *Human Errors : a panorama of our glitches, from pointless bones to broken genes*, Boston, Houghton Mifflin Harcourt, 2018.

19. Marcus G., *Kluge : the haphazard construction of the human mind*, Boston, Houghton Mifflin Company, 2008.

20. Provine R., *Curious Behavior*, Cambridge, Harvard University Press, 2012 ; Vercueil L., *Chatouilles (et autres petits tracas neurologiques)*, Paris, Belin, 2017.

21. Bawden H., « *A study of lapses* », *Psychological Review*, vol. 3, 1900, p. 9.

22. Sterne L., *Vie et opinions de Tristram Shandy*, t. III, chap. 3, Paris, Ruault, 1776.

23. Baars B., « *The many uses of error : twelve steps to a unified framework* », dans *Experimental slips and Human Error : exploring the architecture of volition*, New York, Springer, 1992, p. 3-34.

24. Timpanaro S., *The Freudian slip*, Londres, NLB, 1976, p. 127.

25. Freud S., *La Psychopathologie de la vie quotidienne*, Paris, Folio, 2010.

26. Bawden H., « *A study of lapses* », art. cité, p. 5.

27. *Ibid.*, p. 121.

28. Timpanaro S., *The Freudian slip*, ouvr. cité, p. 135.

29. BIRNBAUM L. et COLLINS G., « *Opportunistic planning and Freudian slips* », dans BAARS B., *Experimental slips and Human Error*, ouvr. cité, p. 121-125.

2. Quand la langue fourche

1. BAARS B., « *The many uses of error : twelve steps to a unified framework* », dans *Experimental slips and Human Error : exploring the architecture of volition*, New York, Springer, 1992, p. 9.

2. HALPERN S., « *The first exploration of a slip of the tongue* », *The Classical Journal*, vol. 57, 1962, p. 355-358.

3. LUCIEN DE SAMOSATE, *Œuvres complètes*, chap. 64, Paris, Robert Lafont/Bouquins, 2015, p. 936-937.

4. FREUD S., *La Psychopathologie de la vie quotidienne*, Paris, Folio, 2010, p. 158.

5. ROSSI M. et PETER-DEFARE E., *Les lapsus, ou comment notre fourche a langué*, Paris, PUF, 1998.

6. FROMKIN V., « *The non-anomalous nature of anomalous utterances* », *Language*, vol. 47, 1971, p. 27-52.

7. AMAYA S. et DORIS J., « *No excuses : performance mistakes in morality* », dans CLAUSEN J. et LEVY N., *Springer handbook of neuroethics*, Dordrecht, Springer, 2014, p. 253-272.

8. LASHLEY K., « *The problem of serial order in behavior* », dans JEFFRESS L. A., *Cerebral mechanisms in behavior*, New York, Wiley, 1951, p. 112-131.

9. DESCAMPS D. et FOUDI A., « Sur les déterminants sociaux de la production langagière : une analyse des lapsus d'adresse au sein du champ politique », *Socio-logos*, 2022.

10. QUIGNARD P., *Le nom sur le bout de la langue*, Paris, Folio, 1993, p. 32-33.

11. *Ibid.*, p. 57-58.

12. SCHWARTZ B. et METCALFE J., « *Tip-of-the-tongue (TOT) states : retrieval, behavior, and experience* », Memory & Cognition, vol. 39, 2011, p. 737-749.

13. BROWN R. et MCNEILL D., « *The "tip of the tongue" phenomenon* », *Journal of Verbal Learning and Behavior*, vol. 5, 1966, p. 325-337.

14. CLEARY A. et CLAXTON A., « *The tip-of-the-tongue heuristic : how tip-of-the-tongue states confer perceptibility on inaccessible words* », *Journal of Experimental Psychology : Learning, Memory, and Cognition*, vol. 41, 2015, p. 1533-1539.

15. QUIGNARD P., *Le Nom sur le bout de la langue*, ouvr. cité, p. 12-13.

16. BLACK S., « *Review of semantic satiation* », *Advances in Psychology Research*, vol. 26, 2003, p. 63-74.

17. BASSETT M. et WARNE C., « *On the lapse of verbal meaning with repetition source* », *American Journal of Psychology*, vol. 30, 1919, p. 415-418.

18. SEVERANCE E. et WASHBURN M., « *The loss of associative power in words after long fixation* », *American Journal of Psychology*, vol. 18, 1907, p. 182-186.

19. LEWIS M. et ELLIS H., « *Satiation in name and face recognition* », *Memory & Cognition*, vol. 28, 2000, p. 783-788 ; CAPUTO G., « *Strange-face-in-the-mirror illusion* », *Perception*, vol. 39, 2010, p. 1007-1008.

20. MOULIN C., BELL N., TURUNEN M., BAHARIN A. et O'CONNOR A., « *The the the the induction of jamais vu in the laboratory : word alienation and semantic satiation* », *Memory*, vol. 29, 2021, p. 933-942.

21. LUHRMANN T., *When God Talks Back*, New York, Knopf, 2012, p. 231.

22. LOGAN G. et CRUMP M., « *Hierarchical control of cognitive processes : the case for skilled typewriting* », dans ROSS B., *The Psychology of Learning and Motivation* (vol. 54), Burlington, Academic Press, 2011, p. 1-27.

23. BEILOCK S. et GRAY R., « *Why do athletes "choke" under pressure ?* », dans TENENBAUM G. et ECKLUND R., *Handbook of sport psychology*, Hoboken, Wiley, 2007, p. 425-444.

3. Le mystère de l'escalator en panne

1. POE E. A., « La lettre volée », dans *Histoires extraordinaires*, Paris, Folio, 1973.

2. JENSEN M. *et al.*, « *Change blindness and inattentional blindness* », *WIREs Cognitive Science*, vol. 2, 2011, p. 529-546.

3. SIMONS D. et CHABRIS C., « *Gorillas in our midst : sustained inattentional blindness for dynamic events* », *Perception*, vol. 28, 1999, p. 1059-1074.

4. DREW T. *et al.*, « *The invisible gorilla strikes again : sustained inattentional blindness in expert observers* », *Psychological Science*, vol. 24, 2013, p. 1848-1853.

5. BERLIN L., « *Radiologic errors and malpractice : a blurry distinction* », *American Journal of Roentgenology*, vol. 189, 2007, p. 517-522.

6. WOLFE J. M., KOSOVICHEVA A. et WOLFE B., « *Normal blindness : when we Look But Fail To See* », *Trends in Cognitive Sciences*, 2022.

7. ZAZZO R., *Reflets de miroir et autres doubles*, Paris, PUF, 1993, p. 168.

8. JACOB P. et JEANNEROD M., *Ways of seeing : the scope and limits of visual cognition*, Oxford, Oxford University Press, 2003.

9. *Ibid.*, p. 12-13.

10. ROSSET C., *Impressions fugitives. L'ombre, le reflet, l'écho*, Paris, Éditions de Minuit, 2003.

11. *Ibid.*, p. 11.

12. ECO U., *Suggli Specchi e altri Saggi*, Milan, Bompiani, 1981.

13. KEENAN J. P., « *Ich sehe mich* », *Gehirn & Geist*, vol. 12, 2005, p. 61.

14. FREUD S., « L'inquiétante étrangeté », dans *L'Inquiétante étrangeté et autres essais*, Paris, Folio, 1985, p. 257.

15. MELCHIOR-BONNET S., *Histoire du miroir*, Paris, Imago, 1994.

16. GALLUP JR. G. G., « *Chimpanzees : self-recognition* », *Science*, vol. 167, 1970, p. 86-87.

17. Sur cette question déjà troublante, voir GREGORY R., *Mirrors in Mind*, Londres, Penguin, 1997 ; NAVON D., « *The puzzle of mirror reversal : a view from clockland* », *Psycoloquy*, vol. 12, 2001.

18. RADFORD C., « *"Problem" n° 19* », *Analysis*, vol. 42, 1982, p. 115.

19. *Id.*, « *Report on Analysis "problem" n° 19* », *Analysis*, vol. 43, 1983, p. 113.

20. BARTH J., POVINELLI D. J. et CANT J. G. H., « *Bodily origins of SELF* », dans BEIKE D., LAMPINEN J. L. et BEHREND D. A., *The Self and Memory*, New York, Psychology Press, 2004, p. 11-43.

21. GALLUP JR. G. G., « *Self-recognition in primates : a comparative approach to the bidirectional properties of consciousness* », American Psychologist, vol. 32, 1977, p. 329-338.

22. MITCHELL R. W., « *Kinesthetic-visual matching and the self-concept as explanations of mirror-self-recognition* », *Journal for the Theory of Social Behavior*, vol. 27, 1997, p. 101-123.

23. Voir BARTH J., POVINELLI D. J. et CANT J. G. H., « *Bodily origins of SELF* », art. cité ; SCHILHAB T. S. S., « *What mirror self-recognition in nonhumans can tell us about aspects of self* », *Biology and Philosophy*, vol. 19, 2004, p. 111-126.

24. ZAZZO R., *Reflets de miroir et autres doubles*, ouvr. cité ; POVINELLI D. J., « *The unduplicated self* », dans ROCHAT P., *The Self in Infancy : theory and research, Advances in Psychology*, n° 112, Amsterdam, Elsevier BV, 1995, p. 161-192 ; ROCHAT P., « *Five levels of self-awareness as they unfold early in life* », *Consciousness & Cognition*, vol. 12, 2003, p. 717-731.

25. MITCHELL R. W., « *Mental models of mirror-self-recognition : two theories* », *New Ideas in Psychology*, vol. 11, 1993, p. 295-325.

26. BINKOWSKI F. *et al.*, « *Mirror apraxia affects the peripersonal mirror space : a combined lesion and cerebral activation study* », *Experimental Brain Research*, vol. 153, 2003, p. 210-219.

27. http://www.choisser.com/faceblind/us.html

28. SPANGENBERG POSTAL K., « *The mirror sign delusional misidentification symptom* » dans FEINBERG T. E. et KEENAN J. P., *The Lost Self*, Oxford, Oxford University Press, 2005, p. 131-146 ; GHIKA J., DIEGUEZ S., ASSAL F. et DEMONET J.-F., « Conduites spéculaires dans les démences : les multiples signes du miroir », *Revue médicale suisse*, vol. 9, 2013, p. 2095-2099.

29. BREEN N., CAINE D. & COLTHEART M., « *Mirrored-self misidentification : two cases of focal onset dementia* », *Neurocase*, vol. 7, 2001, p. 239-254.

30. ABELY P., « Le signe du miroir dans les psychoses et plus spécialement dans la démence précoce », *Annales Médico-Psychologiques*, vol. 1, 1930, p. 28-37.

31. LAWSON R. et BERTAMINI M., « *Errors in judging information about reflections in mirrors* », *Perception*, vol. 35, 2006, p. 1265-1288 ;

voir aussi BERTAMINI M. et PARKS T. E., « *On what people know about images on mirrors* », *Cognition*, vol. 98, 2005, p. 85-104.

32. DIEGUEZ S., SCHERER J. et BLANKE O., « *My face through the looking-glass : the effect of mirror reversal on reflection-size estimation* », *Consciousness and Cognition*, vol. 20, 2011, p. 1452-1459.

33. YOUNG A., HAY D. et ELLIS A., « *The faces that launched a thousand slips : everyday difficulties and errors in recognizing people* », *British Journal of Psychology*, vol. 76, 1985, p. 495-523.

34. BARTON J. et CORROW S., « *The problem of being bad at faces* », *Neuropsychologia*, vol. 89, 2016, p. 119-124.

35. REASON J., « *Little slips and big disasters* », *Interdisciplinary Science Reviews*, vol. 9, 1984, p. 184.

36. DJEBBARA Z., *Affordances in Everyday Life*, Cham, Springer, 2022.

37. FUKUI T. *et al.*, « *Odd Sensation Induced by Moving-Phantom which Triggers Subconscious Motor Program* », *PLoS ONE*, vol. 4, n° 6, 2009, e5782.

38. REYNOLDS R. et BRONSTEIN A., « *The broken escalator phenomenon : aftereffect of walking onto a moving platform* », *Experimental Brain Research*, vol. 151, 2003, p. 301-308 ; REYNOLDS R. et BRONSTEIN A., « *The moving platform after-effect reveals dissociation between what we know and how we walk* », *Journal of Neural Transmission*, vol. 114, 2007, p. 1297-1303.

39. PATEL M. *et al.*, « *Locomotor adaptation is modulated by observing the actions of others* », *Journal of Neurophysiology*, vol. 114, 2015, p. 1538-1544.

40. PELAH A. et BARLOW H., « *Visual illusion from running* », *Nature*, vol. 381, 1996, p. 283.

41. FUKUI T. *et al.*, « *Odd Sensation Induced by Moving-Phantom which Triggers Subconscious Motor Program* », art. cité.

42. COHN T. et LASLEY D., « *Wallpaper illusion : cause of disorientation and falls on escalators* », *Perception*, vol. 19, 1990, p. 573-580 ; MUNCK-FAIRWOOD R., « *Depth perception of interfering periodic patterns : a possible contribution to disorientation on escalators* », *Perception*, vol. 21, 1992, p. 747-752.

43. GREENBERG D. et SHERMAN S., « *Escalator Injuries* », *The Journal of Emergency Medicine*, vol. 28, 2005, p. 75-76.

4. OK boomer !

1. La Rochefoucauld F. de, *Maximes*, 89, 1665.

2. Schacter D., *The Seven sins of memory*, Boston, Mariner Books, 2021.

3. Brown A.S., *The déjà vu experience*, New York, Psychology Press, 2004.

4. Barzykowski K. et Moulin C., « *Are involuntary autobiographical memory and déjà vu natural products of memory retrieval ?* », *Behavioral and Brain Sciences*, 2022, p. 1-66.

5. Mace J., « *Involuntary autobiographical memories are highly dependent on abstract cuing : the Proustian view is incorrect* », *Applied Cognitive Psychology*, vol. 18, 2004, p. 893-899.

6. Frise M., « *Forgetting* », dans Michaelian K., Debus D. et Perrin D., *New Directions in the Philosophy of Memory*, Londres, Routledge, 2018, p. 229.

7. Davis R. L. et Zhong Y., « *The Biology of Forgetting–A Perspective* », *Neuron*, vol. 95, 2017, p. 490-503.

8. Wixted J., « *The psychology and neuroscience of forgetting* », *Annual Review of Psychology*, vol. 55, 2004, p. 235-269.

9. « A Consensus on the Brain Training Industry from the Scientific Community », disponible sur http://longevity3.stanford.edu

10. Collins A. F., « *Advice for improving memory : exercising, strengthening, and cultivating natural memory, 1860-1910* », *Journal of the History of the Behavioral Sciences*, vol. 50, 2014, p. 37-57.

11. Wegner D. M., « *Why the mind wanders* », dans Cohen J. D. et Schooler J. W., *Scientific Approaches to Consciousness*, Mahwah, Erlbaum, 1997, p. 295-315.

12. Schooler J. W., Reichle E. D. et Halpern D. V., « *Zoning out while reading* », dans Levin D. T., *Thinking and Seeing : Visual Metacognition in Adults and Children*, Cambridge, MIT Press, 2004, p. 203-226.

13. Wamsley E. J., « *Offline memory consolidation during waking rest* », *Nature Reviews Psychology*, vol. 1, 2022, p. 441-453.

14. WARD A. F. et WEGNER D. M., « *Mind-blanking : When the mind goes away* », *Frontiers in Psychology*, vol. 4, 2013, p. 650.

15. MORTAHEB S. *et al.*, « *Mind blanking is a distinct mental state linked to a recurrent brain profile of globally positive connectivity during ongoing mentation* », *PNAS*, vol. 119, n° 41, 2022, e2200511119.

16. EFKLIDES A., « *The blank-in-the-mind experience : another manifestation of the Tip-of-the-Tongue State or something else ?* », dans SCHWARTZ B. L. et BROWN A. S., *Tip-of-the-tongue states and related phenomena*, Cambridge, Cambridge Universtity Press, 2014, p. 232-263.

17. WARD A. F. et WEGNER D. M., « *Mind-blanking* », art. cité.

18. Mortaheb S. *et al.*, « *Mind blanking is a distinct mental state linked to a recurrent brain profile of globally positive connectivity during ongoing mentation* », art. cité.

19. NICKERSON R. S. et ADAMS M. J., « *Long-Term Memory for a Common Object* », *Cognitive Psychology*, vol. 11, 1979, p. 287-307.

20. MORTON J., « *A singular lack of incidental learning* », *Nature*, vol. 215, 1967, p. 203-204.

21. RINCK M., « *Memory for everyday objects : Where are the digits on numerical keypads ?* », *Applied Cognitive Psychology*, vol. 13, 1999, p. 329-350.

22. LIU X., CRUMP M. J. C. et LOGAN G. D., « *Do you know where your fingers have been ? Explicit knowledge of the spatial layout of the keyboard in skilled typists* », *Memory & Cognition*, vol. 38, 2010, p. 474-484 ; SNYDER K., ASHITAKA Y., SHIMADA H., ULRICH J. et LOGAN G. D., « *What skilled typists don't know about the QWERTY keyboard* », *Attention, Perception, & Psychophysics*, vol. 76, 2014, p. 162-171.

23. WONG K., WADEE F., ELLENBLUM G. et MCCLOSKEY M., « *The Devil's in the g-Tails : Deficient Letter-Shape Knowledge and Awareness Despite Massive Visual Experience* », *Journal of Experimental Psychology : Human Perception and Performance*, vol. 44, 2018, p. 1324-1335.

24. VENDETTI M., CASTEL A. D. et HOLYOAK K. J., « *The floor effect : Impoverished spatial memory for elevator buttons* », *Attention, Perception, & Psychophysics*, vol. 75, 2013, p. 636-643.

25. CASTEL A., VENDETTI M. et HOLYOAK K., « *Fire drill : inattentional blindness and amnesia for the location of fire extinguishers* », *Attention, Perception, & Psychophysics*, vol. 74, 2012, p. 1391-1396.

26. MARTIN M. et JONES G. V., « *Generalizing everyday memory : signs and handedness* », *Memory & Cognition*, vol. 26, 1998, p. 193-200.

27. LAWSON R., « *The science of cycology : failures to understand how everyday objects work* », Memory & Cognition, vol. 34, 2006, p. 1667-1675.

28. BLAKE A., NAZARIAN M. et CASTEL A., « *The Apple of the mind's eye : Everyday attention, metamemory, and reconstructive memory for the Apple logo* », *The Quarterly Journal of Experimental Psychology*, vol. 68, 2015, p. 858-865.

29. Voir https://www.signs.com/branded-in-memory/

30. FRENCH A., « *The Mandela effect and new memory* », *Correspondences*, vol. 6, 2018, p. 201-233.

31. PRASAD D. et BAINBRIDGE W., « *The Visual Mandela Effect as evidence for shared and specific false memories across people* », *Psychological Science*, vol. 33, 2022, p. 1971-1988.

32. BAINBRIDGE W., « *Memorability : How what we see influences what we remember* », *Psychology of Learning and Motivation*, vol. 70, 2019, p. 1-27.

33. BAINBRIDGE W., ISOLA P. et OLIVA A., « *The intrinsic memorability of face photographs* », *Journal of Experimental Psychology : General*, vol. 142, 2013, p. 1323-1334.

34. TUCKUTE G. *et al.*, « *Intrinsically memorable words have unique associations with their meanings* », PsyArXiv, 2018.

35. REASON J., *Human error*, Cambridge, Cambridge University Press, 1991, p. 21.

36. ELLIS D. A., WISEMAN R. et JENKINS R., « *Mental Representations of Weekdays* », *PLoS ONE*, vol. 10, n° 8, 2015, e0134555.

37. PINQUART M. et WAHL H. W., « *Subjective age from childhood to advanced old age : a meta-analysis* », *Psychology and Aging*, vol. 36, 2021, p. 394-406.

38. LINDNER N. et NOSEK B., « *Dimensions of subjective age identity across the lifespan : adults are aging physically in Earth years and mentally in Martian years* », PsyArXiv, 2018.

39. SABATINI S. *et al.*, « *What does feeling younger or older than one's chronological age mean to men and women ? Qualitative and quantitative findings from the PROTECT study* », *Psychology & Health*, 2021.

40. DeSoto K. A. et Roediger III H. L., « *Remembering the presidents* », *Current Directions in Psychological Science*, vol. 28, 2019, p. 138-144 ; Roediger III H. L. et DeSoto K. A. « *Forgetting the presidents* », *Science*, vol. 346, 2014, p. 1106-1109.

41. Quoidbach J., Gilbert D. T. et Wilson T. D., « *The end of history illusion* », *Science*, vol. 339, 2013, p. 96-98.

42. Luke R. et Westberg M., « *Perceptions of attitudinal change : the end of history illusion and polarization* », *Questions in Politics*, vol. 9, 2022, p. 17-29.

43. Protzko J. et Schooler J., « *Kids these days : Why the youth of today seem lacking* », *Science Advances*, vol. 5, 2019.

5. Avez-vous déjà tenté de « scroller » du papier ?

1. Dieguez S. et Bogousslavsky J., « L'aphasie de Baudelaire », *Histoires littéraires*, vol. 65, 2016, p. 65-91.

2. Hudson A. J., « *Perseveration* », *Brain*, vol. 91, 1968, p. 571-582.

3. Sandson J. et Albert M., « *Varieties of perseveration* », *Neuropsychologia*, vol. 22, 1984, p. 715-732.

4. Luria A. R., « *Two kinds of motor perseveration in massive injury of the frontal lobes* », *Brain*, vol. 88, 1965, p. 1-10.

5. Lhermitte F., « *"Utilization behaviour" and its relation to lesions of the frontal lobes* », *Brain*, vol. 106, 1983, p. 237-255 ; Lhermitte F., « *Human autonomy and the frontal lobes. Part II : patient behavior in complex and social situations : the "environmental dependency syndrome"* », *Annals of Neurology*, vol. 19, 1986, p. 335-343 ; Lhermitte F., Pillon B. et Serdaru M., « *Human autonomy and the frontal lobes. Part I : imitation and utilization behavior : a neuropsychological study of 75 patients* », *Annals of Neurology*, vol. 19, 1986, p. 326-334.

6. Assal G., « Un aspect du comportement d'utilisation : la dépendance vis-à-vis du langage écrit », *Revue neurologique*, vol. 141, 1985, p. 493-495.

7. Conchiglia G., Della Rocca G. et Grossi D., « *On a Peculiar Environmental Dependency Syndrome in a Case with Frontal-Temporal Damage : Zelig-like Syndrome* », *Neurocase*, vol. 13, 2007, p. 1-5.

8. DIEGUEZ S., « Vers une neuropsychologie sociale », *Archives suisses de neurologie et de psychiatrie*, vol. 156, 2005, p. 147-172.

9. WARNOTTE D., « Bureaucratie et fonctionnarisme », *Revue de l'Institut de sociologie*, vol. 17, 1937, p. 245-260.

10. SOUMAN J., FRISSEN I., SREENIVASA M. et ERNST M., « *Walking straight into circles* », *Current Biology*, vol. 19, 2009, p. 1538-1542.

11. BESTAVEN E. *et al.*, « *Is "circling" behavior in humans related to postural asymmetry ?* », *PLoS ONE*, vol. 7, 2012, e43861.

12. VEN N., RIJSWIJK L. et ROY M. M., « *The return trip effect : Why the return trip often seems to take less time* », *Psychonomic Bulletin Review*, vol. 18, 2011, p. 827-832.

13. OZAWA R., FUJII K. et KOUZAKI M., « *The return trip is felt shorter only postdictively : a psychophysiological study of the return trip effect* », *PLoS One*, vol. 10, 2015, e0127779.

14. KVAVILASHVILI L. et MANDLER G., « *Out of one's mind : A study of involuntary semantic memories* », *Cognitive Psychology*, vol. 48, 2004, p. 47-94.

15. JAMES L. E. et BURKE D. M., « *Phonological priming effects on word retrieval and tip-of-the-tongue experiences in young and older adults* », *Journal of Experimental Psychology : Learning, Memory and Cognition*, vol. 26, 2000, p. 1378-1391.

16. WILLIAMS T. I., « *The classification of involuntary musical imagery : the case for earworms* », *Psychomusicology : Music, Mind & Brain*, vol. 25, 2015, p. 5-13.

17. LIIKKANEN L. A. et JAKUBOWSKI K., « *Involuntary musical imagery as a component of ordinary music cognition : a review of empirical evidence* », *Psychonomic Bulletin Review*, vol. 27, 2020, p. 1195-1217.

18. FLORIDOU G. A.,WILLIAMSON V. J. et STEWART L., « *A novel indirect method for capturing involuntary musical imagery under varying cognitive load* », *The Quarterly Journal of Experimental Psychology*, vol. 70, n° 11, 2017, p. 2189-2199.

19. SCULLIN M. K., GAO C. et FILLMORE P., « *Bedtime Music, Involuntary Musical Imagery, and Sleep* », *Psychological Science*, vol. 32, 2021.

20. LIN Y.-H. *et al.*, « *Prevalent hallucinations during medical internships : Phantom vibration and ringing syndromes* », *PLoS ONE*,

vol. 8, n° 6, 2013, p. 1-6 ; SUBBA S. H. *et al.*, « *Ringxiety and the mobile phone usage pattern among the students of a medical college in South India* », *Journal of Clinical and Diagnostic Research*, vol. 7, n° 2, 2013, p. 205 ; DROUIN M., KAISER D. H. et MILLER D. A., « *Phantom vibrations among undergraduates : Prevalence and associated psychological characteristics* », *Computers in Human Behavior*, vol. 28, n° 4, 2012, p. 1490-1496 ; HAUPT A., « *Good vibrations ? Bad ? None at all* », USA Today, 12 juin 2007 ; ROTHBERG M. B. *et al.*, « *Phantom vibration syndrome among medical staff : A cross sectional survey* », *British Medical Journal*, vol. 341, 2010, p. 1292-1293.

21. BACHMANN M. M., « *Exploring and Addressing Functional Map Illiteracy in Community College Students* », *Papers in Applied Geography*, vol. 1, n° 3, 2015, p. 258-261.

22. DAHMANI L. et BOHBOT V. D., « *Habitual use of GPS negatively impacts spatial memory during self-guided navigation* », *Scientific Reports*, vol. 10, 2020.

23. HENKEL L. A., « *Point-and-shoot memories : The influence of taking photos on memory for a museum tour* », *Psychological Science*, vol. 25, 2014, p. 396-402.

24. DIEHL K. *et al.*, « *How taking photos increases enjoyment of expériences* », *Journal of Personality and Social Psychology*, vol. 111, 2016, p. 119-140.

25. QIU L. *et al.*, « *What does your selfie say about you ?* », *Computers in Human Behavior*, vol. 52, 2015, p. 443-449.

26. ORTIZ DE GORTARI A. B., « *Game transfer phenomena : origin, development and contributions to the videogame research field* », dans ATTRILL-SMITH A., FULLWOOD C., KUSS D. et KEEP M., *Oxford Handbook of Cyberpsychology*, Oxford, Oxford University Press, 2019.

27. STICKGOLD R., MALIA A., MAGUIRE D., RODDENBERRY D. et O'CONNOR M., « *Replaying the game : hypnagogic images in normals and amnesics* », *Science*, vol. 290, 2020, p. 350-353.

28. ORTIZ DE GORTARI A. B. et GRIFFITHS M. D., « *Beyond the boundaries of the game : the interplay between in-game phenomena, structural characteristics of video games, and game transfer phenomena* », dans GACKENBACH J. et BOWN J., *Boundaries of Self and Reality Online*, San Diego, Academic Press, 2017, p. 97-121.

29. Somer E. *et al.*, « *Reality shifting : psychological features of an emergent online daydreaming culture* », *Current Psychology*, à paraître.

30. Guedj P., « Nos fictions seront-elles contaminées par la morale sanitaire ? », *Le Point Pop*, 13 mai 2020.

31. Hertz U., « *Learning how to behave : cognitive learning processes account for asymmetries in adaptation to social norms* », *Proceedings of the Royal Society B*, vol. 288, 2021, 20210293.

32. Mazzuca C., Falcinelli I., Michalland A. H., Tummolini L. et Borgi A. M., « *Bodily, emotional, and public sphere at the time of COVID-19 : an investigation on concrete and abstract concepts* », *Psychological Research*, vol. 86, 2022, p. 2266-2277.

33. « *Special section : COVID-19 pandemic dreams* », *Dreaming*, vol. 30, 2020, p. 189-234.

6. Les gaffes : quand les erreurs brouillent le lien social

1. Knorr A., Willacker L., Hermsdörfer J., Glasauer S. et Krüger M., « *Influence of person – and situation – specific characteristics on collision avoidance behavior in human locomotion* », *Journal of Experimental Psychology : Human Perception and Performance*, vol. 42, 2016, p. 1332-1343.

2. Freud S., *La Psychopathologie de la vie quotidienne*, Paris, Gallimard, 1997, p. 293.

3. Comme le note Pommier R., *La Psychopathologie de la vie quotidienne ou quand Freud déménage du matin au soir*, Paris, Kimé, 2015, p. 79-80.

4. Gallup A. C., Chong A. et Couzin I. D., « *The directional flow of visual information transfer between pedestrians* », *Biology Letters*, vol. 8, 2012, p. 520-522.

5. Dieguez S., « Il tient la porte beaucoup trop longtemps », *Vigousse*, n° 224, 27 février 2015.

6. Santamaria J. P. et Rosenbaum D. A., « *Etiquette and effort : holding doors for others* », *Psychological Science*, vol. 22, 2011, p. 584-588.

7. McCarty M. et Kelly J., « *Perceptions of dating behavior : The role of ambivalent sexism* », *Sex Roles*, vol. 72, 2015, p. 237-251 ; McCarty M. et Kelly J., « *When door holding harms : gender and the*

consequences of non-normative help », *Social Influence*, vol. 10, 2015, p. 1-10.

8. CHUAN A., KESSLER J. B. et MILKMAN K. L., « *Field study of charitable giving reveals that reciprocity decays over time* », *Proceedings of the National Academy of Sciences*, vol. 115, 2018, p. 1766-1771.

9. AL-SHAMAHI E., *The Handshake* : *A Gripping History*, Profile Books, 2021.

10. STEWART G., DUSTIN S., BARRICK M. et DARNOLD T., « *Exploring the handshake in employment interviews* », *Journal of Applied Psychology*, vol. 93, 2008, p. 1139-1146.

11. SUKHWINDER S., BAYS P., FRITH C. D. et WOLPERT D. M., « *Two eyes for an eye : the neuroscience of force escalation* », *Science*, vol. 301, 2003, p. 187.

12. ALBER A., « Tutoyer son chef: entre rapports sociaux et logiques managériales », *Sociologie du travail*, vol. 61, 2019.

13. GRICE P., *Studies in the Way of Words*, Cambridge, Harvard University Press, 1989.

14. ROBERTS F. et FRANCIS A. L., « *Identifying a temporal threshold of tolerance for silent gaps after requests* », *Journal of the Acoustic Society of America*, vol. 133, 2013, p. 471-477.

15. TEMPLETON E., CHANG L., REYNOLDS E., LEBEAUMONT M. et WHEATLEY T., « *Fast response times signal social connection in conversation* », *Proceedings of the National Academy of Sciences*, vol. 119, 2022, e2116915119.

16. DUEZ D., « La fonction symbolique des pauses dans la parole de l'homme politique », *Faits de langues*, vol. 13, 1999, p. 91-97.

17. ENFIELD N. J., *How we talk : The inner workings of conversation*, Basic Books, 2017.

18. DIACHEK E. et BROWN-SCHMIDT S., « *The effect of disfluency on memory for what was said* », *Journal of Experimental Psychology : Learning, Memory, and Cognition*, 2022.

19. DINGEMANSE M., « *Between sound and speech : Liminal signs in interaction* », *Research on Language and Social Interaction*, vol. 53, 2020, p. 188-196.

20. DINGEMANSE M., « *Interjections* », *Oxford Handbook of Word Classes*, PsyArXiv, 2021.

21. DINGEMANSE M., TORREIRA F. et ENFIELD N. J., « *Is "Huh?" a universal word? Conversational infrastructure and the convergent evolution of linguistic items* », *PLoS ONE*, vol. 8, 2013, e78273.

22. MASTROIANNI A., GILBERT D. T., COONEY G. et WILSON T. D., « *Do conversations end when people want them to?* », *Proceedings of the National Academy of Sciences*, vol. 118, 2021, e2011809118.

23. HIRSCHI Q., WILSON T. D. et GILBERT D. T., « *Speak up! Mistaken beliefs about how much to talk in conversations* », *Personality and Social Psychology Bulletin*, 2022.

24. KARDAS M., SCHROEDER J. et O'BRIEN E., « *Keep talking: (Mis) understanding the hedonic trajectory of conversation* », *Journal of Personality and Social Psychology*, vol. 123, 2022, p. 717-740.

25. EPLEY N., KARDAS M., ZHAO X., ATIR S. et SCHROEDER J., « *Undersociality: miscalibrated social cognition can inhibit social connection* », *Trends in Cognitive Science*, vol. 26, 2022, p. 406-418.

26. MCANDREWS F. et KOEHNKE S., « *On the nature of creepiness* », *New Ideas in Psychology*, vol. 43, 2016, p. 10-15.

27. STEINMETZ J., SEZER O. et SEDIKIDES C., « *Impression mismanagement: People as inept self-presenters* », *Social and Personality Psychology Compass*, vol. 11, 2017, e12321.

28. ERNAUX A., *La Honte*, Paris, Gallimard, 1997.

29. SZNYCER D. *et al.*, « *Cross-cultural invariances in the architecture of shame* », *Proceedings of the National Academy of Sciences*, vol. 115, 2018, p. 9702-9707.

30. ROBERTSON T. *et al.*, « *The true trigger of shame: social devaluation is sufficient, wrongdoing is unnecessary* », *Evolution and Human Behavior*, vol. 39, 2018, p. 566-573.

7. Épilogue : éloge de l'erreur

1. SOLOMON M., « *Psychopathology of everyday life: A critical review of Dr. Sigmund Freud's theories* », *The Journal of Abnormal Psychology*, vol. 11, 1916, p. 23-47.

2. TIMPANARO S., *The Freudian slip*, Londres, NLB, 1976 ; GRÜNBAUM A., *The Foundations of Psychoanalysis : a philosophical critique*, Berkeley, University of California Press, 1984 ; POMMIER R., *La Psychopathologie de la vie quotidienne ou quand Freud déménage du matin au soir*, Paris, Kimé, 2015.

3. JONES E., « *The psychopathology of everyday life* », *American Journal of Psychology*, vol. 22, 1911, p. 478-479.

4. FREUD S., *La Psychopathologie de la vie quotidienne*, Paris, Gallimard, 1997, p. 90.

5. WAGNER-EGGER P., DELOUVÉE S., GAUVRIT N. et DIEGUEZ S., « *Creationism and conspiracism share a common teleological bias* », *Current Biology*, vol. 28, 2018, R867-R868.

6. DIEGUEZ S., « Pourquoi moi ? », dans *Pourquoi moi ? Le hasard dans tous ses états*, Paris, Belin, 2021, p. 11-20.

7. FEDERN P., *Investissement du Moi et actes manqués*, Paris, Ithaque, 2017.

8. *Ibid.*, p. 61, 66.

9. *Ibid.*, p. 69.

10. *Ibid.*, p. 72.

11. AMAYA S., « *Slips* », *Noûs*, vol. 47, 2013, p. 559-576.

12. FEDERN P., *Investissement du Moi et actes manqués*, ouvr. cité, p. 97.

13. *Ibid.*, p. 70.

14. WALTER Y., DIEGUEZ S., MOUTHON M. et SPIERER L., « *Brain structural evidence for a frontal specialization in glossolalia* », *IBRO Reports*, vol. 9, 2020, p. 32-36.

15. DIEGUEZ S. et DELOUVÉE S., *Le Complotisme : cognition, culture, société*, Bruxelles, Mardaga, 2021.

16. PEABODY K., « *Trying slips : can Davidson and Hornsby account for mistakes and slips ?* », *Philosophia*, vol. 33, 2005, p. 182.

17. DENNETT D. C., *Freedom Evolves*, New York, Viking, 2003, p. 6.

18. AMAYA S., « *Negligence : its moral significance* », dans VARGAS M. et DORIS J. M., *Oxford Handbook of Moral Psychology*, 2022, p. 34-35 ; COLLINS J., « *Crime and parenthood : The uneasy case of prosecuting negligent parents* », *Northwestern University School of Law*,

vol. 100, 2006, p. 807-856 ; Weingarten G., « *Fatal distraction* », *The Washington Post*, 8 mars 2009 ; Schacter D., *The Seven sins of memory*, Boston, Mariner Books, 2021, p. 104-110.

19. Bernecker S., « *On the blameworthiness of forgetting* », dans Michaelian K., Debus D. et Perrin D., *New Directions in the Philosophy of Memory*, New York, Routledge, 2018, p. 241-258.

20. Sarin A. et Cushman F., « *One thought too few : Why we punish negligence* », PsyArXiv, 2022 ; Amaya S., « *Negligence : its moral significance* », art. cité ; Amaya S. et Doris J. M., « *No excuses : Performance mistakes in morality* », dans Clausen J. et Levy N., *Handbook of Neuroethics*, Springer, 2015, p. 253-272.

Cet ouvrage a été mis en pages par IGS-CP (16)

PEFC
10-31-3532
Certifié PEFC
Ce produit est issu de forêts gérées durablement et de sources contrôlées
www.pefc-france.org

Imprimé en France sur papiers
issus de forêts gérées durablement

Sepec Numérique

1, rue de Prony - ZA des Bruyères
01960 Peronnas

IMPRIM'VERT®

Achevé d'imprimer en Avril 2023
Numéro d'impression : N17932230347